Bauwelt Fundamente 96

Herausgegeben von
Ulrich Conrads und Peter Neitzke

Beirat:
Gerd Albers
Hansmartin Bruckmann
Lucius Burckhardt
Gerhard Fehl
Herbert Hübner
Julius Posener
Thomas Sieverts

Goerd Peschken

Baugeschichte politisch

**Schinkel
Stadt Berlin
Preußische Schlösser**

**Zehn Aufsätze
mit Selbstkommentaren**

Die Deutsche Bibliothek - CIP-Einheitsaufnahme

Peschken, Goerd:
Baugeschichte politisch: Schinkel, Stadt Berlin,
preussische Schlösser; zehn Aufsätze mit Selbstkommentaren /
Goerd Peschken. - Braunschweig; Wiesbaden: Vieweg, 1993
 (Bauwelt-Fundamente; 96)
 ISBN 978-3-528-08796-8   ISBN 978-3-322-88865-5 (eBook)
 DOI 10.1007/978-3-322-88865-5

NE: GT

Alle Rechte vorbehalten
© Friedr. Vieweg & Sohn Verlagsgesellschaft mbH, Braunschweig / Wiesbaden, 1993

Der Verlag Vieweg ist ein Unternehmen der Verlagsgruppe Bertelsmann International.

Umschlagentwurf: Helmut Lortz
Satz: Möller-Druck, Berlin

Gedruckt auf säurefreiem Papier

ISBN 978-3-528-08796-8   ISSN 0522-5094

Inhalt

Vorwort 7

I. Aus Forschungen über Schinkel 9
Schinkels Bauakademie in Berlin. Ein Aufruf zu ihrer Rettung 11
Schinkels Museum am Berliner Lustgarten 24
Klassik ohne Maß. Eine Episode in Schinkels Klassizismus 46
Ein Vierteljahrhundert Schinkel-Rezeption: meine 65

II. Aus Arbeiten über Berlin im 19. Jahrhundert 75
Das Berliner Mietshaus und die Sanierung 77
Zur deutschen Bürgervilla 1800–1914
Grundzüge einer Baugeschichte der Berliner Villa 94
Die ersten kommunalen Parkanlagen Berlins.
Ein Beitrag zur Geschichte des Stadtgrüns 116

**III. Aus Forschungen über die Schlösser
des ersten preußischen Königs und seinen
Architekten Andreas Schlüter** 131
Andreas Schlüter und das Schloß Charlottenburg.
Corps de Logis und Orangerie 133
Ein Königsschloß für Berlin. Bisher unerforschte Anfänge
des barocken Umbaus des Stadtschlosses 179
Städtebauliches über das Berliner Schloß 206
Bibliographie 217

Vorwort

Eine Auswahl meiner Aufsätze zu veröffentlichen – dazu haben Ulrich Conrads und Dieter Hoffmann-Axthelm mich ermutigt. So ein Unternehmen bekommt unvermeidlich etwas von Rückblick, von Bilanz. Dem will ich mich nicht entziehen. Wir werden, glaube ich, von unseren Jugenderlebnissen geprägt. Ein bestimmender Eindruck für mich muß *der Zusammenbruch des Deutschen Reiches* gewesen sein. Damals ist ja nicht nur das Nazisystem zusammengestürzt, sondern auch der von diesem mißbrauchte deutsche Nationalstaat (mitsamt mancher alten Stadt, manchem großen Werk unserer alten Baukunst, Kirchen, Schlössern, Bürgerhäusern – um nur zu nennen, was so einem Baugeschichtler zuerst einfällt). Wie war das nur gekommen? Da unsere Phantasie vorzugsweise mit dem beschäftigt ist, was uns fehlt, mag der Mangel unserer Nachkriegsgesellschaft an geschichtlicher Reflexion meine Baugeschichte eingefärbt haben. Jede Generation muß wieder erwerben, was sie von ihren Vätern ererbt hat, um es zu besitzen. Das war für meine Generation besonders schwer und ist es noch. Diese meine Prägung mag entschuldigen, wenn die Aufsätze so selten ins Vergnügliche fallen. Manche sind aber doch wenigstens mit der Lust an der Provokation formuliert. Wenn schon alles contre cœur läuft, schließlich hat man seinen emotionalen Haushalt, muß man irgendwie auf seine Kosten kommen. Besser berechtigt ist die Lust am Erkennen. Die habe ich übrigens öfters mit Tilmann Heinisch geteilt, unter anderem in gemeinsam veranstalteten Seminaren, deren Ergebnisse in dieser Sammlung an einigen Stellen begegnen.

Die Artikel sind ausnahmslos Berliner Themen gewidmet, wie überhaupt meine meisten Arbeiten. Ich bin kein Berliner. Für jüngere deutsche Geschichte und Baugeschichte ist Berlin aber nun einmal ein besonders geeignetes Beispiel. Das erste Drittel der Sammlung enthält eine Auswahl meiner Arbeiten über Schinkel, der mich viele Jahre fasziniert hat, so daß ich das Gefühl habe, ich hätte fast ein Drittel meiner Lebensarbeit an ihn gewendet. Das mittlere Drittel der Aufsätze betrifft Mietshaus, Villa und Park, veranlaßt von deren Zerstörung durch die Baupolitik. Das letzte Drittel der Aufsätze gilt den Preußischen Schlössern. Genauer gesagt, ist mein Thema das Berliner Schloß; die kleineren Schlösser darumherum – Charlottenburg, Grunewald usw. – sind mir nur Umkreis des großen Schlosses, des wichtigsten und edelsten Baues Preußens und größten architektonischen Verlustes Deutschlands in unseren Tagen –

ich forsche schon über zwei Jahrzehnte darüber und hoffe, demnächst mit der detaillierten Publikation anzufangen.

Methodisch habe ich je länger je mehr mein Fach als Hilfswissenschaft der allgemeinen Geschichte verstanden. Bei der heutigen Überfülle an Information kann man aber kaum noch einzelne Aspekte aus welcher Wissenschaft auch immer überblicken. Da es allen so geht, tendieren auch die Hilfswissenschaften dazu, gleichberechtigte Spezialgebiete der allgemeinen Geschichte zu werden, und – in dialektischem Umschlag – muß nun jeder von seinem Zipfel aus über das ganze Gewebe urteilen, weil einfach gar nichts anderes übrigbleibt. Und das gilt genauso für die Stelle des Gewebes, wo zur Zeit gewebt wird, für den gerade aktuellen Teil unserer Geschichte, die gegenwärtige Politik, das gegenwärtige Leben – ohne Reflexion auf das ganze, auch auf heute, würde Baugeschichte mich nicht mehr interessieren.

Die einzelnen Artikel sind unverändert abgedruckt, technische Fehler stillschweigend beseitigt (dafür haben sich vermutlich neue „eingeschlichen"), größere Irrtümer oder Kontroversen in besonders gekennzeichneten Anmerkungen behandelt. Auch meine Baugeschichten haben ihre Geschichte, wovon ich jedesmal vorweg einiges ausplaudern will.

Berlin, im Juli 1992   Goerd Peschken

I Aus Forschungen über Schinkel

Schinkels Bauakademie in Berlin.
Ein Aufruf zu ihrer Rettung

Während meiner Erziehung und Ausbildung habe ich Autorität in manchen Formen erlebt. Obwohl das die Zeit des „Dritten Reiches" und der Nachkriegsjahre war, ist mir kein Nazi von überzeugender Autorität begegnet, wohl aber der lutherisch-obrigkeitlich-soldatisch disziplinierte Wissenschaftler (mehrmals), der obrigkeitlich disziplinierte Humanist (mehrmals), einmal auch der bürgerlich disziplinierte Demokrat, einmal sogar der bürgerlich disziplinierte Calvinist – sie alle selbstverständlich eben auch disziplinierend. Natürlich gab es auch Lehrer von weniger autoritärer Ausstrahlung, darunter glücklicherweise sehr freundliche und mir liebgewordene. Einen überzeugenden Liberalen aber habe ich erst nach dem Studium kennengelernt, den Rheinländer Paul Ortwin Rave. Der hatte als junger zweiter Mann in der Berliner Nationalgalerie während der Nazizeit zu retten gesucht, was zu retten war, während sein Chef selbstverständlich den Nazis weichen mußte (die die moderne Sammlung bekanntlich als „entartete Kunst" geschlossen und geplündert haben). Und Rave hatte als Sekretär im Akademie-Unternehmen des Schinkel-Lebenswerkes mitgearbeitet. Nach dem Kriege wurde er Direktor der Kunstbibliothek und führte nun das Schinkel-Lebenswerk als Herausgeber selbst weiter; die Preußische Akademie des Bauwesens war mit dem Preußischen Staat erloschen. Mein Interesse an Schinkel führte mich zu ihm, und er hat mir den Band über Schinkels architektonisches Lehrbuch übertragen, den ich leider zu seinen Lebzeiten nicht mehr fertiggekriegt habe. Den nachfolgenden Text – meine erste kleine Monographie – hat er angeregt und drucken lassen. Rave ist mir, der ich doch ein grüner Anfänger war, mit einer unglaublichen Höflichkeit und Achtung begegnet. Wenn ich es heute mit Jüngeren, Studenten etwa, zu tun habe, versuche ich immer noch, ihm das nachzumachen.

Die „Allgemeine Bauschule" sei Schinkels liebster Bau gewesen, berichtet Friedrich Adler[1], Schinkelschüler und selbst Lehrer an der Bauakademie. Er deutet auch vorsichtig an, daß Schinkel hier nicht wie bei seinen anderen Großbauten Eingriffe des Kronprinzen sich habe gefallen lassen müssen. Dieser Vorteil erklärt sich wohl daraus, daß Schinkel diesmal fast selber Bauherr war. In dem Bau sollten die Bauschule und die Oberbaudeputation Platz finden. Bei der Oberbaudeputation war Schinkel selbst der

Leiter, und die mitgeplante Dienstwohnung für den Chef dieser Behörde hat er selbst bewohnt. Mit der Bauschule war er nominell als Lehrer verbunden, er nahm allerdings nur an den Prüfungen teil. Einflußreicher Referent beim zuständigen Ministerium war sein bester Freund, Beuth, der Direktor des Gewerbeinstituts.

Schon die Anregung zum Neubau ist wohl von den beiden Freunden ausgegangen, und wie sie bei dem Vorlagewerk „Vorbilder für Fabrikanten und Handwerker" zusammengearbeitet hatten, um das Niveau von baulichen, keramischen, Glas-, Eisenguß-, Textilerzeugnissen zu heben, so war die Bauakademie die Gelegenheit, ein Musterbeispiel der Architektur aufzustellen, wo nicht bloß Architektur gelehrt werden sollte, sondern das selbst eine Bau-Schule sein sollte. Der Reliefschmuck am Gebäude gibt ein Kompendium des Bauens, die Baustile, die Geschichte der Baukunst, große Baumeister, Baumeisterausbildung und -tugenden, Meß- und Zeichengerät, Baumethoden, all dies aufs Schönste erläutert in dem Büchlein *Genius der Baukunst* von Paul Ortwin Rave – so mußte der Bau selbst auch vorbildlich sein.

Das Material

Vorbildlich mußte schon das Material und seine Verwendung sein. Die Aufgabe, Feuersicherheit für eine kostbare Bibliothek, für Plan- und Modellsammlungen zu schaffen, führte zum Ziegelbau. Der Bau ist durch und durch aus dem heimischen Backstein, die Wände und auch die Decken. Aus Sandstein sind nur die Treppenstufen und im Innern die Säulen und bestimmte Kämpferstücke, aus Eisen die Zuganker, die unsichtbar im Mauerwerk liegen, aus Holz der Dachstuhl und einige Decken im Obergeschoß, wo es auf Feuersicherheit nicht ankam. Alles übrige ist Backstein, auch die Fassaden. Sie sind mit roten und streifenweise eingelegten glasierten violetten Klinkern, also besonders hart gebrannten Ziegeln, verblendet. Selbst der Schmuck der Fassaden, die feinen Reliefs mit Figurenwerk und Pflanzenwerk, ist aus gebranntem Ton. Nach über zweihundert Jahren Putzbau mit Stuckdekoration – was beides ja eigentlich Stein vorstellen sollte – war dieser Ziegelbau die ganz bewußte Rückkehr zur Gediegenheit und Echtheit, wie man sie in den Werken der heimischen Backsteingotik sah.

Die Ziegel der Konstruktionsteile wie der meisten Schmuckterrakotten sind Serienarbeit, Fabrikware. Während schon damals und bis heute die sentimentalen Klagen über die Seelenlosigkeit der Industriegesellschaft und ihrer Produkte, über Vermassung und Technisierung ertönen, gab Schinkel den modernen Produktionsverfahren ihren Platz in seiner Ordnung. Er begann damit einen Weg, der unter anderem zur heutigen Großblockbauweise im Wohnungsbau geführt hat. Es ist nicht ohne Ironie, daß jetzt, wo ringsherum die industriell gefertigten Bauten hochwachsen, der Anfang dieser nun siegreichen Entwicklung in die Luft gesprengt werden soll.

Die Konstruktion

Die Bauschule ist nicht nur aus Ziegeln gebaut, sondern auch danach konstruiert. In den Fassaden des quadratischen Baublocks von jederseits acht Achsen sind die Schmuckreliefs genau von der Konstruktion unterschieden. Sie gehören zu den Fensterrahmen und -brüstungen aus gebranntem Ton und sind mit diesen zusammen in das fertige Gerippe des Baus eingesetzt worden, ebenso die Portal-Rahmungen. Denkt man sich nun alle diese Füllungen aus der Konstruktion der Fassaden fort, so bleibt, immer noch von einigen Profilen, Friesen und Konsolen geschmückt, ein Gerippe übrig, bestehend aus den Pfeilervorlagen und den Wandstücken beiderseits davon, die zusammen mit einer entsprechenden inneren Vorlage im Grundriß kreuzförmige Pfeiler ergeben, wie sie sich ähnlich zwischen den Fenstern gotischer Kirchen finden. Diese Pfeiler sind geschoßweise durch Segmentbögen verbunden, auch im Mezzaningeschoß, wo allerdings die Verblendung über die Öffnungen weggeht, so daß man sie von außen nur an einigen Breschen sieht, die der Krieg geschlagen hat. Logischerweise hätte die Bänderung der Verblendung in allen Stockwerken über die Vorlagen hinweggehen müssen wie im Erdgeschoß, und es gibt auch eine Zeichnung, auf der dies dargestellt ist. Schinkel hat es aber vorgezogen, die Pfeilervorlagen mit vertikalen Feldern herauszuheben. Immerhin hat er von mehreren gezeichneten Varianten gerade das Blatt mit der durchgehenden Bänderung in seine *Sammlung Architektonischer Entwürfe* aufgenommen.

Die Außenwände der Bauakademie sind Skelettfassaden mit vorfabrizierter Ausfachung. Hinter den „vier gleichen Fassaden"[2] vermutet man nun eine gleichmäßige quadratische Stützenstellung mit quadratischen Gewölben, etwa Kreuzgewölben oder Kuppeln. Indessen findet man Segmentkappen, über zwei Rasterfelder laufend, parallel zu den Fronten gespannt, also die offene Seite zu den Fenstern. Die Kappen und ihre günstigste Spannweite ergaben das Achsmaß des Entwurfs, indem nämlich die Stärke von einem halben Stein, mit einigen versteifenden, einen Stein starken Rippen, gerade noch diese Spannung zuläßt; eine weitere Spannung hätte schon doppelt dicke Gewölbe erfordert, eine engere die Kappen „nicht voll ausgenutzt". Die Kappen ruhen an den Kämpferlinien auf Gurtbögen, die quer zu den Fassaden laufen. Die Säle und Zimmer haben eine kräftig ausgeprägte Richtung. Auf den Quadratraster des Grundrisses sind sie dadurch gebracht, daß die Spannweite der Gurte gleich der der Kappen angenommen ist. Nur auf diese Weise konnte Schinkel den Bau gut um die Ecken führen.

An sich braucht bei dieser Konstruktion die Spannweite der Gurte durchaus nicht gleich der Weite der Kappen zu sein, und normalerweise erhielte man einen Rechteckraster, der Verlängerung nur in einer Richtung erlaubt und also Langbauten ergibt. Genau besehen, besteht auch die Bauakademie aus solchen Langbauten, zweischiffigen, die an den Enden abgeschnitten und stumpf rechtwinklig aneinandergesetzt sind, ohne Verkröpfung, d. h. diagonale Zusammenführung. Zu den drei aneinandergeschobenen Langbauten kommen noch Flure und Treppenhaus, ebenfalls gewölbt, mitsamt dem Innenhof unsymmetrisch, aber immer auf den Rasterlinien disponiert.

An den Stellen, wo die rationalistisch-formale Logik die diagonale Verkröpfung sucht, gehen die Kappen mit der falschen Seite, der Kämpferlinie, bis an die Außenwand, ihr Randschub wird lediglich durch in der Kappe liegende Bögen vom Fenstersturz abgefangen und auf die Pfeiler geführt. Die Kappe mit Entlastungsbogen konnte auf derselben Schalung gemauert werden wie alle übrigen Kappen auch. Eine Diagonaldurchdringung hätte eine andere Schalung erfordert.

Hier gehen also technische Erwägungen der formalen Logik alter Art vor. Die innere Disposition zeigt genau wie die Fassadenausfachung und die Materialverwendung industrielle Züge, nur daß hier besonders deutlich wird, was diese technischen Reihungen beispielsweise von den Achsreihungen der Renaissancearchitektur unterscheidet. An Stelle der dünnen Linien der Geometrie sind Ziegeldicken und Holzstärken getreten.

Man hat das Prinzip der vollen Beanspruchung – siehe Kappenweite – oder das Prinzip der Normgrößen und der auswechselbaren Teile – siehe Schalung – Prinzipien der Technik genannt. Diese Prinzipien wurden hier den Bauschülern demonstriert; es wäre absurd, an Kostenersparnis in einem anderen Sinne als dem des optimalen technischen Effektes zu denken.

Die wichtigsten konstruktiven Vorbilder

Bei baugeschichtlichen Überlegungen muß die konstruktive Konzeption von der städtebaulichen, baukörperhaften einstweilen getrennt werden. Konstruktive Vorgänger der Bauschule in Schinkels Werk sind der Speicher des Packhofs und das Warenhaus Unter den Linden, letzteres schon von außen erkennbar aus Langbauten zusammengesetzt.

Beim Packhofspeicher liegen über zwei gewölbten Geschossen noch drei mit Holzdecken, die nach demselben Schema konstruiert sind, nämlich mit Querbalken und längsgespannten Decken, eng verwandt wiederum mit den Skulptursälen im Alten Museum.

Die Kappenkonstruktion, also die technische Vervollkommnung einer ihm schon geläufigen Konstruktionsweise, hat Schinkel aus England. Zuhause gab es seit Generationen keine gewölbten Geschoßdecken.

Die Englandreise unternahm Schinkel 1826 zusammen mit Beuth. Sofort nach der Rückkehr ist das Warenhaus Unter den Linden, Schinkels erster Entwurf mit Kappendecken, gezeichnet worden.

In England gab es schon seit 1800 Fabrik- und Speichergebäude der beschriebenen Konstruktion, Langbauten meist, auf Rechteckraster, Säulen aus Gußeisen, Deckenbalken und Decken aus Holz, bei besserer Ausführung Gußeisenbalken und Ziegelkappen. Außen hatten diese Fabriken fast immer glatte Wände. Diese industrielle Bauweise wurde als Angelegenheit nüchterner Notdurft angesehen, sie war natürlich noch lange nicht fein genug für offizielle „Architektur", in den Städten wurde weiter der klassische Säulenapparat verwendet.

Schinkel skizzierte auf der Reise weniger die klassischen Säulen als die Fabriken. Zu einer Innenansicht einer Deckenkonstruktion der hier beschriebenen Art notierte er: fire proof. Seine systematischen Studien setzten ihn in den Stand, sofort zu erkennen, was die fortgeschrittenere Zivilisation Englands ihm da bot, nämlich die Bautechnik der Zukunft, die ja dann für die Bauakademie das Angemessene war. Er übertrug die Konstruktion ganz in Ziegel – Gußeisensäulen waren in Preußen noch sehr teuer – und kommt deswegen mit der technischen Eleganz seiner Vorbilder allerdings nicht mit. Dafür wagte er, vielleicht als erster, mit den neuen Mitteln offizielle Architektur zu machen, sie offen als „Stilprinzip" zu verwenden und vorzuführen. Die Bauschule ist von einer „Architektur, die aus den Konstruktionen des Backsteins hervorgeht"[2], das sind Schinkels eigene Worte.

Die Bauakademie hat Schule gemacht, Preußen ist ja voll von Schinkelschule. Aber Architekten wie Schinkel werden nicht alle Tage geboren; die Qualität, die Kraft der Form, die Logik des Aufbaus, die Feinheit des Schmucks sind von der ganzen Schule und ihren oft vorzüglichen Werken doch nicht wieder erreicht worden. Die schönsten Stockwerksraster nach der Bauakademie hat Louis Sullivan in Chicago gebaut; bei uns sind Stockwerksraster dieser Qualität erst wieder von Ludwig Mies van der Rohe gezeichnet worden – dessen starke Beziehungen zu Schinkel zu entdecken seinen amerikanischen Schülern vorbehalten gewesen ist.[3]

Wo bleibt nun bei so viel Technik die Kunst? Was kommt heraus, wenn statt der Proportion das technische Optimum die Achsweite bestimmt? Nun, die Fassaden mit den „dreist proportionierten Öffnungen"[1] können ja noch für sich sprechen.

Doch nach der Perspektiv-Ästhetik des Barock ist wirklich alles falsch an der Bauakademie. Traditionelle Züge sind nur das Mezzanin und die nach oben abnehmenden Geschoßhöhen, was beides, hier durch verschiedene Benutzung der Geschosse begründet, bei Schinkels letztem großen Rasterentwurf, der Bibliothek, ausgemerzt ist.

Dem Bau fehlt jede Mittelbetonung. Hat ein Besucher auf einer der vier gleichen Seiten endlich die Portale gefunden, so läuft er auf den Mittelpfeiler zu und muß ausweichen, um durch eine der beiden Türen einzutreten. Auf der Treppe windet er sich durch, wo die Pfeilerstellung Platz läßt. Die Säle findet er von Mittelsäulen verstellt.

Barockbauten wurden als Raumgebilde entworfen, sie öffnen sich, bieten Wege an, suggerieren Bewegungsrichtungen, waren räumliche Staffage für davor auftretende Menschen.

Die Bauakademie ist als Gerüst entworfen, ihre Pfeiler und Säulen sind einem gleichsam in den Weg gestellt, um zu zeigen, daß ein moderner Bau nach seinem eigenen Gesetz aufwächst wie ein Baum. Die Bauschule bietet keinen steigernden Hintergrund mehr für ihre Benutzer. Dafür werden deren Gefühle aber auch nicht mehr manipuliert, wird ihnen der Rhythmus ihrer Schritte oder ihres Atems nicht vorgeschrieben.

Selbst der lehrhafte Idealismus der Terrakotta-Reliefs ist säuberlich vom eigentlichen Bau unterschieden, keine Spur davon, daß Raum oder Tektonik als psychologisches Mittel gebraucht wären, nichts drängt sich auf. In den hellen, klaren Sälen soll man gut haben arbeiten können. Die Bauakademie distanziert sich als ein neutrales Gerüst, in dem man sich frei bewegen kann.

Die städtebauliche Einordnung der Bauakademie

Der Städtebau der Schinkelzeit bewegte sich noch in den Bahnen des Barock. Die barocke „Steinstadt" mit geschlossenen Straßenwänden, Achssystemen, Blickfängen beengte zwar den Romantikern den Atem, aber über eine gewisse Auflockerung des alten Schemas sind sie in den Städten nicht hinausgekommen, man denke an die Münchner Ludwigstraße.

Was ihnen vorgeschwebt hat, kann man an den Landschaftsgärten der Zeit sehen. Es war eine völlig neue Ordnung, orientiert an der Landschaft, in der die Wege und Gebäude nach ihrer eigenen Logik sich entwickeln sollten wie die Bäume. Denkt man sich die strengeren Anforderungen des heutigen Verkehrs dazu, so hat man, was auch heute noch das Ziel ist, und weiß gleichzeitig, wie ungeheuer schwer diese neue Ordnung zu erarbeiten war und noch ist.

Schinkels Luisenstraße und Platz am Neuen Tor sind schnurgerade und hübsch symmetrisch, aber aus der Berliner Stadtmitte hat er eine Landschaft gemacht. Das Barocksystem dieser Gegend fand er ganz unkenntlich und verpfuscht vor, er konnte also neu ordnen, ohne zu zerstören. Mit Schloßbrücke, Wache und Museum hielt er sich noch beinahe im Rahmen des Geläufigen; die Sache reifte ganz langsam. Diese Bauten, so sehr sie die Landschaft schon sprechen lassen, sind in der Planung noch achsial verbunden.

1826 wurde der Packhof geplant, am Kupfergraben, wo heute die Museen sind. Der Packhof-Speicher, mit seinem Stützenraster der unmittelbare Vorgänger der Bauakademie, hätte ein Langbau werden können und war auch zuerst so gedacht, ganz wie die englischen Speicher und Fabriken, die Schinkel gerade gesehen hatte. Er machte aber dann doch einen Vier-Flügel-Bau mit Innenhof daraus. Diese Würfelform ist aus städtebaulichen Gründen gewählt: Der Kubus von fünf Geschossen fast auf der Inselspitze sollte dem Kubus des Schlosses (damals noch ohne Kuppel) und dem Kubus des Zeughauses gewissermaßen antworten. In seiner Veröffentlichung gab Schinkel den Packhofblättern zwei besonders schöne Perspektiven bei, aus denen die städtebauliche Absicht klar hervorgeht.

Die eine zeigt die Ansicht von der Schloßbrücke den Kupfergraben hinab, die schon Schinkels Freund und Biograph Waagen gerühmt hat: „Die Wirkung dieser Gebäude (Packhofanlage) ist besonders schön in der Ansicht von der Schloßbrücke her, bei welcher sie in Verbindung mit dem Museum in glücklichen Verhältnissen hintereinander vortreten."[4]

Zeughaus und Museum bilden den Rahmen dieses Bildes, die Ferne des Speichers wird durch die davorliegenden Abfertigungs- und Kontrollgebäude kunstvoll gesteigert.

Die andere Perspektive gibt den Blick von der Mehl- (jetzt Monbijou-)Brücke den Kupfergraben hinauf mit dem Schloß im Hintergrund, vorn der mächtige Klotz des Speichergebäudes. Auch in dieser Richtung haben die Dienstgebäude ihre Entfernung veranschaulichende Wirkung. Die Komposition der großen Kuben bezieht sich beide Male auf den Kupfergraben, der, krumm wie er ist, nicht als Achse verstanden werden kann. Er ist viel mehr, nämlich Grundelement der Landschaft.

Der architektonische Kubus in der Landschaft – das ist vielleicht Schinkels größte künstlerische Idee gewesen. In dieser ungeheuren Einfachheit und Monumentalität findet sie sich zum erstenmal bei seinem Hamburger Schauspielhaus, dessen Lage auf den grünen Wällen heute allerdings fast genau so wenig mehr zu ahnen ist wie seine ursprüngliche Gestalt, die übrigens auch konstruktiv-architektonisch von allergrößter Bedeutung gewesen ist.

Die Eindrücke der Englandreise haben die Idee wohl eine Zeitlang etwas zurückgedrängt, aber bei der Packhofs-Planung kam Schinkel am Ende wieder darauf zurück. Bei der Konzeption der Bauakademie, kurz darauf, war der große Gedanke schon gefaßt, es gab kein Schwanken wegen Lage und Form des Baus. Die Bauakademie mußte wieder ein Würfel werden, vier Flügel mit Innenhof. Das Grundstück, das Dreieck zwischen Schloßbrücke, Schleusenbrücke und Werderschem Markt, stand vorher voll Schuppen und Buden des alten Packhofes. Es war schon lange disponibel, und Schinkels ältere Pläne für einen Marstall und andere für ein prinzliches Schloß auf dieser Stelle zeigen, wie wenig selbstverständlich es war, den dreieckigen Platz an der Schloßbrücke freizulassen und den Bau ganz an die Schleusenbrücke zu rücken. Damit erreichte Schinkel außer Straßenverbreiterungen, die bei jedem Neubau möglich gewesen wären, städtebaulich erstens den Abschluß des Werderschen Marktes mit seinem intimen Maßstab von der Weite der Spreelandschaft auf der anderen Seite. Schräg über den kleinen Platz grüßen sich die roten Backsteinfronten von Schinkels erstem und Schinkels letztem großen Blendziegelbau; auch als Skelettbauten sind sie Verwandte. Schinkel ließ auf dem Lageplan in seiner Publikation der Bauschule nicht nur den Hauptgegenstand des Plans besonders dunkel schraffieren, sondern auch die Kirche, was üblicherweise nicht gemacht worden wäre, und ließ auch bei beiden Gebäuden die Strebepfeiler in den Umriß eintragen, damit seine Gedanken in der Zeichnung Ausdruck fänden.

An der intimen Seite des Gebäudes, der Südseite „An der Schleusenbrücke", lag Schinkels Wohnung. Aus dem Eckzimmer konnte er voll Freude über das gelungene Werk Markt und Kirche betrachten.

Dadurch, daß Schinkel nicht einfach am Ufer entlang gebaut hat, kommt die Bauschule mit ihrer offenen Seite dem Zeughaus auf Distanz gegenüber zu stehen, und kann nun selbst sich zum Kubus entwickeln und dem Zeughaus spannungsvoll entsprechen. Von der Schloßbrücke sieht man sie so über den Spreegraben hinweg in voller Breite, wie das Schinkels Perspektive denn auch zeigt. Auf dieser Perspektive sind hinter den Häusern der Niederlagstraße Türme und Schiff der Werderschen Kirche gezeichnet. Die beiden Backsteinbauten kontrastieren von hier großartig als Baukörper, der eine schmal, lang, hoch und reich im Umriß, der andere quadratisch, lagernd und von monumentaler Geschlossenheit. Auf dieser offenen Seite lagen die Büros von Schinkels Behörde. Der Blick aus den Fenstern geht über den Platz mit den beiden alten Platanen und den Spreearm zur Schloßbrücke, zum Zeughaus und zum Alten Museum, dahinter staffeln sich jetzt die Museen in die Ferne wie einst die Packhofgebäude; die Kuppel des Kaiser-Friedrich-(jetzt Bode-)Museums bezeichnet etwa die Stelle, wo der große Speicher lag. Die Bäume des Lustgartens und der Garten zu seiten des Neuen Museums, wo Schinkel den Garten des Packhof- und Steuer-Direktors hatte anlegen lassen, gehören wie Wasser und Gebäude zum Ganzen.

Die zweite Perspektive Schinkels zur Bauakademie zeigt die Front von Nahem, mit einer Ecke, dahinter bewimpelte Masten von Lastkähnen, die den Spreegraben andeuten, dann distanzbildend die Häuser an der Schloßfreiheit mit einem Gewimmel von Dächern, darüber in der Ferne sieht man die gewaltige Horizontale der Schloßfront, auch mit einer Ecke, der Bauakademie widerspiegelnd antworten. Die Bauschüler mit ihren großen Mappen gehen über den Platz und nehmen anscheinend nicht einmal bewußt Notiz von so viel Schönheit, die sie noch unverletzt mit Augen ansehen konnten.

Schinkel hat mit Packhof und Bauschule die Mitte Berlins zu einer Stadtlandschaft gemacht. Einen Eckstein des Berliner Städtebaus hat Adler die Bauschule genannt[1]: mit diesem und dem zweiten Eckstein, dem Packhof, hat Schinkel Zeughaus, Schloß und Museum umgedeutet und einbezogen zu einer Komposition korrespondierender Kuben, die die Spreelandschaft zwischen sich fassen und verspannen. Entlang am linken

Spreearm bezeichnet die Reihe der großen Kuben die Distanzen, und die Spree mit ihrem Dunst tut das ihrige, das Ferne noch ein wenig zu verschleiern und zu entrücken.

Die Mitte Berlins ist seither eine Landschaft geblieben, wenn auch einige Akzente sich verlagert haben. Die Kuppeln von Schloß, Dom und Kaiser-Friedrich-Museum kamen dazu, die des Kaiser-Friedrich-Museums übernahm die Funktion des Schinkelschen Packhofs in der Landschaft. Erst 1950 mit dem Schloßabbruch ist diese Architekturlandschaft Fragment geworden. Trotzdem gehört der Blick von Schinkels Arbeitszimmer über Brücke und Museum noch immer zum Schönsten, das es auf der Welt zu sehen gibt.

Wenn die Geschichte des modernen Städtebaus und der modernen Architektur in Deutschland einmal durchgearbeitet sein wird, wird man vermutlich endlich genau wissen, daß die Bauschule Schinkels das bedeutendste Gebäude ist, das in unserem Land im vorigen Jahrhundert gebaut worden ist, und vielleicht auch, daß die Kupfergrabenlandschaft unsere schönste Stadtlandschaft aus dieser Zeit ist.

Die Fortsetzung der Zerstörung dieser Gegend unter dem Titel „Aufbau" würde nichts anderes sein als die Fortsetzung unseres geistigen Selbstmords.

Anmerkungen
[1] F. Adler, Die Bauschule zu Berlin von C. F. Schinkel. Festrede, gehalten bei der Schinkelfeier am 13. 3. 1869. Berlin 1869.
[2] Schinkel, Sammlung Architektonischer Entwürfe..., 28 Hefte. Berlin 1819/40. Heft 25.
[3] Philip Johnson, Mies van der Rohe. New York 1947.
[4] Gustav Friedrich Waagen, Karl Friedrich Schinkel als Mensch und als Künstler, in: Kleine Schriften von G. F. Waagen, Stuttgart 1875.

Quelle: Schinkels Bauakademie in Berlin. Ein Aufruf zu ihrer Rettung, Berlin 1961

Die Bauakademie von der Schloßbrücke her (1831). Aus: K. F. Schinkel, Sammlung Architektonischer Entwürfe

Zeichensaal nach der Schleusenbrücke. Foto: Verf. (1960)

Schinkels Kupfergraben-Landschaft von der Schloßbrücke nach Norden, links das Zeughaus, rechts Museum, Packhof-Direktion, Packhofspeicher. Aus: K. F. Schinkel, Sammlung Architektonischer Entwürfe

Schinkels Kupfergraben-Landschaft: Jungfernbrücke, Bauakademie, Zeughaus und Kuppel des Bode-Museums anstellte des Packhofspeichers. Foto: Verf. (1960)

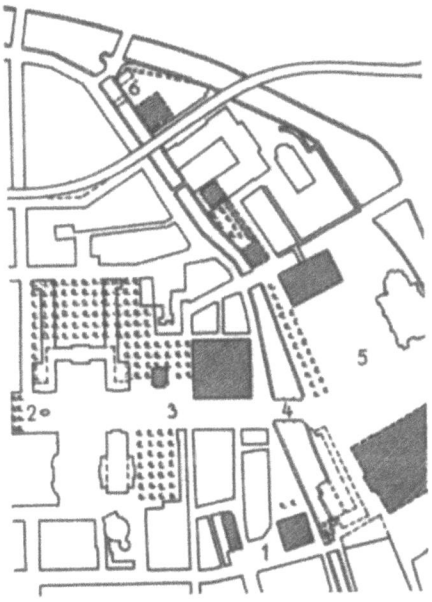

Stadtplanausschnitt mit der Kupfergraben-Landschaft. 1 Werderscher Markt mit Bauakademie und Werderscher Kirche 2 Unter den Linden 3 Wache und Zeughaus 4 Schloßbrücke 5 Lustgarten mit Museum, Dom und ehemaligem Schloß 6 Ehemaliger Packhofspeicher, jetzt Bode-Museum

Schinkels Museum am Berliner Lustgarten

Dieser Aufsatz ist von den Herausgebern des Münchner Kataloges aus zwei Texten zusammenredigiert worden, die ich lieber getrennt gehalten hätte. Den einen hatte ich gleich nach dem Diplom geschrieben, unter dem Titel, den nun das ganze trägt. Er umfaßte die Analyse des Entwurfs, mit den Augen des entwerfenden Architekten gesehen und mit berufskollegialischer Bewunderung verfaßt. Dieser Teil bildet hier etwa die zweite Texthälfte bis kurz vor Schluß. Der andere Text trug die hier weggebliebene Überschrift Der Beamtenbürger und sein Museum. Er steht im Zusammenhang mit einem Seminar aus der Zeit nach der Studentenbewegung, ist also über zehn Jahre jünger. Nun hatte ich gelernt, das Bauwerk nicht nur beruflich borniert zu sehen, sondern auch als Zeugnis für unsere bürgerliche Geschichte. Der Glanz der Einsichten dankt sich dem Glück der Zusammenarbeit in einer Atmosphäre politischer, bürgerlicher, kultureller Hoffnungen, die die eigenen Fähigkeiten potenzierte. Ich wüßte nicht auseinanderzuhalten, was davon Tilmann Heinisch geschuldet ist, dem Mitveranstalter des Seminars. Aber auch die Zuversicht und Begeisterung der Studenten hat uns getragen. Seitdem habe ich eine Ahnung davon, wie kulturell fruchtbare Epochen funktionieren.

Die Münchener Glyptothek ist eine Villa suburbana – den Hinweis danke ich Gottlieb Leinz –, also ein in seiner Erbauungszeit fast konventioneller Bautyp, der in den Dienst einer neuen Bauaufgabe gestellt wurde, nämlich des eigentlich bürgerlichen öffentlichen Museums. Der Fürst machte seine Sammlungen ganz einfach den gebildeten Ständen zugänglich. Das war eine beinahe natürliche, selbstverständliche Sache. Ebenso selbstverständlich hat der Bau bis heute den allmählich geänderten Verhältnissen bequemen Raum geboten, und wäre ohne die Kriegszerstörung sicherlich wenig verändert. Er hat sich, darf man sagen, bewährt.

Die preußische Konkurrenzgründung dagegen, das Museum in Berlin, ist als ein merkwürdiger, neuartiger Spezialbautyp disponiert worden. Der Bau war so sehr auf die Besonderheiten von Ort und Zeit hin ausgelegt, daß er schon sehr bald umgebaut worden ist, lange vor der Kriegszerstörung, und heute nur noch wenig von seiner ersten architektonisch-räumlichen Anordnung übrig ist. Selbst nach eingreifenden Umbauten bietet seine Disposition der Benutzung große Schwierigkeiten; die

Haupttreppe und ihr oberes Podest sind gewöhnlich abgeschlossen, weil sie im gewöhnlichen Betrieb des Hauses nicht verwendbar sind. Wenn der Bau also seiner Aufgabe auf die Dauer nicht entsprochen hat, bringt er die Situation seiner Bauzeit desto präziser zum Ausdruck. Es lohnt sich, ihn zu studieren. Allerdings muß man sich dazu ein wenig mit der Gründungsgeschichte der Sammlung beschäftigen. Ich verwende dabei die Materialien eines Seminars, dem ich auch einige Anregung verdanke.[1]

Bereits in den 1790er Jahren schlug der Kunstgelehrte Aloys Hirt in einer Akademierede zum Königs-Geburtstag (1797) vor, aus den Kunstschätzen der Krone das Geeignete auszusuchen und an einem besonderen Ort zum Studium für die Künstler und die Zöglinge der Akademie zu vereinen.[2] Er erbot sich, auch gleich einen Bauplan dazu auszuarbeiten, den er ein Jahr später auch vorlegen konnte. In der Begründung wie in dem Bauplan – ein zweistöckiger Vierflügelbau mit zwei Reihen Zimmern – klingt noch die Vorstellung der Institute für wissenschaftliche und künstlerische Arbeit im Auftrage des Landesfürsten nach, wie sie im 18. Jahrhundert manchmal den Titel Museum führten, aber Bibliotheks- und Sammlungsgebäude eher waren als Ausstellungsgebäude wie die späteren bürgerlichen Museen.

Die Bestände der neuen Institution sollten also aus den Schlössern genommen werden. Hirt dachte an zwei Hauptgruppen: Werke der Antike (die im Hauptgeschoß aufgestellt werden sollten) und Gemälde der neueren Zeit. Diese beiden Gattungen, Statuen und Gemälde, waren es auch, die in den Schlössern überall in den Staats-Wohnzimmern der Fürsten und in den Gärten aufgestellt waren. Schon lange gab es auch Räumlichkeiten in den Schlössern, die in besonderem Maße mit Kunstwerken ausgestattet waren, Galerien, in denen der Fürst und seine Gäste bei Betrachten der Kunstwerke sich ergehen und unterhalten konnten. Daß eine in einzelne Gebäude aufgelöste Schloßanlage wie die Sommerresidenz Friedrichs II., Sanssouci, 1756 um eine für sich stehende Bildergalerie erweitert wurde, hätte wenig mit beginnender bürgerlicher Kunstauffassung zu tun, wenn nicht dazu auch ein wissenschaftlicher Katalog ausgearbeitet und gedruckt worden wäre[3]; ebenso ist der wieder für sich gebaute, weiter entfernt im Park stehende Antikentempel, 1770 für die schon früher erworbene Antiken-Sammlung des Kardinals Polignac und andere antike Bildwerke gebaut, damals kein ungewöhnliches Stück Schloßanlage.

Die Antiken in den Gärten und Schlössern und die Gemälde dienten zur Zierde, was aber nicht den schalen Beigeschmack des heutigen bürgerlichen Wortgebrauchs hatte. Ornamentum bedeutete im weiteren Sinne den Ornat, das Staatskleid des Fürsten. Er war ja Fürst von Gottes Gnaden, durch seine Abstammung eingesetzter Vertreter der göttlichen Ordnung und darin legitimer Nachfolger der – zuletzt christlichen – Kaiser des antiken Rom. Daher die ständige Anknüpfung an die römische Antike in der Thematik der Hofkunst. Die Legitimitätsdarstellung beherrscht die gesamte Kunstpflege des Absolutismus und schon der früheren Stufen der Feudalepoche. Die antiken und antikisierenden Säulen usw. an der Pfalzkapelle Karls des Großen in Aachen so gut wie die Blattkapitelle gotischer Kathedralen oder die Säulengiebel der Barockhäuser beschwören die Antike als Herkunft gottgesetzter Herrschaft, so auch das Latein der fürstlichen Urkunden oder auch der wissenschaftlichen Werke in fürstlichen Diensten. Dieser höchst einfache, grundlegende Zusammenhang ist schon längst formuliert – z. B. von Gottfried Semper im *Stil* –, darum aber noch nicht bekannt genug.

Wenn man mit dem nachgedruckten Inventarverzeichnis des Schlosses Charlottenburg aus dem Jahre 1705 in der Hand[4] das Schloß studiert, kann man sich das genauere System der Kunstverwendung vergegenwärtigen. Schon entlang der festlichen Gartenseite stehen noch heute die Brustbilder sämtlicher römischer Kaiser und Kaiserinnen – letztere waren nötig, weil Charlottenburg als Schloß einer Königin gebaut worden ist. Im Innern hingen im Speisesaal, dem offiziellsten Raum, Staatsporträts des regierenden Königs selbst und seiner gleichrangigen englischen Verwandtschaft. In den vielen Staatszimmern waren die Kunstwerke meist auf den Gebrauch der Zimmer bezogen, z. B. im Parolesaal, wo die Offiziere der Leibwache zugleich die absolute Militärgewalt des Fürsten verkörperten – Reliefbilder von antiken und modernen Waffen im Gesims, oder im Schlafzimmer ein Deckengemälde mit den Tierkreis-Sternzeichen usw. In den Privatzimmern der Königin machte sich in der Auswahl der kleinformatigen Gemälde persönlicher Geschmack bemerkbar in der Verteilung der antikmythologischen und der christlichen Bildthemen, der Genrestücke und Porträts. Mochten übrigens die Genrebilder auch ihre Bedeutung für das feudale Ständeschema haben – Darstellungen aus dem Umkreis der unteren, arbeitenden Stände der Gesellschaft –, so waren sie doch andererseits Vorzeichen oder Anzeichen von bürgerlichem Realismus. Auch die Existenz von Privatzimmern, in die sich die Herrschaften vor dem großen Zeremoniell zurückzogen, ist ein Vorzeichen bürgerlicher Kultur.

Dies also war der Zusammenhang, aus dem die meisten Statuen, Reliefs und vor allem Ölbilder entnommen wurden, die im Alten Museum zusammengefaßt werden sollten. Die Darstellung kompliziert sich ein wenig durch die Kleinkunst, Gemmen, Münzen, Elfenbeinskulpturen. Diese waren wegen ihrer Kleinheit nicht geeignet, in den Staatszimmern zu paradieren, und auch nur ausnahmsweise in den Privatzimmern aufgestellt. Sie waren – im Stadtschloß in Berlin – in der sogenannten Kunstkammer untergebracht, in der es auch Abteilungen für seltene und kostbare Bildungen und Mißbildungen der Natur, für kunstvolle Uhrwerke und Maschinen gab. Die Kunstkammer war von einem wissenschaftlichen Antiquar betreut und also eine Variante der obengenannten „Museen" des 17. und 18. Jahrhunderts. Sie war, was die Antiken angeht, noch keineswegs in der Weise systematisiert, wie man es heute erwarten würde. Nach dem lateinischen Katalog[5] waren die Münzen zunächst in goldene, silberne und bronzene unterteilt und – wenn das auch nur ein formeller Schnörkel sein mochte – den Göttern Apoll (goldene Sonne), Diana (silberner Mond) und Venus unterstellt, wobei Apoll wieder den Fürsten allegorisiert, Diana die Fürstin usw.; oder die Gemmen, geschnittene Edelsteine, waren nach solchen unterschieden, auf denen Götter dargestellt waren, und nach solchen mit Darstellungen von Menschen. Dies ist eine ständische Teilung: schon seit der Antike wurde die Sphäre der Götter und Könige von der der gewöhnlichen Menschen abgehoben – Tragödie und Komödie sind z. B. ursprünglich ständisch unterschieden (Aristoteles; Vitruv). Übrigens tritt in dem lateinischen Katalog der Berliner Kunstkammer die Fürstenverherrlichung auch bildlich in Titelkupfern, Kopfleisten, Vignetten auf, textlich vor allem in den Vorreden, aber auch in Kommentaren zu den einzelnen Kunstwerken.

Für das zu gründende Berliner Museum war von vornherein in der Abteilung der Gemälde jenes System vorgesehen, das später auch in der Archäologie usw. sich durchgesetzt hat: die kunstwissenschaftliche Gliederung nach Schulen, was soviel heißt wie nach Meistern und ihren Nachfolgern. Diese Gliederung hatte Hirt schon in dem eingangs erwähnten Bauplan vorgeschlagen mit dem Hinweis, eine solche Gliederung habe bisher allein Christian von Mechel in Wien versucht. Dieser wurde später als Akademielehrer nach Berlin berufen und bekam 1810 den Auftrag, die von Napoleons Truppen geplünderten Bilderbestände in Sanssouci in Ordnung zu bringen. Mit der Rückgewinnung der von den Franzosen nach Paris entführten Kunstwerke kam die Museumsgründung wieder in Gang, der Neubau kam in den 1820er Jahren zustande, wurde 1829 eingerichtet. Der preußische Staat hatte eigens für das Museum große Kunstsammlungen erworben. Unter Vorsitz Wilhelms v. Humboldt hatte eine Kommission, der u. a. Schinkel und der Bildhauer Rauch angehörten, auch die Systematik erarbeitet. Zur Eröffnung erschien der Katalog des Kustoden der Gemäldegalerie.[6] In den Grundriß des Obergeschosses des Museumsbaues sind die Bildergruppen eingetragen: Erste Abtheilung. 1. Die Venezianer. Nr. 1–88. Antonello da Messina. A. Mantegna. Cima da Conegliano. Palma Vecchio. Pordenone. G. B. Moroni. 2. Die Lombarden. Nr. 89–140... 3. Die Schulen des mittleren Italiens. Nr. 141–312. Fiesole. Fra Filippo. S. Botticelli. D. Ghirlandaio. Pinturicchio. Raffael als Lehrling des Fra Bartolommeo. Raffael als Meister...

Dies ist das Prinzip der – bürgerlichen – Kunstwissenschaft. Systematisiert wird nicht nach Kunstthemen, sondern nach Künstlern. Die kleinen werden in Schulen den großen zugeordnet usw. Übrigens haben 150 Jahre Kunstgeschichte seither zahllose Bilder den genannten Meistern zu- und abgeschrieben, was hier nichts besagt. Warum die bürgerliche Systematik so aussieht, ist architektonisch vielleicht am großartigsten von Gottfried Semper formuliert worden mit seinen Hofmuseen in Wien: da steht das Kunsthistorische Museum als Zwilling dem Naturhistorischen Museum gegenüber. So wie in dem einen der Aufstieg der Natur vom unbelebten Gestein zum differenzierten Säuger dokumentiert ist, eingeschlossen fehlgegangene Experimente der Natur wie die Saurier, so im anderen der naturnotwendige Aufstieg der Menschheit von formelhafter Gebundenheit ihres Geistes, von abergläubischer Beschränktheit und von unbeholfen-schiefer Auffassung der Welt zur hohen Ausdrucksfähigkeit, Emanzipation, Beherrschung der Realität (Perspektive!), zu der das bürgerliche Individuum aufgestiegen ist: der naturnotwendige Aufstieg der Menschheit und die Künstler als seine Helden. Im Berliner Katalog der Gemälde von 1830 wird der Aufstieg in den beiden ersten Abteilungen dargestellt: I. Die italienischen Schulen und ihr verwandte Kunstbestrebungen sowie die Akademiker (gemeint sind Poussin und sein Umkreis). II. Die niederländischen und deutschen Schulen. Die letzteren beginnen mit den van Eycks. Dagegen war die mittelalterliche Unmündigkeit und Ungeschicklichkeit etwas ausgegliedert in Abteilung III: Altertümer und kunsthistorische Merkwürdigkeiten. Unter diesem Titel waren die vorperspektivischen Goldgrundbilder des 14. und 15. Jahrhunderts eingeordnet.

Die Parallelisierung von Naturgeschichte und Menschheitsgeschichte würde uns heute weniger sonderbar erscheinen, wenn nicht die Menschheitsgeschichte auf Kunstgeschichte reduziert gegeben wäre. In dem Zusammenhang stimmt es mißtrauisch, daß diese bürgerliche Kunstgeschichte nicht in den führenden bürgerlichen Ländern, sondern gerade in Deutschland und Österreich sich am klarsten entwickelt zu haben scheint. Man findet charakteristische Proben deutscher Künstlerideologie in Hans Sedlmayrs *Verlust der Mitte* zusammengestellt. Auslassungen etwa vom jungen Goethe an, in denen der Künstler als Weltschöpfer usw. gefeiert wird.

Die Künstler- und Schulen-Systematisierung der Museen in ihrer Überspitzung scheint charakteristisch für den deutschen beamtenbürgerlichen Idealismus: die Verehrung der bürgerlichen Helden der Kunst (und des Geisteslebens) ist da am nötigsten, wo die bürgerlichen Helden in der Politik rar sind. Eine selbstbewußtere Bürgerlichkeit mußte über solche Grundsätze hinausgehen. Gegen Ende der Bismarck-Ära z. B. gründete sich ein bürgerlicher Verein und baute und füllte eines der großen Berliner Museen, das Kaiser-Friedrich-Museum (Kaiser Friedrich galt als liberal und regierte 1888 nur 100 Tage, kurz genug, um als liberale Gallionsfigur dienen zu können). Der Museumsdirektor, Wilhelm Bode (für seine Leistungen später geadelt), zielte auf kulturgeschichtliche Gesamtdarstellung und hängte den Tizian auf zeitgenössischen venezianischen Seidendamast, stellte darunter die venezianische Truhe des beginnenden 16. Jahrhunderts usw. Selbstverständlich sammelte Bode nur Meisterwerke, selbstverständlich hatten seine Interieurs, wenn überhaupt, dann Ähnlichkeit mit denjenigen regierender venezianischer Familien von damals, aber immerhin hatten nun die Seidenweber, Kunsttischler usw. Zutritt zum bürgerlichen Olymp. Der Kaiser-Friedrich-Museums-Verein existiert nicht mehr, das Museum ist längst vom Staat übernommen, das Gebäude in Ost-Berlin heißt heute Bode-Museum; auch dieses Stück bürgerlicher Eigenständigkeit ist Episode geworden.

Das Prinzip des individuellen künstlerischen Meisterwerkes wie die Beschränkung auf Oberschichts-Kunst verlor seine Alleinherrschaft um die Jahrhundertwende durch die Gründung der Volkskunde-Museen, in denen z. B. das normale, charakteristische Inventar eines Bauernhaushaltes im 18. Jahrhundert dargestellt wurde, überwiegend anonyme Arbeiten von einer Qualität, die einstigem gutem Durchschnitt angehörte.

Aus dem wenigen, was ich hier darlegen konnte, läßt sich schon feststellen, daß Kunstgeschichte, begriffen als in sich abgeschlossene Folge formaler Errungenschaften (also abgesehen von allgemeiner Geschichte) unserem Selbstbewußtsein und unserer Emanzipation längst nichts mehr bringt. Dieses System taugt noch als wissenschaftliche Forschungsmethode unter anderen Methoden, eignet sich aber nicht mehr zur Gliederung von Ausstellungen und didaktischen Veranstaltungen. Das Kunstmuseum dieses bürgerlichen Typus kann aber sehr wohl, mit möglichster Genauigkeit und Penetranz als Dokument kritisch vorgeführt, Erkenntniswert gewinnen. Auf vielerlei Weise kann und muß man heute historische Kunstwerke als allgemeingeschichtliche, d. h. gesellschaftsgeschichtliche Dokumente interpretieren, die soziale Rolle des Künstlers, seiner Auftraggeber, den Zweck des Werkes im gesellschaftlichen Zusammenhang darstellen (was auch der Erkenntnis am Kunstwerke zugute kommen muß). Je mehr Licht davon auf uns und unsere Situation fällt, desto besser.

Schinkels Altes Museum besteht aus einem Nutzgebäude mit Ausstellungssälen in zwei Geschossen, das mit vier Flügeln ein Hofrechteck umschließt, und aus eingeschossigen repräsentativen Bauteilen: die Säulenhalle, die vor der ganzen einen Breitseite, zum Lustgarten hin, steht, und die überkuppelte Rotunde, die mitten in das Hofrechteck gesetzt ist, so daß zu beiden Seiten kleine Höfe übrigblieben. Diese eingeschossigen Bauteile sind so hoch wie die beiden Ausstellungsgeschosse zusammen. Im Treppenhaus, das die Säulenhalle mit der Rotunde verbindet, das aber in der Reihe der Ausstellungssäle liegt, durchdringen sich der zweigeschossige Nutzteil und der eingeschossige Repräsentationsteil und sind auf höchst kunstvolle Weise verflochten.

In jedem Stockwerk des Nutzgebäudes liegt auf der Rückseite ein durchgehender Saal, der an den kleinen Eckräumen vorbei Verbindung mit den Langsälen der Seitenflügel hat. An der Vorderseite sind zwei kleinere Säle durch das Treppenhaus getrennt. Das Hauptgeschoß war für die Skulpturen, das obere für die Bilder bestimmt.

Die Decken aller Säle des Hauptgeschosses, schweren Lasten des Vollgeschosses darüber ausgesetzt, wurden von zwei Säulenreihen unterstützt. Je ein Säulenpaar trug einen Querunterzug, der Saalwand und Saalwand verband. Die kleineren eigentlichen Deckenbalken waren in Längsrichtung darübergelegt. Über ihnen lag die geputzte Deckenfläche.

Bevor, 1823 im Januar, der plötzliche Entschluß zum jetzigen Museumsbau gefaßt wurde, war längere Zeit in der vorderen Hälfte des damaligen Akademiegebäudes, an Stelle der jetzigen Staatsbibliothek, ein Umbau für das Museum vor sich gegangen. 1822 im Frühjahr hatte Schinkel ein Projekt für die Vollendung dieses Umbaus durch einen Querflügel bearbeitet, wonach das Museum mit vier zweistöckigen Flügeln etwa den jetzigen Akademiehof der Staatsbibliothek eingefaßt hätte.[7] Dieser Plan ist die unmittelbare Vorstufe der vier zweistöckigen Flügel des Alten Museums und bietet sich zu vielfachen Vergleichen an.

Auch im Plan von 1822 gehen die Säle möglichst durch die ganze Flügellänge; in die unteren Geschosse sind auch zwei Säulenreihen eingestellt. Die Architrave aber gehen hier noch in die Länge und Quere ab, so daß eine Decke mit großen, annähernd quadratischen Feldern entsteht, die kassettiert gedacht ist. Versteht sich, daß die Architrave nur in der einen Richtung getragen hätten, in der anderen wären sie hohl, aus Brettern und Putz, gewesen, ebenso die Kassetten darüber. Knapp ein Jahr später zeichnete Schinkel die Decken des Alten Museums. Nun schichtet er die Balken in Lagen übereinander, so daß jeder Architrav, der zu sehen ist, wirklich auch aus vollem Stein, jeder Balken aus vollem Holze ist und trägt. Die Architektur in diesen Sälen ist mit der Konstruktion identisch. Ungefähr derselben Zeit gehört auch die große Perspektivaufsicht auf die Propyläen von Eleusis in den „Vorbildern für Fabrikanten und Handwerker" an. Schinkel führt da durch stufenweise Abdeckung der oberen Lagen die konstruktive Schichtung und den konstruktiven Sinn eines jeden Baugliedes vor Augen, so, wie man Übersichtszeichnungen von Maschinen kennt.

Die Raumwirkung der Säle im Hauptgeschoß erscheint durch die ganz additive Reihung der Joche in der Länge und die Schichtung der Balkenlagen in der Höhe indifferent bewegt. Nirgendwo bleibt eine Mitte der Ruhe. Beenken bringt die Architektur dieser Säle mit dem abstrakten, unendlichen Raumgefühl der Romantik zusammen: „schichtende Ordnung des unabgegrenzten, unendlichen Raumes". Im Sinne des Barock sind diese Säle unräumlich. Auch in der Breite beseitigte der Architekt von 1822 auf 1823 die letzten räumlichen Zentralisierungen. Im Museum im Akademiegebäude gab es noch beiderseits Fenster und einen Mittelgang. Im Museum am Lustgarten sind alle Säle einseitig belichtet, die auf der Lustgartenseite ziemlich von Norden von den Innenhöfen her, die auf den Seiten und auf der Rückseite von Außen, also von Ost, West und wieder Nord. Die Gänge in Haupt- und Obergeschoß sind nun an den fensterlosen Wänden entlang geführt, so daß sich zum Fenster hin jeweils „Kojen" ergeben, wie die Lage der Türen und der Querschnitt mit der eingezeichneten Ausstellung zeigen. „Der Raum vor jedem Fenster bildet demnach eine Abtheilung, die von den Säulen und Bildwerken begrenzt ist", schreibt Schinkel für das Hauptgeschoß dazu.

Die Bildwerke dort sollten zuerst mit den Säulenpaaren in Querreihen stehen, noch vor der Eröffnung aber wurden die Werke auch vor den Säulen aufgestellt. Schinkel schreibt 1825, daß die Bildwerke „in mannigfacher Gruppierung vor und neben den Säulen des Saales stehen". In der romantischen – oder, wenn man so will, modernen – prinzipiellen räumlichen Unendlichkeit sind die Konstruktionsglieder der Halt, an den sich die Bildwerke anlehnen.

Im oberen Geschoß, das stützenfrei ist, sind die Ausstellungskojen durch eingestellte „Schirmwände", die den Gang freilassen und auch nicht an die Decke reichen, gebildet. „Diese Abtheilungen" gewähren, nach Schinkels Worten, „den Vortheil, die Maler-Schulen gehörig zu trennen, und überhaupt jede nöthige Sonderung und Vereinigung vorzunehmen, welche der Character der Bilder und das Princip der Aufstellung irgend fordert" – das heißt, die Einrichtung ist so abstrakt, daß sie variabel ist wie Aktenregale oder Karteikästen. Mit dem Blick auf diese Kojen hat man das Alte Museum einen Zweckbau genannt. So modern die „Schirmwände" erscheinen (sie sind tatsächlich ein Vorgriff auf die heute üblichen Stellwände), so offensichtlich ist doch, daß den Sälen durch sie der Charakter kunsthistorischer Studienräume anhängt, wie er in dem Entwurf Hirts noch deutlicher enthalten war. Über die Reihen von Zimmern, die Hirt plante, hinaus wird im Alten Museum der übergreifende Zusammenhang der Sammlung darin deutlich, daß die Schirmwände nicht bis an die Decke reichten und also der Besucher noch die großen Säle fühlte, die jeweils über die ganze Gebäudelänge oder -breite reichen (abgesehen von der einen Unterbrechung durch das Treppenhaus).

Die Antiken im unteren Hauptgeschoß waren ursprünglich ebenso in kojenartigen Abteilen aufgestellt, obwohl dort keine Stellwände waren. Die Skulpturensäle bestanden aus dreijochigen querlaufenden Schiffen, die immer von zwei dorischen Säulen getrennt waren. Da die Türen aber sitzen wie oben, kann man vermuten, daß die Joche an der dunklen Innenwand als Gang gedacht waren, die mittleren und diejenigen an den Fenstern aber als Ausstellungsabteile. Eine Skizze Schinkels, vor nicht langer Zeit aus dem Nachlaß seines Schülers Schepping zum Vorschein gekommen, beweist nun, daß die Antiken tatsächlich vor und zwischen den Säulen wie in Kojen stehen sollten, und so haben sie zuerst auch sicherlich gestanden.

Im Sinne des Barock sind die offenen Kojen keine Räume, ebensowenig aber der ganze Saal mit den vielen Scherwänden. Vielmehr ist hier nicht eine Übergangsform, sondern eine völlig neue Architektur, soviel ich weiß, erstmals fertig entwickelt. In einen beliebigen Ausschnitt von Raum – die Säle sind drei, sieben und elf Kojen lang – ist eine neutrale Konstruktion eingestellt, und in dieser ist nach funktionellen Überlegungen die Ausstellung eingerichtet. Die Architektur nimmt nur durch die Lage der Türen auf die Einrichtung Bezug.

Der Grundriß der Gehflächen hat die Form eines Kamms, oder besser einer zinnenartig gebrochenen Linie. So hat Schinkel später auch Bibliotheken eingerichtet; die Form ist bis heute immer wichtiger geworden. Der begehbare Ring der Säle ist aus den Achsen des gesamten Baukörpers mit Rücksicht auf die erstrebte Beleuchtung von Norden dorthin verschoben. Das unerwünschte Licht von Süden wurde durch die vorgelagerten Bauteile der Säulenhalle und der kleinen Hofflügel ausgeschlossen. Die Achsen der Begehung und des Baukörpers weichen voneinander ab, wie zwei Ringe, die man aufeinander, aber nicht genau übereinander gelegt hat – auch dies eine typische Funktionsform.

Der Ausführung der Deckenkonstruktion im Sockelgeschoß ging ein abweichender Entwurf voraus. Noch während der Rohbauarbeiten mußte man sich entschließen, auch im Sockelgeschoß Ausstellungen unterzubringen. Auf dem Schnitt von 1823 sind da noch kreuzförmige Pfeiler, aus denen nach allen vier Richtungen mit leichtem Knick fast halbrunde Bögen hervorgehen, zwischen denen flache, wohl kalottenförmige Kappen sich spannen. Nachdem das Jahr 1824 über Grunderwerb, Fundamentierung usw. hingegangen war, kam der Rohbau erst 1826 im Herbst unter Dach. 1827 wurde eingewölbt. Bei den ausgeführten Gewölben im Sockelgeschoß hat Schinkel die zentralisierende Anordnung durch eine Entsprechung zu den Skulpturensälen darüber ersetzt: Querarchitrave aus Stein und in der Längsrichtung statt der Balkendecken flache Kappengewölbe in Form von Zylinder-Segmenten, die später sogenannte Preußische Kappe. Schinkel hatte diese Kappen gerade auf seiner England-Reise 1826 vielfach angewendet gesehen. Damit war nur ein Schritt noch zu der Deckenkonstruktion der Bauakademie, wo er, 1831, den Querunterzügen die Gestalt von flachen Segmentbogen gab.

Das offensichtliche Vorbild für den Fabrikbau im Preußen des 19. Jahrhunderts, die Bauakademie, hat also ihre Vorstufe in dem Nutzbauteil des Alten Museums. Konstruktivität, Funktionalität und Variabilität sind die Kennzeichen des Industriebaus, der nach inzwischen allgemeiner Überzeugung im vorigen Jahrhundert in der ganzen Zivilisationswelt die große architektonische Leistung war. Den Nutzteil des Alten Museums möchte ich mit einem Terminus des Industriebaus ein „Stockwerksgebäude" nennen, weil er alle diese Kennzeichen aufweist. Er gehört in den Anfang der Entwicklung eines Bautypus, der seither und bis heute immer bedeutender geworden ist.

Diese beiden Geschosse „Zweckbau" mit ihrer Kojenteilung mögen am besten als eine Art großzügiges Schaudepot charakterisiert werden. Da konnte und sollte man sich wohl belehren; diese Art Bildung, Selbstbildung hat aber etwas typisch preußisch-Angestrengtes, etwas von gefordertem Fleiß. Es mangelt die Muße, die Gelassenheit des Genusses, mit der der Fürst in seiner Galerie lustwandelnd sich ergehen und in Scherz und Ernst sich mit der Betrachtung der Bilder unterhalten mochte. Der preußisch-deutsche Beamtenbürger Schinkel richtet ein Milieu ein, dessen Spanne zwischen heilig-ernster Erkenntnisanstrengung und kleinbürgerlicher Bildungsbeflissenheit liegt. Leichter Genuß wäre dem idealistischen Pflichtstaat Sünde gewesen: hier sollte niemand des Höheren teilhaftig werden, der sich nicht in Mühe gebeugt hatte.

Vorhalle, Kuppel und repräsentativen Bauplatz am Lustgarten gegenüber dem Schloß, und zwar dessen offiziellsten und festlichsten Suiten, verdankt das Museum – wie sich aus der glänzend dokumentierten Baugeschichte ergibt[8] – dem Kronprinzen von Preußen, späteren König Friedrich Wilhelm IV., wie denn das ganze Museum überhaupt Hervorbringung und Eigentum eines zwar verbürgerlichten, aber keineswegs bürgerlichen Staates war.

Diese Bauteile des Museums, die hauptsächlich zur Repräsentation gedacht waren, sind sehr viel konservativer als der „Nutz-Bau-Teil" gehalten – Repräsentation und konservative Haltung werden ja oft beieinander gefunden. Die Idee der überkuppelten Rotunde, weitverbreitet bei zeitgenössischen Museumsentwürfen, geht bei Schinkel bis in die Jugendjahre zurück. Von 1800 ist ein Museumsentwurf mit Kuppel bekannt. Bei dem realisierten Bauvorhaben von 1822/23 erscheinen Säulenhalle und Kuppel zugleich mit dem neuen Bauplatz am Lustgarten. Rave, Sievers und Ludwig Dehio bringen den Standortwechsel und die Bereicherung der Form mit einem Eingriff des Kronprinzen Friedrich Wilhelm zusammen, der gerade damals die Regentschaft für seinen von Berlin abwesenden Vater führte. Da der Kronprinz und Schinkel bis gegen 1815 in gemeinsamer Begeisterung architektonisch phantasiert haben, kann man als ziemlich sicher annehmen, daß der Rückgriff auf typische Jugend- und Zeitvorstellungen wirklich vom Kronprinzen angeregt worden ist. Damit soll Schinkel nicht moderner gemacht werden, als er war: einmal in dieser Richtung bestärkt, war er Idealist genug, um Kuppel und

Halle ganz sich zu eigen zu machen. Gerade 1823 ging der Kronprinz noch einmal in Schinkels Schule mit seinen Tornow-Projekten, die offenbar vom Theater am Gendarmenmarkt abhängig sind, und die Schinkel ihm ins Reine gezeichnet hat. Erst 1825, mit dem Bau von Charlottenhof, ist der Kronprinz ein selbständiger Partner als Architekt. Beim Tornowschloß findet sich auch eine große Peristase, jonisch wie die Halle vor dem Museum. Auch die Halle also mag wieder der gemeinsamen Begeisterung von Lehrer und Schüler ihre Konzeption verdanken, wie früher der Nationaldom. Dagegen hat der Kronprinz an den modernen Stockwerksgebäuden keinen Anteil. Auf späteren Skizzen hat er z. B. die Bauakademie mit Kolonnaden maskiert, so unangenehm war ihm ihr Anblick.

Immerhin sind Halle und Rotunde des Museums auf der Höhe der Zeit. Die schwere Kuppel ruht auf massivem Mauerwerk – auf den Säulen mit ihren geraden Architraven dürfte sie nicht lasten, wie die schon aufs Konstruktive sehr aufmerksamen Theoretiker, z. B. Durand, verlangen. Die Kuppel ist, Gewölbe und Kassetten, aus soliden Backsteinen – Monumentalität ist das Wort, mit dem man die Echtheit und Dauerhaftigkeit des Materials damals bezeichnet im Gegensatz zu den verachteten, weil oft mit Rohr und Putz hervorgebrachten Effekten des Barock. In den zwei Geschosse hohen Mauerwerkszylinder ist also die säulengetragene einstöckige Galerie bloß eingestellt. Sie verknüpft durch Konstruktionsweise und Architravhöhe den Kuppelraum mit dem Stockwerksgebäude.

Auffällig ist, daß geradlinig gedeckt wie die Säulenreihe auch Nischen und Türen des Mauerkerns und geradlinig auch die Kassetten der Kuppel sind. Nur die Wölbung selbst ist rund. Im Äußeren ist die Kuppel sogar verleugnet, in einen großen geradlinigen Kasten eingebaut. Vielleicht war sich Schinkel doch nicht ganz sicher mit der Kuppel? Schinkel war damals gerade dabei, eine Architekturtheorie zu entwickeln; zwei Jahre später kündigte er die Herausgabe eines Architektonischen Lehrbuches an. Die erhaltenen Vorarbeiten zeigen als Grundlehre eine Konstruktionslehre, die nach der historischen Vorstellung der Entwicklung von geraden Überdeckungen zu gewölbten eingeteilt ist. Sie läßt aber die besonders charakteristische historistische Idee der möglichen Vollkommenheit eines Baus in jeder Konstruktionsweise, wenn sie nur konsequent ist, erkennen. So ist es zu verstehen, wenn Schinkel gerade damals eine Überdeckung für Rundgebäude im „Griechischen Styl", also im Stil mit geraden Überdeckungen, entwickelt, die das Gewölbe vermeidet.

Dem kleinen Anatomischen Theater in Bonn gab Schinkel bei einer ersten Plankorrektur Anfang 1822 um die aus Holzbindern projektierte

Kuppel eine äußere Laterne aus Zylinder und Zeltdach. Bei einer zweiten Korrektur im Frühjahr streicht er auch die innere Kuppel – und das bei einem Bau mit Rundbogenfenstern, also nicht einmal im griechischen Stil. Natürlich spielt hier der Gedanke von der Echtheit der Konstruktionsform abgesehen vom Stil mit. Jedenfalls bleibt über dem hohen Zylinder, mit Fensterring ganz oben, eine Flachdecke, allerdings mit allerhand unbefriedigendem Balkengewirr darüber. Die endgültige, später mehrfach wiederholte Lösung ist 1823 bei dem runden Quell-Pavillon des Elisenbrunnens in Aachen erreicht: ein von unten sichtbares Sprengwerk, bei dem also die Deckenbalken von einem Zugring über dem Architrav aus flach kegelförmig zur Mitte anstreben, wo sie in einem kleinen Druckring – der eine ähnliche Funktion hat wie ein Gewölbe-Schlußstein – enden. Diese Konstruktion ist in der Gedankenordnung Schinkels eine Vorstufe des Gewölbes, gehört aber noch der geradlinigen Architektur an. Er hat sie mit Stolz veröffentlicht, anmerkend, daß „der Kuppelbau mit der altdorischen Ordnung schon aus geschichtlichen Gründen nicht zusammengeht".

Nun ist das Alte Museum immerhin außen in dem jüngeren jonischen Stil gehalten, und der Säulenkranz in der Rotunde korinthisch. Römische Tempel der korinthischen Ordnung mit innerer Kuppel waren bekannt. Schließlich ist die Kuppel richtig aus Backstein gewölbt, auch Schinkel der Idealist hätte bei dem Musentempel sich niemals die materielle Verwirklichung einer Form geschenkt. Er konnte die Kuppel also mit vollem Herzen vertreten; es bleibt aber dabei, daß sie in diesem Zusammenhang eine noch vertretbare alte Form war, das Stockwerksgebäude aber der Anfang einer ganz neuen. Entsprechend war in der Rotunde die Aufstellung der Bildwerke weniger modern. Sie standen unten in den Interkolumnien, oben in Nischen rings herum.

Auch die große „Öffentliche Halle" deren Säulen die Front zum Lustgarten bilden, ist ganz der idealistischen Seite des Museums zugehörig. Sie war als Stoa Poikile gedacht, sollte auch zur Aufstellung von Denkmälern dienen. Gleichwohl ist sie völlig „modern" konstruiert, zwei Balkenschichten und darüber Kassetten bilden die Decke, alles solide aus Sand- und Backstein. Ihre steile Proportion hindert jede geschlossene Raumwirkung alter Art. Als Lustgartenfassade muß sie allerdings eine mehr konventionelle Aufgabe erfüllen.

In den zweigeschossigen, mit Fenstern und Stockwerkgesims gegliederten Rück- und Seitenansichten des Baukörpers weisen die durchgehenden Eckpfeiler auf die eingeschossige Front hin. Die Klarheit der Fensterreihung, die Analyse von Pfeiler und Wand durch einen tiefen Schlitz vor jeder Ecke, das ist großartig und bewundernswert, jedoch sei vermerkt, daß Schinkel acht Jahre später bei der Bauakademie eine Identität von innen und außen erreicht hat, die hier vielfach noch fehlt. Zum Beispiel haben die Eckpfeiler mit dem Inneren wenig zu tun.

Den quadratischen Kuppelmantel hat Schinkel in unkontrollierbare Tiefe hinter die Fassade gerückt, so daß er mehr über dem Gebäude schwebt als darauf steht. Das ist ein Mittel der malerischen Perspektive, es soll fühlbar machen, wie der Bau von unendlichem Raum umflossen wird, ist aber erkauft durch die etwas konventionelle Betonung der Mitte. Dieses Mittel gehört, wie die Kuppel selbst, zu dem Formenapparat des jungen Schinkel, z. B. wendet er es 1810 beim Schloß Coburg an. In vielfachen Variationen hat Friedrich Wilhelm IV. es benutzt, z. B. bei den Kolonnaden und dahinter dem Tempel der Nationalgalerie. Schinkel dagegen hat gleich nach dem Museum, schon 1825, beim Hamburger Theater, die architektonischere, gewaltige Idee des großen einfachen Kubus in der Landschaft gefaßt, für die seine Berliner Kupfergrabengegend 1829/31 zwischen Packhof und Bauakademie das beste Beispiel gewesen ist.

Das Treppenhaus hat im Entwurf eine Sonderstellung. Es liegt als vestibülartige Erweiterung hinter dem mittleren Teil der Kolonnade, die hier auf einer Länge von fünf Jochen zwischen Anten verdoppelt ist. Während das Stockwerksgebäude ein Grundtyp der Fabrikarchitektur seither ist, während Kuppel und Halle konventionellere Repräsentationstypen sind, ist das Treppenhaus eine einmalige, aus den Bedingungen dieses zusammengesetzten Museumsbaus entwickelte Form.

Das untere Geschoß des Treppenhauses ist dreischiffig wie die Skulptursäle, in deren Kranz es liegt, ohne aber in den Achsen oder Jochweiten oder Einzelformen genau damit übereinzustimmen. Die Läufe sind in das dreischiffige Grundgerüst eingehängt, der Eindruck „Gerüst" ist beim Hinaufsteigen überwältigend. Erst muß man in der Mitte ganz in die Tiefe des Gerüstes dringen, dann steigt, an der Rückwand des Treppenhauses, das erste Laufpaar rechts und links gegen die horizontale Decke hoch. Es wird einem immer enger. Die Zwischenpodeste liegen in der halben Geschoßhöhe, auch sie oben bedeckt. Das zweite Laufpaar wendet sich, im Mittelschiff, zurück zur Mitte. Die Decke darüber ist weggelassen, „abgedeckt", auch die Stützen und Füllungen, die seine Außenwand bilden, hören in Stufenhöhe auf, so daß die Treppenform nach außen klar zutage tritt. Das äußere Schiff des Gerüstes ist ganz offen. Oben auf dem „Altan" angelangt, der Plattform, die an drei Wänden des Treppenhauses entlanggeht, befindet man sich im weiten stützenfreien Raum entsprechend den stützenfreien Gemäldesälen auf dieser Höhe. Man überblickt teilweise den Fußboden des Treppenhauses, das Pfeilergerüst und die aufsteigenden Treppenläufe. Die Decke spannt sich mit Querbalken, die die Unterzüge der Hängewerke des Dachstuhls sind, von der Innenwand zur Außenwand, dazwischen sind Kassetten.

Schinkel wollte erst auch die Hängebalken bzw. die Hängezapfen mit Knospen-Rosetten sichtbar machen, hat dies aber dann zugunsten der reinen antiken Form unterlassen. Die Hängewerke liegen über den Säulen, die Außenwand des Treppenhauses ist aufgelöst in vier Säulen zwischen Anten. Die Säulen richten sich nach denen des „Peristyl" davor aus. Durch die zwei Reihen Säulen, die, ob man den Blick wendet oder hin- und hergeht, in unzähligen perspektivischen Verschiebungen den Hintergrund distanzieren, hat man einen Ausblick ohnegleichen. Man fühlt sich wie auf einer Tribüne, mit etwas Unsicherheit im Rücken.

Tritt man aber in die Rotunde ein, auf der Galerie, so findet man sich auf einmal im ganz geschlossenen Tempel der Kunst. Weiches Licht fällt von oben. Wieder aber steht man, in etwas befremdlicher Höhe, wie auf einem Baugerüst, mit viel Leere um sich. Wenn in dieser Unbehütetheit, in diesem Ausgesetztsein des Menschen nicht auch eine neue Selbständigkeit und Freiheit wäre, wollte ich das Lied der Architektur des technischen Zeitalters nicht singen.

Der Bau wurde mit Rücksicht auf seine Nutzung manchen Veränderungen unterworfen. Schinkel war 41 Jahre, als er den Bauplan zeichnete. Das Alte Museum ist gewiß kein glasklares, völlig einheitliches Alterswerk. Es ist aber doch so fest gefügt, daß Änderungen die Proportion des Ganzen empfindlich stören. Die nach dem Wiederaufbau eingebrachten Oberlichter im oberen Geschoß konkurrieren unglücklich mit dem Oberlicht der Kuppel und zerstören den Zusammenhang der Gemäldesäle mit dem Treppenhaus, dessen konstruktiv gegliederte Decke eine Steigerung der Decken dort war, während sie nun dunkel und drückend wirken muß. Da die Säulen in den Skulptursälen heute ganz fehlen, wirkt das Treppenhaus vollends nur noch als ein gelungener Theatereffekt, der mit dem Gebäude weiter nichts zu tun hat. Es wäre zu wünschen, daß die Skulptursäle wenigstens zum Teil wieder voll restauriert würden, besonders die beiden kleinen dreijochigen neben dem Treppenhaus bieten sich dazu an. Selbst wenn die Säulen dort ohne konstruktive Bedeutung, bloß als Form, aufgestellt würden, wäre das noch besser, als sie ganz wegzulassen.

Das Museum ist in mancher Hinsicht und so auch architektonischentwurfstechnisch vielleicht das bedeutendste Werk seines Jahrzehnts in Europa. Trotzdem fügen sich die repräsentativen Bauteile bis heute schwer in ein gängiges Benutzungsschema. Die Vorhalle ist zu breit für eine Eingangshalle und so hoch über dem Boden – ein ganzes Geschoß – und nur zu einem guten Drittel durch die Treppe mit dem Lustgarten verbunden, so daß sie auch nicht als Loggia benutzbar ist. Sie eignet sich offenbar nur zur Anbringung des hier von Anfang an geplanten belehrenden Wandbildes, das ich, so interessant es ist, hier ebenfalls übergehe, und hat zudem die städtebauliche Aufgabe, den hohen Rang des Museums gegenüber dem viel größeren Schloß vis-à-vis, das 1945 verbrannte und 1950 abgerissen worden ist, zum Ausdruck zu bringen. Wirklich hat niemand den Bau als einen Pavillon der Schloßanlage sehen können. Vor dem Museumsbau war das Schloß ausschließlich Ausdruck der preußischen Staatsidee; Dom und Zeughaus standen an nach verschiedenen Richtungen vom Schloß ausgehenden Straßen und wirkten ihm nachgeordnet, waren auch viel kleiner. Seit dem Museumsbau lag das architektonische Zentrum Preußens im Lustgarten vor dem Schloß, und der damalige Dom, Museum und Zeughaus hielten ihm das Gleichgewicht, indem sie durch das Museum zu Platzwänden verkettet waren, der Lustgarten zum Platz geworden war, an dem das Schloß stand, während vorher der Lustgarten beim Schloß lag.

Wenn der Besucher des Museums aus dem Lustgarten kommend die Vorhalle erstiegen hatte, sollte er die Sammlungen nach Schinkels Absicht sicherlich durch den Kuppelraum betreten. Auf dem Wege zur Antikensammlung konnte man quer durch den Kuppelraum gehen; allerdings ergab sich dann kein Rundgang. Schinkel hat den Rundgang wohl bewußt vermieden, eingedenk des aufgezwungenen Durchschreitens fester Raumfolgen in den absolutistischen Schlössern; in Schinkels Gemäldesälen liegen die Abteilungen zur Seite des Ganges, so daß der Besucher auch hier nicht zu einer Abfolge gezwungen war, sondern frei, vorbeizugehn oder einzutreten. Insoweit liegt dem Plan die Vorstellung bürgerlicher individueller Freiheit zugrunde. Es ist aber die Freiheit individualistischer Innerlichkeit des Einzelnen, nicht die der bürgerlich-öffentlichen Gesellschaft. Der entsprechende Kuppelraum in dem Muster-Museumsplane Durands[9], desjenigen Architekturlehrers, der nach der französischen Revolution die bürgerlichen Bauaufgaben akademisch formuliert hat, heißt Salle de Réunion: hier trifft sich die Gesellschaft, tauscht Urteile über das Ausgestellte (z. B. die Jahresarbeiten der Akademie-Zöglinge), bildet öffentliche Meinung. Für einen solchen Zweck ist Schinkels Kuppelraum ungeeignet, weil er zu isoliert liegt; in Höhe des Gemäldegeschosses bietet er zudem nur eine schmale Galerie, auf der mehrere Gruppen sich gar nicht bewegen können. Dies zeigt, daß man mit Recht ältere Entwürfe Schinkels zu Kuppelbauten zur Erklärung heranziehen kann, etwa seinen Dom als Denkmal der Befreiungskriege oder dessen Ursprungsform, das „Religiöse Gebäude", dessen Kuppelraum individueller Erbauung dienen sollte. „Jeder vollende sich still für sich selbst hier", erläutert Schinkel diesen älteren Raumgedanken.[10] Eben dies soll auch die Museumsrotunde bewirken. Der deutsche Beamtenbürger tritt nicht zu bürgerlicher Öffentlichkeit zusammen. Den hohen Idealen von Leben, Staat und Kunst tritt er als Einzelner gegenüber, stimmt sich auf sie ein, erhebt sich zu ihnen – verwirklicht werden sie von behördlichen Ausschüssen wie demjenigen zur Einrichtung des Museums oder von begnadeten Einzelnen wie dem großen Künstler Schinkel.

Schinkels Altes Museum ist nicht der reife Typ des deutschen bürgerlichen Museums. Dessen wohl großartigste Beispiel ist Sempers Kunsthistorisches Museum in Wien, das ich schon erwähnte. Der Vierflügelbau mit den Ausstellungssälen umzieht diesmal das großartigste und öffentlichste Treppenhaus, das ich kenne, von einer Breite, die für große Gruppen, große Gesellschaft gemacht ist, begleitet von Galerien, die es gestatten, dem Herauf- und Hinabsteigen zuzuschauen. Diese Treppe führt zurück über den Eingang, so daß das obere wie das untere Geschoß im Rundgang durchwandelt werden können; die Galerien ermöglichen auch Kurzschluß des Rundganges. Wo man sich nach der Eingangshalle bzw. Treppe seitwärts zum Rundgang wendet, hat Semper in beiden Geschossen den vertikalen Akzent eines verhältnismäßig kleinen Rundraumes gesetzt, der überkuppelt ist. Die untere kleine Kuppel hat eine große Mittelöffnung ins obere Geschoß, und über dem Ganzen erhebt sich die sonderbar kleine Außenkuppel. Im Obergeschoß ist in diesem Kuppelraum die Huldigung an die Bauherrschaft angebracht: die Kaiser des Hauses Habsburg sind hier in effigie anwesend. Diese kleinen Kuppelräume, bei denen man den Rundgang beginnt und beendet, wirken wie die formelle Verbeugung bei Beginn und Ende einer Gesellschaft: ein Schnörkel. Nicht nur die Treppe, auch die Ausstellungssäle wenigstens des Obergeschosses wirken viel größer, heller und freier. In den großen Oberlichtsälen des Obergeschosses sind bürgerlich-kunsthistorische Systematisierung der Gemälde und feierliche Würde, die Schinkel noch trennte, vereint. Man war sich der Schulzusammenhänge nun – um 1875 – so sicher, daß die Deckenstücke auf die Sammlungsabteilungen darunter Bezug nehmen (bis zum Gesims ist die Wand aus Rücksicht auf die Bilder glatt bespannt). Der Bezug ist heute übrigens aufgelöst, die Bilder sind anders verteilt. In der Mitte der großen Säle sind gepolsterte Ruhebänke mit den Heizungsauslässen fest eingebaut. Sich in die Mitte stellen und Hof halten kann man hier nicht, jedoch sich in Gruppen bewegen. Schinkels Gemäldesäle sind diesem reifen bürgerlichen Schema angeglichen worden, auch wieder nach der Kriegszerstörung beim Wiederaufbau. Technisch ist dieses Schema unübertroffen. Die neuere Museumsarchitektur kann allenfalls versuchen, weniger feierlich zu sein, dem Publikum freundlicher entgegenzukommen, damit es sich auch heute in Muße bewegen kann.

Anmerkungen

[1] Als zweite Lehrkraft war Tilman Heinisch beteiligt; die Systematik der Sammlungen betreffend ist ein Referat von Gerhard Klingmann und Uwe Schreiber verwendet.
[2] Paul Ortwin Rave, Schinkels Museum in Berlin oder die klassische Idee des Museums, in: Museumskunde 1960, Heft 1
[3] Matthias Österreich, Gemähliden und Antiquen im Neuen Schlosse Sans-Souci, Potsdam 1772
[4] Margarete Kühn, Die Bau- und Kunstdenkmäler von Berlin, Schloß Charlottenburg, 1970
[5] Laurentius Begerus, Thesaurus Brandenburgicus, 1696–1701
[6] Dr. G(ustav) F(riedrich) Waagen, Verzeichnis der Gemäldesammlung des Königlichen Museums zu Berlin, 1830
[7] Schinkel-Lebenswerk, Berlin I (Paul Ortwin Rave), Bauten für die Kunst, Kirchen und Denkmalpflege, Berlin 1941, 16 ff
[8] P. O. Rave, a. a. O., 25 ff
[9] in seinem Précis des Leçons
[10] Schinkel-Lebenswerk. Das architektonische Lehrbuch (Goerd Peschken), Berlin 1980

Quelle: Schinkels Museum am Berliner Lustgarten, in: Glyptothek München 1830–1980. Jubiläumsausstellung zur Entstehungs- und Baugeschichte, herausgegeben von Klaus Vierneisel und Gottlieb Leinz

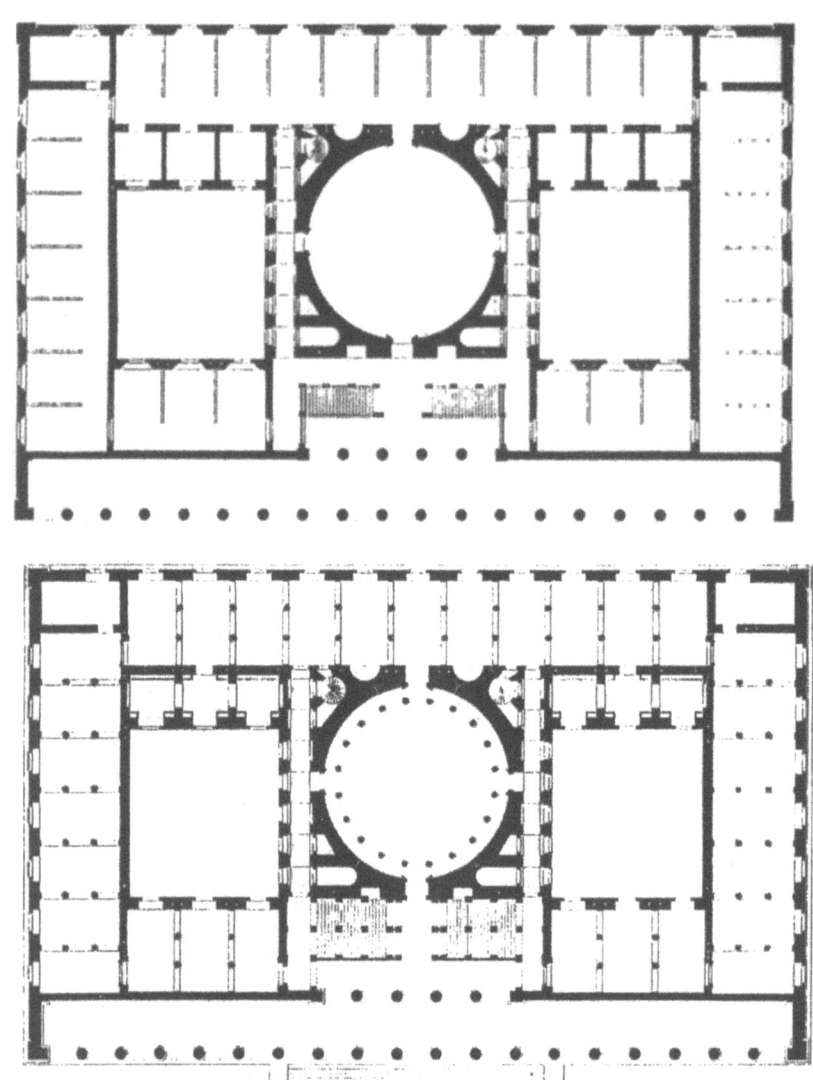

Grundriß beider Hauptgeschosse. Nach: K. F. Schinkel, Sammlung Architektonischer Entwürfe

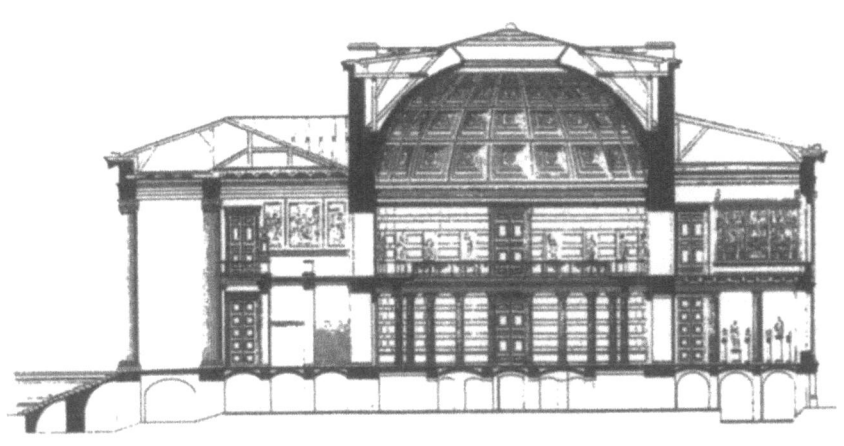

Schnitt. Nach K. F. Schinkel, Sammlung Architektonischer Entwürfe

Schinkel, Skizze für die Skulpturensäle. Schinkel-Museum, Sammlung Scheppig

Das Museum von der Schloßbrücke her. Nach: K. F. Schinkel, Sammlung Architektonischer Entwürfe

Klassik ohne Maß.
Eine Episode in Schinkels Klassizismus

Daß dieser Aufsatz überhaupt hat gedruckt werden können, verdankt sich wohl teils meinem damals frischen Ruf als Herausgeber von Schinkels Architektonischem Lehrbuch, teils noch dem Liberalisierungsschub der Studentenbewegung, teils wohl auch dem wissenschaftlichen Anstand der Archäologen. Spätestens seitdem bin ich den Hagiographen ein Ärgernis. Aufmerksamer Lektüre wird nicht entgehen, daß Erfahrungen aus der Zeit der Studentenbewegung darin verarbeitet sind. Ich hatte einiges gelernt über die Tragfähigkeit politischer Strömungen, über Verbalradikalismus, verantwortungsloses linkes Geschwätz, Linksopportunismus und -karrierismus. Mein Hauptinteresse aber war wie immer die innere Geschichte des deutschen Bürgertums und des abendländischen Bürgertums überhaupt, der Klasse, der ich jedenfalls angehöre – auch als Nestbeschmutzer.

Im Bewußtsein der Allgemeinheit lebt Schinkel als Klassizist fort. Beim Gedanken an seine bekanntesten Werke – Mausoleum der Königin Luise, Neue Wache, Schauspielhaus, Museum etwa – oder auch beim Überblick über die Bauten der Provinzen des damaligen Preußen – Kirchen, Regierungsgebäude, Kasernen, Gutshäuser, Villen – hat man die Vorstellung von einer Schar von lauter mehr oder weniger weißen tempelartigen Gebäuden, eine Vorstellung, die im einzelnen falsch sein mag und vor genauer Sachkunde nicht bestehen kann, im ganzen aber doch richtig ist unter einem bestimmten Aspekt, den ich hier noch auseinanderzusetzen vorhabe. Im einzelnen freilich ist Schinkel auch Neugotiker gewesen, hat auch im Schweizerstile entworfen, auch im byzantinischen Stile und in noch ganz anderen Formen. Innerhalb seines stilistischen Repertoires hat ihm zeitweise, um 1810 herum, die Gotik als das Höchste gegolten, die Antike einen untergeordneten Rang eingenommen. Dieses Verhältnis kehrte sich allerdings zehn Jahre später, und dann endgültig, um. Die letzten 20 Jahre seines Lebens kann man Schinkel am ehesten einen Klassizisten nennen. Wenn innerhalb des stilistischen Repertoires Schinkels der Klassizismus zuzeiten zurück- oder voransteht, dann ist es nur eine andere Formulierung dieses selben Sachverhaltes, von einer Geschichte von Schinkels Klassizismus zu reden oder, mit bürgerlichem Optimismus, von einer Entwicklung, wobei die Idee eines organischen Erwachsens aus eigenem Bildungsgesetz mit ausgesprochen wäre. Es hat sich gezeigt, daß der Ausdruck Geschichte hier zutreffender ist. Jedenfalls gibt es ein Nacheinander von verschiedenen Klassizismen Schinkels, verschiedener Weisen also, in denen er antiken Überlieferungen als Künstler gegenübergetreten ist, sich ihnen gefügt oder sich ihrer bedient hat oder auch auf einer höheren Ebene aus ihrem Geiste gearbeitet hat, so wie er ihn verstand. Weiterhin muß gesagt sein, daß es auch ein Nebeneinander seiner Klassizismen zu beobachten gibt: Entsprechend dem damals schon sehr differenzierten Leben hat Schinkel antike Tradition und Form unter ganz anderen Voraussetzungen etwa für Bühnenbilder („Theaterdecorationen") des Königlichen Theaters aufgegriffen als für Staatsarchitektur, unter wieder anderen Voraussetzungen für bestimmte Auftraggeber von individueller Bildung und eigenem Geschmack, Personen der Hofgesellschaft, wie der Kronprinz oder Prinz Karl von Preußen, oder der Behörden, wie Beuth, oder Privatleute, wie zur Zeit seines Tegeler Baues Wilhelm von Humboldt. Ein solches Eingehen und Antworten auf Menschen und allgemeine Zeitverhältnisse ist nur normal und menschlich und kann nur jene verwundern, die der autoritären Zwangsvorstellung vom Künstler als Titanen, der der Welt seine Bahn aufzwingt, anhängen. Dieses Nach- und Nebeneinander von Schinkels Klassizismen aus 40 Jahren reicher künstlerischer Produktion hier auch nur zu überblicken, bin ich nicht entfernt in der Lage, erwähne es nur, um diese Betrachtung auf ihren Platz zu stellen.

Was mich hier aus Schinkels Klassizismen interessiert, ist eine Gruppe von Arbeiten, die ich faschistoid nennen will. Das ist keine unwissenschaftlich-böswillige Unterstellung gegenüber Schinkel, besagt lediglich: Diese Entwürfe schmecken heute nach dem Klassizismus des „Dritten Reiches". So wahr Geschichtsschreibung nicht eine Aufzählung aller oder beliebiger Geschehnisse sein kann, sondern nur eine Auseinandersetzung mit denjenigen, welche uns gebildet und bedingt haben und daher etwas bedeuten, so nötig ist es, sich auch Rechenschaft zu geben über den Blickwinkel, aus dem wir die Vergangenheit betrachten; es kann immer nur unser Blickwinkel sein. Faschistoid heißt Faschismus-gestaltig, nicht faschistisch, und ist selbstverständlich ein vom heutigen Empfinden an die betreffende Werkgruppe Schinkels herangetragener Begriff. Faschismus-gestaltig wirken hauptsächlich drei Entwurfsgruppen für Bauten in Berlin, erstens diejenige zur Neuen oder Königs-Wache vom Anfang des Jahres 1816[1], zweitens eine undatierte Skizzenreihe zu einem Heldenmonument, die Rave ins Jahr 1818 setzt[2], drittens der klassizistische Entwurf für einen Neubau des Turmes der Kirche auf dem Spittelmarkt aus der zweiten Hälfte des Jahres 1819.[3] Vereinzelte Formideen der Art finden sich auch in anderen Entwurfsserien dieser Jahre[4]; ich möchte mich aber hier auf die kräftigsten Beispiele beschränken. – Neben diesen Entwürfen hat Schinkel aber beispielsweise Anfang 1818 das klassizistische Schauspielhaus auf dem Gendarmenmarkt entworfen, bei dem das besagte Aroma fast ganz zurücktritt. Demnach zeigt diese Werkgruppe also nicht einfach die Form von Schinkels Klassizismus der Jahre 1816–1819; es muß ein anderes Band sein, das sie zusammenhält. Dieses Band ist der unmittelbare Bezug auf die Staatsidee. Die Königswache diente der Leibwache des Königs und damit der Armee als Hintergrund ihrer fortwährenden Repräsentation, die in dem Zeremoniell des Aufzuges und der Ablösung der Wache täglich und stündlich ablief. Preußen war damals formell noch ein absolutistischer Staat; die Staatsgewalt lag beim König, und dessen letztes Machtmittel war die Armee. Was für jeden absolutistischen Staat galt, galt für das in vielen bürgerlichen Dingen schwächer entwickelte Preußen ganz besonders. Der Staat ruhte ganz wesentlich und offensichtlich auf der Armee. Die Wache hatte also engstens mit der Staatsidee zu tun. Der König und seine Armee waren eben, ein Jahr zuvor, aus den Freiheitskriegen siegreich heimgekehrt. Er hatte sich vorher in der Not der Niederlage und gegenüber den Heeren des revolutionären, bürgerlichen französischen Nationalstaates auf bürgerlich-nationalistische Strömungen, Ideen, Organisationsformen stützen müssen: die Steinschen Reformen, das Verfassungsversprechen. Ein absoluter Herrscher, der eine Verfassung verspricht, mag dieses Versprechen nicht einlösen – es verändert doch seinen Staat. Schinkel, darf man voraussetzen, hatte ein waches Empfinden für die Veränderung. Er hatte ja an ihr Anteil genommen, sich als Freiwilliger gemeldet (absolutistische Heere bestanden im Idealfalle aus Söldnern). Man darf also erwarten, in Schinkels Entwürfen für die Wache nicht nur die absolutistische Staatsidee, sondern vor allem auch bürgerlichen Nationalismus ausgedrückt zu finden. In den Skizzen zu den Monumenten der Helden der Freiheitskriege muß dieselbe Staatsidee als der Rahmen erscheinen, in dem und für die die Taten und Opfer vollbracht worden waren. Der Bezug des dritten Entwurfes, für den Turm der Kirche auf dem Spittelmarkt am Ostende der Leipziger Straße, zur preußischen Staatsidee ist ein bißchen verwickelt; noch während der Freiheitskriege war Schinkel beauftragt worden, eine Domkirche im vaterländischen Stile als Monument der Freiheitskriege zu entwerfen[5]; als Bauplatz war der Leipziger und Potsdamer Platz am Westende der Leipziger Straße gedacht. Dieses gotisch entworfene Projekt war unausgeführt geblieben. Es war in gewisser Weise Nachfolger des Heldentempels Friedrichs des Großen auf dem Leipziger Platz, den Friedrich Gilly, Schinkels Lehrer, einst entworfen hatte. Die Blickachse entlang der Leipziger Straße war also mit der Vorstellung vom Helden- und Nationaldenkmal besetzt. Als daher die Kirche des Gertraudenhospitals am entgegengesetzten Ende der Leipziger Straße erneuert werden sollte, dachte der um Unterstützungsgeld gebetene König an das unausgeführte Domprojekt und beauftragte Schinkel, einen monumentalen Turm als Blickpunkt der Straße zu entwerfen. Diese Assoziation des gedachten neuen Spittelkirchturmes mit dem Denkmal der Freiheitskriege ist dem königlichen Auftrage klar zu entnehmen. Natürlich war Schinkel als Entwerfer des gotischen Freiheitsdomes und als Schüler Friedrich Gillys erst recht vertraut mit dieser Assoziation. Diese Gedankenverbindung erklärt auch die große Michaelsstatue, die er auf die Spitze seines Spittelkirchenturmes stellen wollte. St. Michael ist seit dem Mittelalter der Schutzengel und himmlische Anführer des deutschen Reichsheeres – daher die Rede vom deutschen Michel. Während und kurz nach den Freiheitskriegen hofften die Bürgerlichen auf einen deutschen Nationalstaat, hofften auf Preußen als Vorkämpfer dieses Nationalstaates. Daher konnte Schinkel den Heiligen als Vorkämpfer der Befreiung von der französischen Fremdherrschaft in Anspruch nehmen; er hatte ihn schon 1813 auf einen Brunnen, der den „Quell für politisch religiöse Begeisterung" symbolisieren sollte, setzen wollen[6], dann in der Mittelnische des Freiheitsdomes skizziert[7] und in der endgültigen Fassung des Freiheitsdomprojektes über der Haupttür angebracht, hier sonderbarerweise zu Pferde ähnlich einem St. Georg[8]; allerdings unterliegt Satan hier nicht in Gestalt eines Drachens wie sonst, sondern in Menschengestalt. Schließlich ist in den 20er Jahren der Heilige über dem Portal der Friedrichswerderschen Kirche, auf dem Drachen stehend, wirklich ausgeführt worden[9]; die Werdersche Kirche hat durch ihren gotischen Stil abermals in gewisser Weise Beziehung auf den Plan des Freiheitsdomes, zumal auch hier wie dort der Kronprinz wesentlich beteiligt war. Es handelt sich also bei der faschistoiden Werkgruppe Schinkels offenbar um Versuche einer Staatsarchitektur, die jeweils mit klassizistischen Mitteln Inhalte ausdrücken sollte, die zu Ende der Freiheitskriege und noch einige Jahre weiter auch und zunächst mit dem vaterländischen Stil der Gotik verbunden wurden. So gesehen ist es bezeichnend, daß noch der Spittelkirchturm die klassizistische Variante eines Planes war, für den Schinkel zugleich auch eine gotische Variante ausgearbeitet hatte; so gesehen können die Skizzen der Heldendenkmäler als Varianten des (wenn Raves Datierungsvorschlag einmal vorausgesetzt werden darf) gleichzeitig entworfenen gotischen Denkmales auf dem Kreuzberg gelten. Die Skizzenserie zur Wache ist ebenfalls nicht auf antikische Formen beschränkt. Die bisher zusammengetragenen bekannten Zusammenhänge erlauben sogar, noch ein spezielles stilistisches Vorbild der faschistoiden Werkgruppe zu vermuten. Zu der siegreichen Heimkehr der Truppe aus den Freiheitskriegen und ihrem festlichen Einmarsch in Berlin hatte Schinkel die Festdekoration entworfen.[10] Man wird annehmen, daß er sich dabei auf Studien gestützt hat, die er 1805 in Paris angestellt hatte; er sah dort die Festdekoration zur Kaiserkrönung Napoleons, also eine klassizistische Staatsfestdekoration, die stilistisch im genauen Wortsinne vom Directoire zum Empire überging.[11] Das Kaiserturm Napoleons hatte sicherlich noch stärkeren Bezug auf bürgerliche Freiheits- und Nationalstaatsideen als das preußische Königtum nach den Freiheitskriegen. Es wird also nicht verwundern, Schinkel bei seinen Entwürfen auch von Empire-Formen ausgehen zu sehen.

Nachdem ich die besagten Skizzengruppen Schinkels erst einmal spontan angeschaut und benannt habe, sodann einiges Vorwissen zu ihrem Themenkreis zusammengestellt habe, wie es durch Raves große Arbeiten recht übersichtlich zugänglich gemacht ist, kann ich nun einige der Entwürfe im einzelnen betrachten. Ich beginne mit der Wache. Aus Raves Darlegung läßt sich ersehen, daß Schinkel zunächst vorhatte, die Wache weit zurück von den Linden ans Ende einer Allee zu stellen neben das einstige Preußische Finanzministerium.[12] Die Situation hätte derjenigen des Mausoleums der Königin Luise ein wenig geähnelt. Der Bauplatz sollte durch Überwölbung des Operngrabens gewonnen werden, der heute verschwunden ist, während die Gebäude ringsherum ausnahmsweise noch stehen. Die früheste Planstufe ist die einfache Loggia am Ende der Allee, die Schinkel in zwei Fassungen versucht, einmal mit Rundbögen, einmal mit Rechtecköffnungen zwischen Pfeilern. Diese Vorstellungen präzisiert Schinkel soweit, daß man sie im einzelnen diskutieren kann. Die Rundbogenhalle, die zunächst von Schinkel den Vorzug erhielt, steht auf den obligaten drei Tempelstufen. Ihre Außenkanten sind schräggestellt und mit einem Stabprofil versehen; den oberen Abschluß bilden ein Fries und ein Kranzgesims von stehenden Blättern; alles dies sind ägyptisierende Bildungen. Schinkel hatte eben Ende 1815 seine berühmten Bühnenbilder für die Zauberflöte entworfen und sich dafür natürlich anhand von Stichwerken über ägyptische Architektur informiert. Vermittels der von ihm gelegentlich angesprochenen Sage von Danaos, dem Ägypter und Stammvater der Dorer, ist der ägyptische Stil als eine Über-Dorik interpretierbar.[13] Der dorische (und toskanische) Stil steht aber seit der Renaissance für alles Elementare, gewaltig Rohe, für den Bereich des Herakles und wird angewendet für Festungstore und Gefängnisse. Diese ägyptischen Züge sind also die formale Neufassung eines längst wohlbekannten Inhaltes. – Die drei Bogenöffnungen sind tief profiliert; den Bögen entsprechen an der Rückseite der Halle Mitteltür und seitliche Fenster, diese mit feinem Maßwerk gefüllt. Schinkel wußte, daß die Gewölbekonstruktion von den alten Römern entwickelt worden ist, war aber der Auffassung, daß erst das abendländische Mittelalter die Vollendung des formalen Ausdruckes dieser Konstruktion, also eine Gewölbe-„Architektur", erreicht habe.[14] Dabei hatte er etwa die staufische Spätromanik und die Gotik im Sinne. Bogenprofile und Maßwerke sind Errungenschaften dieser „Mittelalterarchitektur", die in ihrer gotischen Ausbildung damals in Deutschland „vaterländischer Styl" oder „altteutscher Styl" hieß. Die darauf fußende Rundbogenarchitektur dieses Entwurfes für die Wache ist eine spezielle Schinkelsche Fortbildung dieses vaterländischen Stiles[15], seine Läuterung durch – wie Schinkel damals dachte – griechische Rationalität: Schinkel hat das gotische Maßwerk in Rundbogenform zurückübersetzt; er glaubt, das klassische Athen habe auch zuerst eine vorbildliche Rundbogenarchitektur formuliert (die Arkaden beim Turm der Winde). Die vor den Pfeilern in Hochrelief stehenden kämpfenden Krieger, die auf ihren Häuptern die äußeren Bogenprofile tragen, sind antikisch gerüstet. Sie vertreten selbstverständlich die Kämpfer der Freiheitskriege. Schinkel gibt also in diesem Entwurf dem alten Gedanken dorisch-toskanischer Elementarkraft eine gänzlich neue Form und verknüpft diese mit der ebenfalls in neuer Form gefaßten vaterländischen, nationalen Idee. Dieses Monument deutscher Volkskultur und -gewalt wird durch die anstelle der Ibisvögel ins Gesims gesetzten preußischen Adler allerdings preußisch. Es fehlt aber jeder Ausdruck von Beziehung auf das Königtum, auf Legitimität der Fürstenherrschaft. Kein Wunder, daß der König, dem dieser Entwurf in Form der Gesamtansicht wohl vorgelegen haben muß, ihn abgelehnt hat. Ob die Fassung als Pfeilerhalle mit den Rechtecköffnungen vor oder nach der Ablehnung ausgearbeitet wurde, ist nicht gewiß. Sie erscheint schon auf der wohl ersten Skizze neben der Bogenhalle.¹⁶ Der Bezug auf die nationale Kulturleistung der Gewölbearchitektur entfällt; es bleibt mit den ägyptischen Kanten beiderseits und dem ägyptischen Gesims allein der Über-Dorismus, zu dem nun auch die einfachfesten Pfeiler passen, insgesamt Ausdruck ungeheurer Gewalt. Wessen? Des Volks. Natürlich des preußischen, denn das Gebäude würde ja in Berlin stehen. Eine Erweiterung der Entwurfsideen ist vom Grundriß ausgegangen und wahrscheinlich von Bauplatzüberlegungen; auf weiteren Skizzenblättern¹⁷ strebt Schinkel an, die verschiedenen Räumlichkeiten des Wachgebäudes möglichst schmal in die Tiefe zu strecken. Nun wurde ihm die Fassade zu schmal, und er beschließt, sie beiderseits zu verbreitern. Er spannt die Halle zwischen zunächst ebenso hohe wie breite Eckblöcke – der Eindruck ist hier derjenige reinen Empire-Stiles –, findet aber alsbald eine Art Eckturm, wie er ihn in seinen Erläuterungen dann nennt. Diese Ecktürme stehen in der endgültigen Fassung, in der der Bau frei im Kastanienwäldchen vorne an den Linden steht, auf allen vier Ecken. Sie haben die Form von antikischen Postamenten oder Sockeln und sollten riesige Trophäen tragen. Zunächst dachte er sie mit figürlichen oder emblematischen Friesen zu schmücken, was wiederum sehr empirehaft wirkt, dann auf ihrem Schaft große Flachreliefs anzubringen. Eine weit ausgearbeitete Vorzeichnung läßt sehen, daß die Ecken der Postamente mit einem Profil abgefaßt werden sollten, ebenso die Stürze über den Pfeilern der Halle: Reste mittelalterlicher Formen. Die Pfeiler sind antikisch mit Basis und Kapitellen, von denen Armaturen herabhängen. Die rechteckig ausgeschnittenen Stürze, eckig gemachte Bögen, spotten der Vorstellung eines Gebälkes. Die Kriegerhäupter über jedem Pfeiler, gewissermaßen in den Zwickeln, nehmen den Zyklus der Kriegerhäupter im benachbarten Zeughaushof auf. Über jedem von ihnen steht auf dem Traufgesims eine Art Akroter oder Stirnziegel mit einem preußischen Adler, so klein, daß er wie ein Helmschmuck zu den Häuptern passen könnte.

Vielleicht ist dies die Stelle, den Versuch zu machen, in einer formalen architektonischen Beschreibung den Eindruck des Faschistoiden zu objektivieren – ein Hauptzweck der Niederschrift dieses Artikels. Ich gehe dazu vom antiken Kanon der Architektur aus, wie er in römischer Zeit von Vitruv aufgestellt und dann in den Renaissance- und Barocktraktaten aufgegriffen worden ist. Im Überblick über den Kanon, wie Schinkel ihn noch gelernt hat, möchte ich drei große formale Kapitel unterscheiden: Einmal den Formenschatz, zweitens die Abfolge der Formen, drittens das Größenverhältnis, in dem die Formen zueinander stehen, die Proportionen. Der Kanon faßt hierarchische und humanistische Inhalte, hierarchische in Dreigliederungen wie dorisch-jonisch-korinthisch oder Basis-Schaft-Kapitell oder Architrav-Fries-Kranzgesims, die z. T. zugleich humanistisch sind, wie etwa dorisch-jonisch-korinthisch dem Manne, der Matrone und der Jungfrau entsprechen oder Fuß, Schaft und Haupt der Säule in einem sehr tiefen Sinne dem Menschen. In einer Zeit des beginnenden Historismus, in der ein Architekt in Gotik oder im Schweizerhaus-Stile ebensogut wie im griechischen mußte entwerfen können, wird man eine Bindung an den Kanon nicht erwarten können, und die Kunstgeschichte hat gerade die Freiheit und Selbständigkeit, mit der die Künstler über die Konvention hinausgingen, immer als ein Kriterium ihrer Bedeutung erachtet. Ich will dieses Kriterium keineswegs ablehnen, sondern hier nur für diesen einen Fall präzisieren. Es wäre lächerlich, Schinkel Fehler gegen Vitruvs Rezepte nachzuzählen. Ich möchte vielmehr einzelne Weisen unterscheiden, wie er sich über den Kanon hinwegsetzt. Ich sehe das Faschistoide an den Stellen, wo Schinkels Gewaltverherrlichung die humanistische Tradition der Antike umstößt oder verläßt. In dem hier betrachteten Entwurf haben die Pfeiler ihre Basen und Kapitelle – wie unkanonisch diese gebildet sein mögen – und beziehen sich somit auf menschliches Maß wie übrigens auch die Öffnungen zwischen ihnen, wie groß beide absolut genommen immer sein mögen. Neben diese Pfeiler rückt Schinkel die unverhältnismäßig großen Eckpostamente in Sockelform, deren Größe er durch das Randprofil ihres Schaftes noch unterstreicht. Die Sockel quetschen die Pfeiler ein, drohen gewissermaßen, sie niederzutreten. Dieselbe Maßlosigkeit läßt sich auch an der Plastik konstatieren. Die Kriegerhäupter unter dem Traufgesims sind erdrückend groß für die Pfeiler wie für die an diesen aufgehängten Armaturen, die Trophäen auf den Türmen erdrückend groß für die Reliefs an deren Schaft, nichts paßt zueinander. Gerade in diesen Größenverhältnissen sucht Schinkel seine Wirkung und findet sie auch.

Die endgültige Ausarbeitung dieses Entwurfes, die er als Variante des ausgeführten Baus selbst veröffentlicht hat, ist ebenso unkanonisch, aber für meine Begriffe in entscheidenden Punkten humaner. Das mittelalterliche Randprofil läuft hier an den Pfeilern hinauf und über den Sturz wieder hinunter; die Pfeiler sind ohne Kapitell. Die Kriegerhäupter über ihnen erscheinen als ihr Haupt und stehen in einem keinesfalls erdrückenden Verhältnis zu ihnen. Die Stürze wirken wie Arme von einem Leib zum anderen, so daß man die Gemeinschaft der Helden fühlt. Schinkel hat die Häupter nun in einen Fries einbezogen, wodurch der Sturz über den Pfeilern diesen gegenüber jetzt schwach wirkt. Die Trophäen auf den Eckpostamenten stehen hier in einem gewissen Verhältnis zu den Häuptern und Pfeilern. Selbst die Eckpostamente bedrücken die Pfeilerhalle weniger, indem sie durch ein Gesims in das Geviert des Gebäudes eingebunden sind und die Halle vortritt, statt zwischen ihnen eingeklemmt zu sein. Zur Feier und Darstellung eines auf einer Volkserhebung gründenden Staatswesens scheint dieser Plan noch immer ernst genug. Bedenklich bleibt die absolute Größe der Trophäen und Häupter, die im Verhältnis zum Betrachter – gewissermaßen der Grundporportion – immer noch erschreckend wirken.

Längst ehe ich die Kenntnisse erlangt hatte, die mich heute zu dieser Analyse instand setzen, habe ich diese Entwürfe schwächlich gefunden. Jetzt kostet es mich einige Anstrengung, mein Empfinden gegenüber der Rationalität der Erklärungen zu behaupten: Kunst wendet sich ja zunächst an das Empfinden, die Aisthesis; die heutigen rationalen Konventionen der Theorie tendieren aber dahin, den unmittelbaren ästhetischen Anfang aller Theorie zu verschütten und damit die Theorie selbst sinnlos zu machen. Ja, diese faschistoiden Entwürfe sind schwächlich. Diese Entwürfe konnten schon deshalb nicht gelingen, weil Schinkels Kreise über ihre Staatsvorstellung mit sich selbst nicht im Reinen waren. Die Kolossalität, die Schinkel durch die Maßstabssprünge erreichen will, ist äußerlich. Die Intellektualität Schinkels und seiner Generation konnte einen solchen Über-Dorismus nicht mit Leben füllen. Er fiel hinter die Entwicklung der Zivilisation zurück.

Der König hat die Pfeiler-Version wiederum abgelehnt und die konventionelle dorische Vorhalle verlangt. Schinkel plante noch einen Zinnenkranz um das Gebäude, aber auch dieser Fingerzeig auf das Mittelalter wurde eliminiert. Aus dem Zinnenkranz wird die durchgehende Attika. Schinkel spricht nun von einem römischen Castrum mit Ecktürmen. Die Trophäen für diese Postament-Türme, die er in diesem endgültigen Plan entwarf, wären in den absoluten Größen der Körper zwar maßvoller gewesen, hätten aber zu der sehr zierlichen Fries- und Giebelplastik genauso gewaltsam gestanden wie in den vorhergehenden Varianten, wenn sie hätten ausgeführt werden dürfen. Der Bau hat auch in der Ausführung noch etwas von Revolutionsarchitektur in dem großen Maßstabe des mannshohen herrlichen Sockels und der verhältnismäßig viel zu großen Konsolen unter der knappen Traufplatte, vor allem aber in der Architektur des Castrum, in seiner geschlossenen Blockhaftigkeit, die gegen die allerdings ernste Offenheit der Halle glänzend ausgespielt ist. Die französische Akademie der Schönen Künste soll wegen der Wache Schinkel zu ihrem Mitglied gewählt haben: Dieser Stil wurde international verstanden.

Ich will später noch auf die Beweggründe des Königs für konventionelle Dorik kommen, vorher aber auf die zweite Entwurfsgruppe eingehen, die Heldendenkmäler. Rave setzt sie auf das Jahr 1818, sonderbarerweise indem er sich auf die hier ebenfalls vorkommenden Turmpostamente der Wache bezieht, die aber doch zu Anfang des Jahres 1816 konzipiert sind. In diese Zeit werden auch die Denkmäler gehören. Schinkel hat sich Brunnenhöfe vorgestellt, den einen quadratisch hinter einer Pfeilerloggia halb geöffnet, halb geschlossen, den anderen als halbrunden Nischenhof, flankiert von den Postament-Türmen. Der unmittelbare Anlaß der Skizzen ist ebenso unbekannt wie der gedachte Bauplatz. Es ist nicht einmal ganz ausgeschlossen, daß dieser Brunnenhof für die Stelle im Kastanienwäldchen entworfen ist, auf der schließlich die Wache zu stehen gekommen ist. Wahrscheinlicher aber ist ein Bauplatz im Lustgarten gleich nördlich neben der Schloßbrücke, den Schinkel später mit einem Denkmal Friedrich des Großen besetzen wollte. In dem Falle hätte der umgebende Hain erst gepflanzt werden müssen, denn der Lustgarten war damals eine Rasenfläche, umzogen von zweifacher Pappelreihe, nach Entwurf David Gillys. Schließlich ist nicht einmal ganz ausgeschlossen, daß an eine Stelle im Tiergarten nahe beim Brandenburger Tore gedacht war, ähnlich wie heute das russische Ehrenmal steht. Die architektonischen Einzelheiten des Planes sind in den Skizzen zur quadratischen Variante gut zu erkennen. Die ägyptisierenden Gesimse des Brunnenhof-Denkmals sind schon anläßlich ihres Erscheinens in den ersten Skizzen zur Wache erläutert.[18] Der fast mannshohe Sockel – man vergleiche die Augenhöhe der Perspektive – ist hier vor- oder nachgebildet. Ich vergleiche wieder mit dem Kanon. Die Wandstücke zwischen den Nischen mit den Heldenbildern haben etwa die Proportion von Postamenten. Dazu fehlt ihnen das Kapitell. Nur eine, die oberste Schicht ihrer Quadern läuft ähnlich einem Architrav durch und über die Nischen hinweg. Damit rücken die Wandstücke in die assoziative Nähe von Pfeilern. Diese Pfeiler sind gewaltig dick und außer aller menschlichen Proportion – Gewaltverherrlichung ohne Maß. Über dem „Architrav" ein gut mannshoher Fries, dann das ägyptisierende Kranzgesims, alles von sehr übermäßiger Höhe und Ausladung. Die Relieftafeln des Frieses rufen nach Form und Größe die Assoziation von Sarkophagen hervor. Die unterlebensgroßen Figuren der Reliefs mildern etwas den Über-Dorismus. Zwischen den Sarkophag-Friesen treten mannshohe Viktorien hervor, gewiß Vorgängerinnen derjenigen am Fries der Wache. Die Helden selbst in den Nischen sind anderthalbmal überlebensgroß, was im Volumen mehr als die dreifache Masse ausmacht.[19] Da die Helden mit den Füßen in Kopfhöhe des Publikums stehen sollten, hätte dieses sich erdrückt gefühlt. Jetzt stelle sich der Leser eine konventionelle Säulenhalle vor, in deren Interkolumnien Denkmäler aufgereiht wären. Sofort wird klar, wie bedrängend die Wandmassen stehen, wie gewaltig in den zu engen Nischen aber auch die Helden drängen. Die halbrunde Version mit den Postament-Türmen hat wieder das erdrückende Riesenmaß der Figuren auf den Postamenten. Es sind hier laut Beischrift der „Genius des Vaterlandes wie er im Frieden regiert" und „wie er zum Kriege aufruft" (daß Schinkel nicht auf die Idee kam, sich die Reaktion des Königs auf solche Formeln vorzustellen!). Die große Brunnenschale hat ihren Rand noch über Kopfhöhe. Hier wird auf eine Erhebung der Gefühle gezielt, die klein macht. Die Skizzen zu diesem Brunnenhof-Monument stehen denjenigen zur Wache so nahe, daß die Interpretationen einander ergänzen.

Ich wende mich wieder zur Wache, zu deren konventionellem Portikus. Was ich jetzt formuliere, ist damals mangels Abstandes so nicht bewußt und formulierbar gewesen, lag aber dafür noch in Konvention und Gefühl. Der europäische Absolutismus ist in gewisser Weise die letzte große Epoche der Feudalordnung gewesen, hat insbesondere deren Legitimitätsvorstellung weitergeführt. Seit Karl der Große fast alle Germanenstämme unter die Feudalordnung seines Reiches gezwungen hatte, ist fürstliche Antikenpflege Legitimitätsdarstellung: Karl ließ sich vom Papst zum Kaiser salben und zwang seinen Untertanen zugleich mit der Feudalordnung des Christentum auf, das nicht weniger antik war als die Kaiserwürde. Die Germanen kannten das römische Reich als ein Reich mit der Staatsreligion Christentum. Die ganze christlich-antike Kultur, die uns tradiert ist, ist uns als Legitimation des christlichen Feudalstaates überkommen. Gottfried Semper sagt, daß noch die gotische Kathedrale eine antike Basilika sein soll. Die ganze Baugeschichte der Steinarchitektur bei uns ist bis in Schinkels Tage die Geschichte der Antikennachahmung als feudaler Anstalt. In der Renaissance wurde mit der Erneuerung der Antikenkenntnis dieser Legitimitätsbezug noch beträchtlich verfeinert und hierarchisiert. Nun kommt speziell die korinthische Pracht dem Fürsten zu, die dorische Derbheit seinen militärischen und Ingenieurwerken, also der Sphäre staatlicher Arbeit und Machtausübung.

Im Übereinanderstehen der Ordnungen kann die Gesellschaftsschichtung symbolisiert sein: Unten trägt das toskanische Geschoß mit seiner Rustika, der „Bäurischen Ordnung", das fürstliche Geschoß gewissermaßen auf den Schultern. Die Substitution des toskanischen durch das dorische war nicht unbedingt und überall eine Auflösung dieses Interpretationszusammenhanges. Von alledem ist hier entscheidend, daß eine regelrecht antikische Architektur damals durchaus noch unmittelbar als Darstellung fürstlicher Legitimität empfunden werden konnte, jedenfalls im Falle der Wache, trotz aller schon beginnenden Besetzung des Griechischen mit bürgerlichen Bildungs- und Freiheitsvorstellungen. Als der König hier auf der klassischen Vorhalle bestand, ist es sicherlich weniger eine Idee von der humanistischen Tradition der Antike als vielmehr ein Gedächtnis von der legitimistischen Tradition der abendländischen Antikenrezeption gewesen, dem er vertraut hat. Schinkel aber wendete sich allmählich ab von der Propaganda grenzenloser Volks-Gewalt, teils gezwungen, wie hier beim Bau der Wache, teils auch aus eigener Suche nach einem Halt, der trüge. Die bürgerlich-demokratischen Bestrebungen trugen hierzulande nicht, am allerwenigsten einen Beamten wie Schinkel. Mißtrauen gegen demokratische Unbedenklichkeiten und Widerwille gegen realitätsblindes linkes Geschwätz, das es damals auch gab, wirkten in der gleichen Richtung wie der obrigkeitliche Anpassungsdruck. Er war 1816 immerhin schon 35; man wundert sich, wieweit er den bürgerlichen Stimmungen nachgekommen war. Er entwickelte in den folgenden zehn Jahren die tektonische Tradition des deutschen Klassizismus, von der hier nicht die Rede war, weiter zu einem dogmatischen System, das, ohne daß ihm dies ganz bewußt gewesen sein muß, zur preußischen Staatsarchitektur der Restaurationsepoche geworden ist – das, was man unter Schinkel-Klassizismus gemeinhin versteht. Die faschistoiden Entwürfe blieben Episode. Die Assoziation von Volksgewalt und demokratischer Bewegung mit faschistoider Architektur mag verwirren; ich muß versuchen, hier genauer zu werden. Der antikische Architekturkanon entsprach damals, zur Zeit der Großen Revolution in Frankreich, der Gesellschaftsordnung des Ancien régime, stellte deren Legitimität dar. Sein Wanken entspricht deren Unsicherwerden. In Revolution und Kämpfen um neue Staatsbildung verliert eine Gesellschaft notwendigerweise das alte Maß – wie sollte die Architektur es nicht tun? Wenn also die Architektur den Kanon verließ, ist das nur eine andere Wendung dafür, daß sie nicht mehr diejenige des Ancien régime war, sondern diejenige, sagen wir, des bürgerlichen Zeitalters wurde. Das ist nun selbstverständlich ein viel zu weiter Rahmen für die kleine faschistoide Skizzengruppe Schinkels.

Ich habe bei der Einzelinterpretation von Volksgewalt gesprochen, die durch die Architektur der Skizzen ausgedrückt sei. In der Tat bezieht sich diese Architektur auf Massen. In Berlin sprachen damals die Bürgerlichen – noch längst nicht an der Macht – von sich selber als vom Volk.[20] Man unterschied hier noch nicht zwischen den Bürgerlichen und dem vierten Stand, der Masse. Masse kann daher in diesem Aufsatz nicht vierter Stand bedeuten, sondern nur eine bestimmte Befindlichkeit des dritten und vierten Standes, der Bürgerlichen und derer, die unter ihnen standen, meinen. Die Verherrlichung der Gewalt der Masse ist auch ein Appell an diese. Das Faschistoide schmeckt man nicht in solchen Änderungen des Kanons wie der fortlaufenden Tropfenregula im Gebälk der Wache oder in den Viktorien anstelle der Triglyphen – dies sind Feinheiten für Gebildete. Man schmeckt es in den Maßstabseffekten von einigermaßen plumper Art, die jeder sofort fühlt, auch ohne alle Bildung. Nun gehen aber die bürgerlichen Ideale prinzipiell vom Einzelnen aus, vom gebildeten Individuum oder vom schlichten Arbeitsmann, wer immer es sei. Unsere Individualität, unser Bewußtsein von uns selbst als Einzelnen ist ja eine bürgerliche Kulturleistung. Die bürgerliche Gesellschaft kann nur als Publikum gedacht werden, in dem sich die gebildeten Individuen auseinandersetzen, oder als Volk, das aus lauter individuellen Gliedern zusammentritt. Bürgerliche Politik muß auf der öffentlichen Abwägung der Argumente beruhen, nicht auf der Mobilisierung von Masse. Die bürgerlichen Ideale kennen die Masse nicht, wenn ich dem Wortgebrauch hier einmal unterlegen darf, daß er von der Individualität der darin begriffenen Einzelnen absieht. Im Appell an die Masse wirft sich bürgerliches Selbstverständnis selbst weg, entwürdigt sich und entwürdigt zugleich die Menge derer, an die appelliert wird, abgesehen von ihrer Bürgerwürde. Wenn ich diese Skizzengruppe vor dem Hintergrund bürgerlicher Staatsideen interpretiere, muß festgestellt werden, daß wohlabgewogener Parlamentarismus und Gewaltenteilung nicht die einzigen Möglichkeiten bürgerlicher Staatsordnung gewesen sind. Es hat von Anfang an in der bürgerlichen Epoche Zeiten von Diktatur, von unbedingter Gewalt gegeben, unter diesen wieder solche, in denen an die Masse appelliert wurde. Wie sollten da die großen Künstler solcher Umbruchzeiten das Maß der Harmlosigkeit einhalten? Sie mußten doch auch einmal mitgerissen werden. Wo in einer ungewohnt neuen Lage das Maß der Humanität liegt, das zu erkennen fällt auch wohl den lange entmündigten Deutschen besonders schwer. In Kleists *Herrmannsschlacht* gibt es die entsetzlichen Zeilen: „Schlagt sie tot! Das Weltgericht/Fragt euch nach den Gründen nicht." Von allen Künsten aber kann sich Architektur am wenigsten gegen ihre Zeit stellen. Der große Künstler-Architekt ist ein Berufstätiger, der besonders sensibel für gesellschaftliche Repräsentationswünsche ist und davon lebt, diesen zur baulichen Form zu verhelfen. Wer den politisch-moralischen Anspruch erhebt, die Künstler sollten besser sein als ihre Gesellschaft, möge diesen Anspruch nicht als einen des künstlerischen, sondern des staatsbürgerlichen Gewissens begreifen, woraufhin ihm leichtfallen wird, am Beispiel der eigenen Berufstätigkeit zu ermessen, was er verlangt. Die betrachtete Skizzengruppe entsprach einer kurzen Epoche maßloser Gewaltverherrlichung, die zur Zeit des Sieges freilich noch weniger sympathisch ist als zur Zeit des Unterliegens (als Kleist seine Zeilen geschrieben hatte). Unbedingte Gewalt aber im bürgerlichen Staate ist tatsächlich bösartig. Nicht in allen solchen Epochen wurde an die Masse appelliert. Bismarck etwa hat dergleichen zwar durchaus erwogen, aber diese Möglichkeit nie benutzen müssen, sondern sich meistens auf altständische und andere vergangene, von ihm selber wieder und wieder preisgegebene Wertvorstellungen stützen können. Demagogie ist nicht die einzige Form bösartiger Gewalt im bürgerlichen Staatsleben, und deren Epochen wiederum wechseln mit besseren. Faschistoide Architektur ist aber weder bei uns noch im internationalen Betracht ein ganz vereinzeltes Phänomen.

Anmerkungen
[1] Schinkel-Lebenswerk, hrsg. von P. O. Rave, Berlin III, 142–171 Abb. 136–170
[2] Ebenda 267
[3] Schinkel-Lebenswerk, Berlin I 237–253, Abb. 145, 147
[4] Ebenda, Abb. 113. Innenraum eines projektierten Umbaues des Berliner Domes vom März 1816
[5] Ebenda, 187–202, Abb. 91–104
[6] Schinkel-Lebenswerk, Berlin III, 264, Abb. 278
[7] Schinkel-Lebenswerk, Berlin I, Abb. 94
[8] Ebenda, Abb. 101
[9] Ebenda, 274, 298, Abb. 180
[10] Schinkel-Lebenswerk, Berlin III, 263, Abb. 276, 277
[11] Eine Darstellung von Schinkels Paris-Aufenthalt ist mir nicht erinnerlich; ich kann hier nur auf das Schinkel-Museum der Handzeichnungssammlung der Staatlichen Museen in Berlin (Ost) verweisen, das die Studien Schinkels verwahrt.
[12] Schinkel-Lebenswerk, Berlin III, Abb. 139, 140
[13] Dazu paßt, daß Schinkel die Pfeiler-Version in den Skizzen mit griechischem Dreieckgiebel zu versehen erwogen hat, so Schinkel-Lebenswerk, Berlin III, Abb. 143, 147. – Der ägyptische Stil

neben dem dorischen z. B. noch in Schinkels Programm für die Portale der Bauschule in den 30er Jahren, vgl. Rave, Genius der Baukunst, o. J. [1942]

[14] Lehrbuch, hrsg. von G. Peschken (1979). Die Auffassungen der Frühzeit vollständig und sehr schön in Schinkels Erläuterung zu dem Entwurf für das Mausoleum der Königin Luise, abgedruckt bei A. v. Wolzogen, Aus Schinkels Nachlaß (1862–1864)

[15] Vgl. Schinkels Erläuterungen zu einem Neubauplan für die Petrikirche, Schinkel-Lebenswerk, Berlin I, wo allerdings die vaterländische Assoziation noch nicht ausgedrückt wird; für diese vgl. die Erläuterungen zu dem Freiheitsdom ebenda.

[16] Schinkel-Lebenswerk, Berlin III, Abb. 145

[17] Ebenda, Abb. 143, 146

[18] Dem Rundbogen-Entwurf zur Wache völlig analog in der Skizze, Schinkel-Museum, Mappe 41, Blatt 281

[19] In der in Anm. 18 angeführten Variante sind die Viktorien unterlebensgroß, die Helden etwas weniger überlebensgroß.

[20] Z. B. Lennés „Volksgarten" in Magedburg war auch und vorzugsweise für die begüterten Bürger ausgestattet. Oder sein „Volksplatz" vor dem Brandenburger Tor, unserer Skizzengruppe zeitlich nahe, war selbstverständlich für die Bürger Berlins gedacht.

Quelle: Klassik ohne Maß. Eine Episode in Schinkels Klassizismus, in: Berlin und die Antike. Architektur, Kunstgewerbe, Malerei, Skulptur, Theater und Wissenschaft vom 16. Jahrhundert bis heute, Deutsches Archäologisches Institut, Aufsätze, herausgegeben von Willmuth Arenhövel und Christa Schreiber, Berlin 1979

Schinkel, erste Skizze für die Neue Wache, 1816. Schinkel-Museum

Schinkel, Entwurf für ein Heldendenkmal, um 1816. Schinkel-Museum

Das erste Blatt aus Schinkels Sammlung Architektonischer Entwürfe

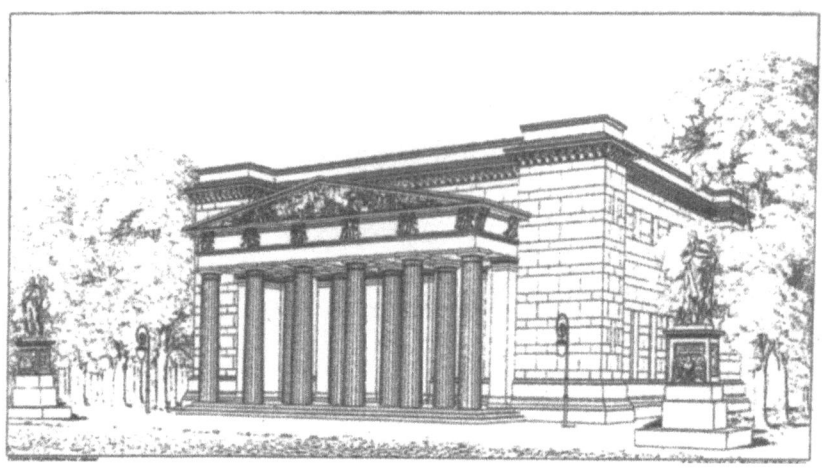

Die Neue Wache, wie ausgeführt. Nach K. F. Schinkel, Sammlung Architektonischer Entwürfe

Ein Vierteljahrhundert Schinkel-Rezeption: meine

Mit diesem Aufsatz habe ich das Schinkel-Jubiläum (200. Geburtstag) zu meinem eigenen Jubiläum gemacht. Damals hatte ich gerade meine Rekonstruktion der verschiedenen Ansätze von Schinkels geplantem und unvollendetem Architektonischen Lehrbuch veröffentlicht und war unbestreitbar derjenige, der am meisten über Schinkel wußte. Es lag nahe, daß ich zu einem Vortrag im Festprogramm aufgefordert wurde. Die Veranstalter schlossen mich aber aus dem Festprogramm aus. Man befürchtete, ich würde etwas Kritisches vorbringen – so sagte man mir. Auch auf das Programm der Jubiläumsausstellung verlor ich, Spinner und geschäftlich unzurechnungsfähig, allen Einfluß. Nur der Katalogaufsatz blieb mir, und heute die Hoffnung, daß der Aufsatz trotz aller Eitelkeit auf oppositionelle Lust etwas zu einem menschlicheren Bild von Schinkel beitragen möge.

1953 kam ich aus der Provinz nach Berlin, um Architektur zu studieren. Berlin war damals noch eine zerstörte Weltstadt, nicht die aufgebaute Provinz-Superstadt von heute. Wie von der ganzen Stadt ging auch von den ausgebrannten Schinkelbauten jener Appell zu ihrer Rettung aus, der so hoffnungsvoll war: Das zerstörte Berlin, das zerstörte Deutschland, war es nicht das Bild der Wahrheit, eine gute Grundlage für die Zukunft? Wenn unter dem blauen Himmel des kontinentalen Hochsommers die geborstenen Mauern glühten und Mittagsstille über der Stadtmitte lag, war es kaum vorstellbar, irgendjemand könnte sich dem elegischen Anruf entziehen.

Der älteren Generation – der Elterngeneration – galten Architektur und Kunst nur bis zum Ende des Barock als echt, und in dem Glanz, den sie ausstrahlen, sah man den Widerschein einer heilen Welt. Alle bürgerliche Architektur und Kunst dagegen war unecht und häßlich. Natürlich verstand ich damals noch nicht, daß in dieser provinziellen Auffassung sich ein Stück von der Flucht vor den eigenen Problemen, von Scheitern und Selbsthaß der deutschen bürgerlichen Kultur zeigte. In der Baugeschichts-Vorlesung erklärte der Professor, daß Schinkel noch gute Architektur sei, gewissermaßen deren Ende – er rettete ihn noch sozusagen als Barockarchitekten: der Klassizismus als Endstadium des Barock.

Ich studierte aber nicht nur im Hörsaal; ich studierte die Stadt. Ich sah mir das Alte Museum selber an. Der ästhetische Sinn, der soviel schwer zu täuschen ist als unser Intellekt, fand am Alten Museum nichts mehr vom Atem barocker Oberflächen, nichts mehr von der Herzhaftigkeit barocken Steinmetzdetails, nichts von der Faust und dem Glück des Handwerks mehr, und auch nichts vom Bemühen des Architekten, jene irdische Perspektive anzulegen, die offen oder insgeheim immer auf eine bessere Welt zielt. Das waren nicht die Qualitäten Schinkels. Dafür teilten sich von den Museumsfassaden intellektuelle Disziplin und Präzision einer ganz anderen Ordnung mit, einer Ordnung, die mir meine Lehrer nicht erklären konnten.

Kein Wunder übrigens – diese Unfähigkeit fand ich später in der Schinkel-Literatur bis tief ins vorige Jahrhundert zurück: erst wurde die rechte Gläubigkeit an seinen Kirchen vermißt (Restaurationszeit und immer wieder), dann der rechte künstlerische Schwung (Neubarock), dann der baumeisterliche Instinkt (Neuklassizismus) – Randerscheinungen der Genesis des Blut- und Boden-Komplexes unserer fürchterlichen, mörderischen Geschichte.

Die Lehrer, die mir damals architektonischen Entwurf beibringen wollten, liebten kräftigen, urtümelnden Rauhputz, ein anständiges Ziegeldach, hammerrechtes Natursteinmauerwerk (ich übertreibe kein bißchen), volkstümliche Schlichtheit, maßvolle Symmetrie, die ewigen Gesetze rechter Gestaltung. Ich dagegen trampelte auf meinem Fahrrad nach Siemensstadt, Britz, Weißensee, fuhr mit der U-Bahn zum Alex und trank Kaffee im Automatenrestaurant in Peter Behrens' Berolinahaus: ich liebäugelte mit der modernen Architektur und ihrer offen dargestellten Beziehung zu Industrie und Großstadt. Und kapierte, daß Schinkels Architektur damit etwas zu tun hatte. Wie er am Museum gleiche Fenster oder Säulen reiht, das Ungleiche aussondert (die Eckpilaster durch Schlitze von den Wänden trennt) – waren das nicht industrielle Prinzipien? Und die Bauakademie, war sie nicht ein Fertigteilbau? War sie nicht überhaupt ein moderner Skelett- und Rasterbau? Und war ihre aperspektivische Komposition in der Stadtmitte, der Kubus der Bauakademie und der Kubus des einstigen Packhofspeichers am Kupfergraben und die damit erreichte Umdeutung der anderen Großbauten – das ehemalige Schloß, das Zeughaus, das Museum – zu Kuben in der Landschaft, war das nicht die Stadtlandschaft, wie sie Scharoun in seiner Vorlesung vorschwebte? Und war nicht im Gärtnerhaus in Charlottenhof oder in Glienicke die Asymmetrie von Scharouns Panzerkreuzern in Siemensstadt vorweggenommen? Ich hatte den progressiven Schinkel entdeckt, oder doch, was ich funktionalistischer Dogmatiker dafür hielt.

Vor diesem Dogma sortierte ich mir das Werk seiner Schule: das Maschinenhaus in Glienicke von Persius, die Reichsbank von Hitzig, das Kunstgewerbemuseum von Martin Gropius standen stadtlandschaftlich richtig, die Technische Universität mit ihrer neobarocken Cour d'honneur falsch; die Reichsbank, die Zionskirche von Orth, die Schulen und Markthallen von Blankenstein waren ebenfalls Fertigteilbauten. Einen Rasterbau wie die Bauakademie als offizielle Architektur hatte keiner wieder gewagt drei Generationen lang; indessen fand ich ihre Nachkommenschaft als Fabriken in den Hinterhöfen ganz Berlins; das verleugnete Vorbild war als Nutzbau fast der häufigste Bautyp der Stadt geworden. Noch als Student faßte ich den Plan zu einem Buch, in dem ich die „Moderne Architektur" durch eine Analyse derjenigen Schinkels untermauern wollte, eine Art baugeschichtlicher „Legitimität der Neuzeit".

Habent sua fata libelli. Meine einzige baugeschichtliche Studie, die erschien, als noch aktuell war, was mich zu schreiben bewegt hatte, ist ein Oktavheft gegen den Abriß der Bauakademie gewesen. Die Denkmalpflege der DDR hatte schon die Terrakotten nachbrennen lassen, die an den Fassaden ausgewechselt oder ersetzt werden mußten; ich bin auf den wohlerhaltenen Deckengewölben herumgelaufen. Indessen fand die politische Führung, also eine Gruppe im Zentralkomitee oder gar im Politbüro, diesen den späteren Fabriken so ähnlichen Bau zu häßlich für das Stadtzentrum der neuen Hauptstadt der DDR, und so wurde seine Reparatur verboten und der Abbruch befohlen. Das gleiche Unglück wie mit dem Schloß – erstaunliche Präzision, mit der nach dem besten Bau Berlins denn auch genau der zweitbeste fallen mußte. Da rede wer von Zufall. Bausenator Schwedler schrieb mir auf meine Broschüre hin, er bedaure, daß ich nicht deutlich zum Ausdruck gebracht hätte, daß es die Ostberliner Machthaber seien, die den Abriß zu verantworten hätten; ich schrieb zurück, daß in den Unterlagen zu seinem Wettbewerb „Hauptstadt Berlin" die Bauakademie als disponibel schraffiert, nicht als Festpunkt schwarz ausgedruckt sei. Die Zöglinge der preußischen Volksschule, die die DDR regierten, hatten vermutlich die westlichen Wettbewerbsunterlagen berücksichtigt, deren Verfasser höhere Schule, akademisches Studium und Referendariat in der Staatsbauverwaltung genossen hatten.

Natürlich änderte meine Broschüre nichts am Ergebnis des durchaus gesamtdeutschen Fabrik- und Selbsthasses. Ich hatte mich mittlerweile auf Schinkel spezialisiert, brachte zunächst mein Konzept mit einer Dissertation über *Technologische Ästhetik in Schinkels Architektur* zu Ende. Einige kleinere Aufsätze, die eher erschienen, ließen Philip Johnson auf mich aufmerksam werden; fast wäre ich unter die Schar der Hofhistoriker Mies van der Rohes getreten, des Vollenders dessen, was Schinkel einmal angefangen hatte.

Die technizistische Dogmatik der „Modernen Architektur", die da besagt, Architektur habe die statischen Verhältnisse des Gebäudes, also Material und Konstruktion, zum Ausdruck zu bringen, während sie im übrigen den ebenfalls technisch begriffenen Funktionen im Gebäude das jeweils vertretbare Minimum an Fläche anzubieten habe – diese Dogmatik wurde mir aber allmählich verdächtig. Auch die Auffassung der Stadt als Landschaft fing ich an, skeptisch zu betrachten. Das kam wohl durch eine Weitung des Blicks, durch neue Gesichtspunkte, die sich aufdrängten, wie das gegen Ende der 1960er Jahre nicht allein mir widerfahren ist. Die inzwischen realisierte Stadtlandschaft West-Berlins und vieler westdeutscher Städte, jene Landschaft aus in asymmetrischem Schick hingestellten Klötzen lag nicht nur auf den neubebauten Äckern und grünen Wiesen. Auch in den Altbauarealen sprossen die Hochhäuser an jeder Ecke, blieben daneben Parzellen leer bzw. wurden nach Wegräumung der Ruinen mit Autos vollgestellt, Brandgiebel blieben frei, Straßenfluchten wurden zerrissen nicht nur des 19. Jahrhunderts, auch barocke und mittelalterliche. Wie häßlich das war! Unübersehbar enthüllte sich die Stadtlandschaft als Renditelandschaft und die Architektenideologie von der Stadtlandschaft als Technokratenbeschränktheit. Schinkels Stadtlandschaft geriet in ein anderes Licht. Und der Funktionalismus, im Wohnungsbau hatte er zum Beispiel die Gestalt der Vorschriften der Wohnungsbaukreditanstalt angenommen; und Ernst May, sozusagen ein Vater des funktionalistischen Wohnungsbaus, sprach nun grimmig von Kaninchenställen. Die Wissenschaft von den Schritten in der Küche, der Breite der Gänge neben dem Ehebett und vor dem Schlafzimmerschrank, die Wissenschaft von der säuberlichen Trennung der städtischen Funktionen in Arbeiten und Schlafen usw., all das fing an, ranzig zu riechen. Und Schinkels Funktionalismus, seine Gehbahnen und Kojen im Alten Museum, spezialisiert auf Fortbewegung oder Vertiefung in die Kunstwerke... Aber immerhin, die Bauakademie mit ihren weiten freien Etagen. Ich hatte schon lange davon geträumt, in eine Fabriketage à la Bauakademie zu ziehen, um in viel Platz und Freiheit der Schritte, meinetwegen auch bei Verschwendung von Schritten zu wohnen. Derweil organisierte die Bauverwaltung die ersten großen Flächenabrisse amortisierter Bausubstanz („finanzielle Ruinen"), um mehr Kaninchenställe bauen und deren Vermietung erzwingen zu können. Kommerz, Kommerz. Das Architektenwort vom Renditeschuppen wurde geprägt. Ob je ein Bauherr ein Interesse daran gehabt hatte, daß sein Architekt die statischen Verhältnisse eines Gebäudes, Konstruktion und Material, in der Architektur zum Ausdruck brachte? Offenbar Technokratenbeschränktheit, dieser Technizismus. Wie war denn das mit Schinkels Tektonik, dem Spiel von Stütze und Last, von Säulen und Balken?

Was hatten denn die Bauherren Schinkels ausgedrückt haben wollen, wenn nicht Konstruktion und Material? Diese Frage führte mich auf die Bildbedeutung der Architektur, die Aussage, die der Architekt für den Bauherrn gegenüber Publikum, Volk, politischer Öffentlichkeit zu machen hat, also auf die (mit einem unserer schönen Fachausdrücke) Architektur-Ikonologie. Übrigens führte sie mich auch zu einer gerechteren Einschätzung der Schinkelschule. – Was also wünschte der König von Preußen ausgedrückt zu sehen bei den Kasernen, Regierungsgebäuden, Kirchen, die der Staat bezahlte, was die Spitzen der Bürokratie? Was bedeuteten damals die verschiedenen Stile, Gotisch, Griechisch, usw.? Die Staatsbauten des zweiten Jahrzehnts, des Jahrzehnts der Niederwerfung Napoleons, waren vorzugsweise gotisch geplant, die des folgenden fast alle klassisch griechisch. Und in Schinkels Papieren, privaten theoretischen Aufzeichnungen wie amtlichen Gutachten, wurde einmal die Antike als kalt und für uns bedeutungslos, ein andermal zum einzig wahren Vorbild für uns erklärt. War das die innere Entwicklung eines Künstlers oder kam das vielleicht von Bauherrenseite?

Der im zweiten Jahrzehnt bevorzugte gotische Stil hieß damals, auch bei Schinkel selbst, altteutsch; die Aufnahme dieser Formen war also nationalistisch. Altteutsch bezog sich auf Deutschland, das es nicht mehr gab seit Auflösung des Heiligen Römischen Reiches deutscher Nation und seit der Kaiser in Wien das Kaiserreich Österreich gegründet hatte. Altteutsch, das bezog sich auf die Hoffnung, der deutschen Nation einen deutschen Staat zu schaffen, und diesem Deutschland waren die Teilstaaten wie Preußen, Sachsen, Württemberg, Bayern im Wege so wie heute Bundesrepublik und Deutsche Demokratische Republik. Und so wie der vorige Satz einen unserer Verfassungsschützer aufhorchen lassen würde, so ließ altteutscher Stil damals die preußischen Behörden aufhorchen. Ein einiges Deutschland war nur ohne die souveränen Einzelfürsten denkbar; erstrebt wurde es von den bürgerlichen Demokraten, die ein Parlament haben wollten, eine gewählte Volksvertretung nach französischem Muster. So geriet der altteutsche Stil in den Geruch von Revolution und Demokratie, desto mehr, je weiter die Staatsführung, die in der Not peinlicherweise eine Volksvertretung versprochen hatte, von dem Versprechen abrückte; Schinkel war schon seit 1810 preußischer Beamter und mußte ein feines Gespür für diese politischen Inhalte entwickeln. Wohl versuchte er, seinen Überzeugungen Ausdruck zu schaffen, z. B. bei den ersten Entwürfen für die Königswache, die Neue Wache neben dem Zeughaus. Die sind nicht gerade gotisch wie einige Jahre zuvor der erste Entwurf für das Mausoleum der Königin Luise, aber alles andere als klassisch antik. Da kann man denn an der Planungsgeschichte verfolgen, wie König und Kabinett einen klassisch-griechischen Entwurf verlangen und Schinkel sich dem fügen muß. Noch bockt er und veröffentlicht als erstes Blatt seiner „Sammlung Architektonischer Entwürfe" eine der abgelehnten Fassaden mit einem gewissen massendemokratischen Pathos. Aber in den 1820er Jahren wird er dann selber dogmatischer Klassizist. Die Gegenbeispiele ergeben, was der konventionelle Klassizismus zu bedeuten hatte. Offenbar stellt sich in ihm der preußische Staat als legitimes Staatsgebilde dar, das nicht auf bloßer Waffengewalt beruht, sondern Anteil am Höheren hatte, dies geradezu verkörperte. Griechisch hieß Bildung, Platon, Thukydides, Sophokles, gewiß. Aber diese Bildung beanspruchte auch das linke Bürgertum; sie war nicht das Spezifikum des preußischen Staates, trotz der neugegründeten Berliner Universität. Griechisch, das war auch die damals bevorzugte Version von Antike allgemein, und Antike hatte, seit das Abendland begründet war, immer die gottgegebene Macht der Könige und Kaiser signalisiert. Karls des Großen antike Marmorvertäfelungen im Aachener Münster, Ottos des Großen dreiunddreißig antike Säulen im Magdeburger Dom besagten schon, was auch die korinthischen Säulen und Gesimse am Berliner Schloß und was eben auch die dorischen Säulen an der Neuen Wache besagen sollten: dies ist der König von Gottes Gnaden, die euch von Gott gesetzte Obrigkeit. Der preußische Staat – und nicht das geeinte Deutschland, von dem ihr Studenten träumt. Nachdem die deutschen Kleinstaaten von Napoleon überrannt und zerschlagen worden waren, wurde nun die deutsche Kleinstaatenwelt, allerdings stark vereinfacht, wiederhergestellt, restauriert, und die Epoche heißt diejenige der Restauration: an ihrem Anfang die Karlsbader Beschlüsse und die Demagogenverfolgungen. Ich begriff, was Ludwig Dehio gemeint hatte, als er den europäischen Klassizismus der 1820er Jahre den Stil der Restauration genannt hatte. Schinkel hat die preußische Variante davon formuliert, und die wohl achtbarste Variante: sie ist kühl und präzise. Ganz unrecht hatten die Alten also nicht mit der Kontinuität vom Barock her.

In den 1820er Jahren hatte Schinkel sich also davon überzeugt, daß die griechische Antike die absolut vorbildliche Architektur war. Er fand in ihr die Konstruktion, das Spiel von Stütze und Last vorbildlich ausgedrückt. Vorbildlich hieß in Preußen, daß alle sich danach zu richten hatten. Schinkel war der für den guten Geschmack, heute würde man sagen die Gestaltung, zuständige Ministerialbeamte und setzte den Staatsklassizismus, seinen Staatsklassizismus von oben durch. Sein wahrhaft unabsehbares Werk besteht zum guten Teil aus Korrektionen, die er den unterstellten Provinzbaumeistern angedeihen ließ. Es fällt sehr traurig auf, daß er auch für begabte und bedeutende unter diesen nicht die geringste Kollegialität empfand, sie genauso kujonierte wie den ungeschicktesten. So hat er einigen rheinischen Baubeamten, z. B. Adolf von Vagedes und Johann Peter Cremer, manches Werk verdorben oder weggenommen; auch in der Hauptstadt Berlin gab es Architekten von Rang, die er völlig ins Abseits gedrängt hat mit seiner behördlichen Macht, Ludwig Catel, Friedrich Rabe, Schloetzer etwa. Man sollte an Schinkel einmal die Kosten studieren, die ein großer Mann so macht. Schinkel also, nach oben buckelnd, nach unten tretend – Radfahrer-Charakter? Keineswegs. Niemand ist ungestraft jahrzehntelang Beamter eines Bevormundungssystems. – Schinkel war bekanntlich ungeheuer fleißig, hat sich, darf man sagen, totgearbeitet. Hätte er sich doch etwas entlastet, nicht jeden ihm zur Prüfung eingereichten Entwurf neu gezeichnet! Der Typus des schwer überbürdeten Großverantwortlichen mit den vielen unselbständig gehaltenen frustrierten Untergebenen, ach, man kennt ihn nur zu gut.

Ein großer Künstler und Architekt muß darum nicht auch als Kollege liebenswert sein, ein liebenswürdiger Kollege darum nicht ein großer Künstler. Infantile Heldenverehrungssucht verstellt nur den Blick auf sein Werk. Man sollte den Mut haben, zu sehen, was man sieht. Man sehe – und bewundere – den jungen Mann, der sich schon als bürgerlicher Künstler-Architekt versteht, sein Erbteil für die Studienreise nach Italien verwendet, die jeder vor ihm als staatlicher Stipendiat gemacht hatte; der, sein eigener Unternehmer, sofort mit der Selbstwerbung beginnt, ein Buch über italienische Villen und Dorfkirchen plant, später seine *Sammlung Architektonischer Entwürfe* herausgibt; der geschickt und zielbewußt Verbindungen anknüpft, gleich in Rom dem preußischen Residenten beim Hl. Stuhl, Wilhelm von Humboldt, Besuch macht und Zeichnungen vorführt (Humboldt bringt ihn später in den Staatsdienst); der ungeheuer wendig sich in schwankender Zeit behauptet, während der Franzosenzeit in Berlin von Panoramen und Dioramen lebt, Vorläufern des Rundhorizont-Kinos, der noch verdient an der Ungewißheit über die Zukunft und an der Zerstreuungssucht der Berliner, die unter der Besatzung verhindert sind, Pläne auf lange Sicht zu machen und nicht wissen, wofür sparen. Faszinierend, wie der die Königin Luise zu bedienen weiß mit Schlafzimmer-Möbelchen von einzigartig penetranter Preziosität der Ornamentschnitzerei und mit jenen Tülldraperien über kaltrosa Wänden (der Raum befindet sich, restauriert, im Schloß Charlottenburg). Wie er der nationalistischen Stimmung in den Freiheitskriegen die neugotische, der Restauration die klassizistische Architektur entwickelt, immer ganz bei der Sache, nämlich bei der Perfektion der Form. Glänzend gelingen ihm bei der Neueinrichtung der prinzlichen Palais nach den Kriegen die privateren Zimmer, er zeichnet zauberhaft elegante Snobstühlchen; die Staatsräume allerdings schmecken sämtlich nach aufdringlichem billigen Protz: Feudaltitel waren auch durch sein Geschick nicht mehr glaubwürdig zu machen. Wie er mit dem Kronprinzen zusammen das Museum, die Potsdamer Nicolaikirche baut und den König hinters Licht führt, das ist schon spannend. Am höchsten zu bewundern aber, wie er mit fünfzig die erreichte Stellung in der Bürokratie und eine günstige Lage der Ressorts nutzt und nahezu im Alleingang die Bauakademie baut, nun an den Geschmacksvorstellungen des Kronprinzen, mit dem er eben noch gemeinsame Sache gemacht hatte, genau vorbei. Diese Kälte der Kalkulation, diese Anpassungsfähigkeit! Und welche Zähigkeit, welche Reserve, und welch ein Ehrgeiz! Nach zwanzig Dienstjahren erfindet der noch eine ganz neue Architektur, paßt noch genau den Moment ab, wo er ein ganz eigenes Wort sagen kann – und tritt mit diesem Einzelgang in die Reihe der ersten Architekten des vorigen Jahrhunderts. Mit fünfzig weiß er, daß er das eigene nur auf eigene Verantwortung sagen kann, und sagt es nun rücksichtslos, formuliert sein Jahrhundert mit unglaublicher Genauigkeit. Beim Museum hatten Säulenhallen und Kuppelbau noch als Bau und Raum Bezug auf humanistische Tradition, während die Ausstellungsräume, Nutzstockwerke schon von moderner Nüchternheit sind (und alle diese Bestandteile auseinanderfallen und nur lose durch die dreischiffige Struktur im Erdgeschoß, die einschiffige im Obergeschoß zusammengehalten werden). Bei der Bauakademie werden an die vollkommen moderne, rationalistische Struktur nur noch ein paar Relieftafeln mit traditionell humanistischen Motiven außen angeklebt, bleiben dem Bau äußerlich, oberflächlich. Dieser Bau war dem wirklichen Preußen um Generationen voraus, transzendiert, wie alle große Kunst, den Rahmen seiner Zeit, transzendiert auch den Historismus, der längst das architektonische Idiom der Zeit war und es noch lange blieb. Merkwürdig, daß Schinkel selbst dem modern-industriellen Komplex, den er da formulierte, skeptisch, ja ängstlich gegenüberstand, wie man dem Tagebuch seiner englischen Reise entnehmen kann, wo er die frühen Industriestädte sah. Aber er stellt sich, macht sich nichts vor, kommt vielleicht im Entwurf von der Bedrohung frei. Gewiß, als Mitglied einer Ministerialbehörde, die im Generationenmaßstab plante, war er gewohnt, auf weite Zukunft zu denken. Aber er hätte eben viel bequemer einen ganz konventionellen Bau zeichnen können, der seinen Zeitgenossen und uns nichts weiter besagt hätte. Solche Werke, von denen die Bauschule sein prominentestes ist, rechtfertigen seinen großen Ruhm. Da sieht man doch, wozu die Monomanie eines nicht eben sympathischen, sonst schrecklich normal funktionierenden Hochleistungs-Spezialisten gut sein kann.

Quelle: Ein Vierteljahrhundert Schinkel-Rezeption: meine, in: Karl Friedrich Schinkel. Werke und Wirkungen. Ausstellung im Martin-Gropius-Bau, 13. März–17. Mai 1981, Katalog, herausgegeben vom Senat von Berlin. Konzeption: Jan Fiebelkorn. Bearbeitung: Katrin Achilles, Karl-Robert Schütze

II Aus Arbeiten über Berlin im 19. Jahrhundert

Das Berliner Mietshaus und die Sanierung

Die folgenden Gedanken habe ich zuerst in der Berliner Urania *vorgetragen. Als ich fertig war, redete ein guter alter Freund mir zu: „Ich höre, Sie wollen gegen das große Geld an? Das lassen Sie mal lieber bleiben!" Ich hatte aber die Naivität, mich mit dem Vortrag an der Architekturabteilung der Hochschule für bildende Künste zu bewerben. Als ob nicht die Einsicht, daß das Berliner Wohnungselend des vorigen Jahrhunderts nicht an den Häusern, sondern an deren Überbelegung, also an den Löhnen gelegen hat, für Architekten geschäftsschädigend wäre. Selbst Julius Posener, kein Architekt des Sozialen Wohnungsbaus, hat die Argumentation zuerst nicht verstanden; ich gab sie ihm deswegen in seine Festschrift – nun begriff er. Auch nach Erscheinen von Johann Friedrich Geists und Klaus Kürvers' völlig gegenteilig konzipiertem Monumentalwerk zu dem Thema scheint mir mein Aufsatz sowohl unter dem historischen als auch unter dem aktuellen Aspekt noch immer zutreffend. Ich lasse ihn deswegen bei jeder Gelegenheit wieder abdrucken, so in* Architectural Design *53 II/12 – 1983 unter dem Titel* The Berlin „Mietshaus" and Renovation, *oder ich stelle selber Kurzfassungen her, so für* Exerzierfeld der Moderne, Industriekultur in Berlin im 19. Jahrhundert *(München 1984) den Artikel* Wohnen in der Metropole, Mietshaus und Villa.

Über das Berliner Mietshaus und die Sanierung habe ich mehrmals vor Architekten und auch einmal öffentlich gesprochen.[1] Das Thema ist immer noch aktuell. Allerdings konnte der Abriß aller Mietshausviertel des vorigen Jahrhunderts in Westberlin gegen den allgemeinen Protest nicht durchgesetzt werden. Noch immer laufen indessen Flächenabrisse. Die Häuser aber, die stehenbleiben dürfen, werden durchgreifend umgebaut. Sie werden hinter den alten Fassaden dem heutigen Sozialen Wohnungsbau angeglichen, mit Neubau-Ausstattung und Neubau-Mietpreisen.

Ich sehe in dieser Umwälzung der Altbauquartiere den größten sozialen und damit kulturellen Rückschritt seit Bestehen der Bundesrepublik. Die Auffassung der Architektenschaft und der Öffentlichkeit, die „Berliner Mietskaserne" sei ein Elendsquartier, sei die wesentliche Ursache des Wohnungselends im vorigen Jahrhundert gewesen, ist gewiß nicht der Grund dieser heutigen Umwälzung, trägt aber doch zu ihrer Rechtfertigung bei. Meine Absicht war in dem Vortrag und ist hier, diese Auffassung anzugreifen.

1

Die „Berliner Mietskaserne" des vorigen Jahrhunderts ist als Bautyp keineswegs ein dürftiges Armeleutehaus, sondern sie ist eine Entwicklungsstufe des Berliner Bürgerhauses und aus diesem bruchlos erwachsen. Ich skizziere die Entwicklung:
Wie alle niederdeutschen Städte des Mittelalters hat auch Berlin aus Giebelhäusern bestanden. Diese Häuser sind baugeschichtlich eine Variante des „Nordwestdeutschen Hallenhauses", das, wie der Name sagt, wesentlich aus einem großen Raum besteht, der Diele oder Tenne. Als ich in den 50er Jahren in Berlin studierte, gab es noch ein letztes solches Haus im mittelalterlichen Stadtkern, Fischerstraße 32. Es ist inzwischen abgerissen.[2] Die Fischerstraße lag in einem Kleinbürgerviertel. Der Hauswirt war vielleicht Bootsbauer oder Netzemacher oder Fischer.

Das Haus hatte wohl schon seit seiner Erbauung ein Obergeschoß. In der Diele gaben sich die Trennwände als typologisch sekundär zu erkennen: die Deckenbalken gingen durch von Traufwand zu Traufwand; die Treppe stand an einem räumlich nicht fest definierten Platz. Die Strebepfeilerkonstruktion der Traufwände wies zurück ins Mittelalter. In diesem Einraum wurde einst in patriarchalischer Familie produziert. Gesellen und Mägde wurden wie Kinder im Haus gehalten, aßen und schliefen im Haus, unterstanden der hausväterlichen Gewalt.

Zu einem bestimmten Zeitpunkt trat die eigene Produktion hier im Hause zurück oder hörte ganz auf, und das Haus wurde ein Mehrfamilien-Miethaus. Der Rückflügel war als Miethaus gebaut; er enthielt in einem geraden Teil acht Mietwohnungen zu Stube und Kammer mit Kochstelle auf dem Vorflur. Weil es sich um zweispännige Erschließung handelt, hatten also immer zwei Familien ihre Kochstellen nebeneinander in demselben Vorflur. In einem kleinen Quergebäude ist eine neunte Wohnung gewesen. Das Vorderhaus enthielt im unteren Geschoß eine kleinere, im oberen eine größere Wohnung. Der Rückflügel hatte ein Mansarddach, das bei uns erst im 18. Jahrhundert üblich wurde. Damals also war dies Haus ein Miethaus geworden, der Wirt hatte aufgehört, ausschließlich nach mittelalterlicher Weise in der Großfamilie zu produzieren.

Im 18. Jahrhundert ist das Berliner Bürgerhaus schon ein Traufenhaus. Der absolute Fürst erzwang die Traufdrehung um der Feuersicherheit willen und wegen der Straßenpolizei. Traufenhäuser haben einen Brandgiebel zwischen sich, und zwischen ihnen entfällt die Traufgasse, in der sich Leute leicht vor der Polizei verstecken und durch die solche Leute verschwinden konnten. Der Rat der Stadt hätte wohl auch die Stadt lieber feuersicherer gesehen, konnte sich aber, selbst aus Bürgern bestehend, nicht durchsetzen. Am Giebel hing zuviel bürgerliches Selbstbewußtsein. Auf dem bekannten Plan von Johann Bernhard Schultz erkennt man den um 1685 schon erreichten Anteil von Traufenhäusern in der Stadt. Um 1700 betrieb der kurfürstliche bzw. königliche Ingenieur Martin Grünberg die Einführung des Traufenhauses; er zeichnete zwei „Bürgerliche Wohnhäuser", die als Muster durch Kupferstich vervielfältigt wurden.[3] In dem einen bietet er als Kompromiß eine übergiebelte Gaupe. Der Titel Wohnhäuser besagt, daß die Produktion sich wohl schon in Schuppen im Hof verlagert hat; im Erdgeschoß des Vorderhauses werden noch Kontor und Laden sein. Die Bezeichnung der Durchfahrt als Tenne und ebenso die lockere räumliche Verbindung der Treppe zu dieser Tenne weisen zurück auf die Herkunft des Typus. Neu sind außer der Traufstellung die Stuckfassade und die Reihe der guten Zimmer im Obergeschoß an der Straßenseite. Alles dies sind Übernahmen höfischer Kultur. Stuckfassade und Suite stellen den Hauswirt als kleinen Unter-Patriarchen dar. Der Ober-Patriarch, der Fürst, hatte eine große barocke Stuckfassade (allerdings mit viel Werkstein darin) und große Suiten an und in seinem Schloß.

Die kleinen Mieter aus der Fischerstraße 32 arbeiteten außerhalb des Hauses. Die großen Bürger hatten die einst handwerkliche Werkstattproduktion der kleinen Bürger sich unterwerfen und in Manufaktur umwandeln können. Ein Manufakturistenhaus ist das Wohnhaus Brüderstraße 13, das noch steht (die Denkmalpflege der DDR sitzt darin).[4] Die Brüderstraße lag in einem Patriziatsviertel der mittelalterlichen Stadt. Um die Mitte des 18. Jahrhunderts gehörte das Haus dem Manufakturisten Gotzkowsky, der u. a. die Porzellanmanufaktur gegründet hat. 1788 kaufte es der Buchhändler und Verleger Nicolai. Zu seiner Zeit mag das Haus die heutige Form erhalten haben. Hier im Erdgeschoß und in den Hofgebäuden arbeiteten viele solche Leute, wie sie im Hintergebäude in der Fischerstraße zur Miete wohnten. Die prachtvolle, aus Eichenholz geschnitzte Treppe führte zu den reich ausgestatteten Zimmern im Obergeschoß zur Straße hinaus, wo der Hausherr repräsentierte. Leider fehlen im Grundriß die Rückflügel mit den Werkstätten und den Kammern der im Hause wohnenden Knechte und Mägde, die es neben den von draußen zur Arbeit Kommenden natürlich auch noch gab. Durchfahrt, Lage der Treppe zum Hof hin und die Reihe der guten Zimmer nach vorn sind schon damals fester Bestand des Haustypus und bleiben es bis zu Anfang unseres Jahrhunderts.

Nur wenige Bürger waren so reich wie Nicolai. Die nächstkleineren Selbständigen waren bis um 1800 noch Objekte königlicher Baupolitik. Der König gab evtl. Bauholz, Steine, den Bauplatz umsonst, schrieb dafür die Fassade und den Typ des Vorderhauses vor. In manchen Sammlungen findet man solche Entwürfe zu sogenannten Immediatbauten.[5] Immediate heißt unmittelbar: die königliche Verwaltung trat unmittelbar an den Bürger heran, die Stadtverwaltung wurde übergangen. In der Residenz gab es vielerlei Personen, die kein bürgerliches Gewerbe trieben und nach der Stadtverfassung auch kein Haus selbst bauen konnten oder nicht das Geld dazu hatten, kleine Hofbedienstete (entsprechend den Beamten von heute), Standespersonen, die nur einige Jahre in der Residenz zubringen wollten, z. B. Geschäftsträger auswärtiger Fürsten oder Handelsunternehmungen usw., schließlich Tagelöhner und Soldaten aller Ränge. Der Staat war interessiert daran, daß es Mietwohnungen gab. Unter den Immediatbau-Entwürfen finden sich solche mit vier Geschossen. Wenn man annimmt, daß der Hauswirt in der ersten Etage wohnt, sind also mindestens zwei weniger feine Mietwohnungen in den oberen Geschossen. Im Erdgeschoß mochten etwa zwei Läden sein, von denen der Hauswirt auch nur einen innehaben konnte, so daß einer mindestens vermietet war. In den Dachkammern des Rückflügels, den der Bürger nach seinen Bedürfnissen bauen durfte, wohnten Soldaten, die außerhalb der Exerzierzeiten unter der Aufsicht des Hauswirtes standen, Handlangerarbeit, Botengänge u. ä. ausführten. Offiziere wohnten selbstverständlich vorn. Von dieser Zwangs-Einquartierung soll der Name Mietskaserne herkommen.

Um 1825 bearbeitete Schinkel Bürgerhausentwürfe, die, wie die Grünbergschen, auf Staatskosten gedruckt wurden.[6] Diesmal handelt es sich aber um Empfehlungen, nicht um direkte Vorschriften. Denn nach den französischen Revolutionskriegen ist die Obrigkeit gezwungen, bürgerliche Rechtsverhältnisse selbst einzuführen. Schinkels Entwurf ist nur dreistöckig – er möchte die Zeit etwas zurückdrehen. Ebenso bedauert er im Text, daß es keine Einfamilienhäuser mehr in der Stadt gebe, gewissermaßen Stadtpaläste, wo, wie er unten auf dem Blatt zeichnet, die Repräsentationssuite durch große Fenster erkennbar wird. Leider müsse man die Geschosse annähernd gleich hoch machen, weil eben Mietparteien darin wohnen, die alle vorn ihre guten Zimmer haben wollen. – Schinkels Entwurf hat an der Straße die übliche Suite, zu der auch der nach hinten hinaus liegende Saal gehört, d. h. das Speisezimmer. Dies konnte auf den wenig schönen Hof sehen, weil Gäste sich dem Eßtisch zuwenden. Schinkel legte es aber anders, als es typisch war und blieb. Im Berliner Mietshaus ist gewöhnlich das „Berliner Zimmer" in der Ecke am Rückflügel Speisezimmer. An das Speisezimmer schließt dann ein besonderer Flur an mit den Schlafzimmern, und ganz hinten bei der Dienstbotentreppe liegt die Küche, damit die guten Zimmer nicht von den Kochgerüchen entweiht werden. – Erwachsene Söhne logiert Schinkel passenderweise bei den Mägden. – Die Diele ohne Durchfahrt ist gegen Ende des Jahrhunderts in feinen Vierteln typisch geworden, nicht aber die Innentreppe mit Oberlicht. Da die Diele keine Durchfahrt erlaubt, kann der Hof nicht Werkstätten, Lager, Remise und Stall enthalten. Auf dem von Schinkel gedachten Grundstück würde also auch nicht mehr produziert werden, sondern der Eigentümer und Hauptbewohner würde im Dienstleistungssektor tätig sein, Beamter, Arzt, Anwalt, Makler sein, oder auch hoher Militär.

In der Generation nach Schinkel wurde die Luisenstadt[7] bebaut als Erweiterung des städtischen Kerngebietes. Die Häuser sind in Schinkels Klassizismus gehalten gewesen, aber statt dreistöckig waren sie fünfstöckig über einem zu Läden und Wohnungen vermietbaren Kellersockel. Die Kreuzberger Luisenstadt war ein Viertel wohlhabender Fabrikanten. Noch wurde hier auf dem Grundstück produziert. Man sieht es an den Durchfahrten. Allerdings sind in den Höfen nicht mehr die zweistöckigen Schuppen, die zuerst hier gestanden haben dürften; und nicht mehr die Veranden und kleinen Ziergärten. Die findet man nur noch in Vierteln, die nicht so kräftig geblüht haben wie dieses. Hier wurden seit den 80er Jahren Stockwerksfabriken eingebaut, die stockwerksweise vermietet werden konnten. Damit gab es in diesen Bürgerhäusern nicht nur Einliegerwohnungen, sondern auch sozusagen Einliegerfabriken. Der bürgerliche Haustypus lockerte sich immer mehr.

Es kennzeichnet die Wahllosigkeit des amtlichen Vorgehens, daß nach dem Abriß der „Rollberge" in Neukölln, die ein etwas ärmliches Kleinbürger- und Arbeiterviertel waren, die nächste Abräumaktion die Luisenstadt traf, die zwar ein relativ altes, aber sehr gutes Viertel war, nach der Ausstattung mit Schmuck- und Grünanlagen und Monumentalbauten das glänzendste überhaupt in Berlin. Aber nicht nur die städtebauliche Qualität war hervorragend. Die architektonische Qualität der Häuser war durchweg hoch, der Stuck exzellent, man sah viele schöne Türen, Türgriffe; Durchfahrten und Treppenhäuser waren gut durchgebildet, und der Erhaltungszustand war vor Erklärung zum Sanierungsgebiet deswegen gut, weil diese Fabrikanten in allen Notzeiten immer Material und Arbeiter zu Ausbesserungen zur Hand gehabt hatten.

Noch eine Generation später ist der Haustyp grundsätzlich derselbe. Das Haus Alt-Moabit 90 von 1892 enthält beste bürgerliche Wohnungen.[8] Zweispännige Anlage der Vorderhäuser war schon in Kreuzberg überwiegend und ist nun die Regel. Vorn beim Eingang liegt zum Hofe hin ein Wohnzimmer zum Aufenthalt der Frau, wo es unordentlich sein darf. Die beiden Zimmer zur Straße sind Empfangszimmer, wo allenfalls der Hausherr seinen Schreibtisch hat. Das Berliner Zimmer ist das Speisezimmer, dann folgt der Flur mit Schlafzimmern, Küche und Dienstbotentreppe, dann einige Zimmer für zwangloses Wohnen der Familie, die man auch als eigene Wohnung für eine Verwandte oder Fremde abteilen kann.

Man muß sich einmal klarmachen, daß die Empfangszimmer von den Erwachsenen wenig, von den Kindern praktisch gar nicht benutzt wurden. Die Frau durfte in den Empfangszimmern höchstens eine Spielerei wie einen Stickrahmen haben; jede Art Hausarbeit war dort verpönt. Die Kinder kamen dorthin zu Weihnachten und sonst, wenn sie einem Besuch vorgeführt wurden: gewaschen, gekämmt und im Sonntagsanzug. Die Familie wohnte für gewöhnlich zum Hofe hin genau wie ihre Dienstboten. In der Bauform des Hofes lag nichts Negatives weiter, als daß dort eben gewirtschaftet wurde, daß Fuhrwerke auf- und abgeladen, daß Teppiche geklopft wurden.

Wie wohnten die Arbeiter? Wenn man bei ihnen überhaupt von Wohnen reden dürfte, dann wohnten sie in Vorstädten, in Neukölln, Schöneberg, Charlottenburg in kleineren engeren Ausgaben des Bürgerhauses, vor allem aber wohnten sie in den an die Stadt unmittelbar grenzenden Stadtteilen Prenzlauer Berg, Friedrichshain, Wedding, Moabit in großen Bürgerhäusern mit vielen kleinen Wohnungen an Hinterhöfen. Beinahe hätte sich ein Typus von Arbeiterwohnhaus gebildet: um 1870 kommt eine Querflügelbauweise vor, deren bekanntestes Beispiel der Meyersche Hof, Ackerstraße 132/133 auf dem Wedding war.[9] Es handelte sich um sechs fünfstöckige Zeilen mit Kleinwohnungen, Stube, Kammer, Küche, wobei immer Kammer und Küche auf der einen Seite eines öffentlichen Mittelflures lagen, die Stube auf der anderen. In den Höfen waren immer abwechselnd Gartenanlagen und Klosetts bzw. Müllkammern. Das Quergebäude N. VII enthielt in zwei Stockwerken Wirtschaftsräume und Verwalterwohnung sowie Badezellen zum unentgeltlichen Gebrauch der Mieter. Im Vorderhaus waren unten Läden, in den letzten Quergebäuden unten Werkstätten. In der zeitgenössischen Literatur wird bedauert, daß die Spaltung der Wohnungen durch den öffentlichen Korridor die Behaglichkeit einer abgeschlossenen Häuslichkeit unmöglich mache. Dies war geheucheltes Bedauern. Der Bauherr, ein Bankier, war Tatsachenmensch. Er wußte, daß die Mieter seine Miete ohnehin nicht allein aufbringen konnten und noch sogenannte „Schlafgänger" aufnehmen würden. Die Eltern schliefen in der Küche. In Stube und Kammer schliefen die Schlafgänger, so daß an die Behaglichkeit einer abgeschlossenen Wohnung sowieso nicht zu denken war. Möglichst schlief über Tag in der Kammer noch ein und der andere Nachtschichtarbeiter. Obendrein mußten Frau und – nach der Schule – Kinder noch irgendwelche Heimarbeit im Verlag machen, schneidern oder dergleichen.

Darauf weist die Größe der meisten Stuben. Diese Anlage ist als Arbeiterwohnhaus entworfen, ein Vorläufer modernen Zeilenbaues, ein Vorläufer solcher Wohnanlagen, die Gemeinschaftseinrichtungen haben – ich denke da an sozialistische Großsiedlungen der 1920er Jahre. Die Fassade des Meyerschen Hofes war recht karg; die Gebäude waren aber technisch solide, und es gab sogar Ziersprossenwerk in den Treppenhausfenstern wie in den besten bürgerlichen Häusern. An der Substanz war also nicht gespart. Leider ist die Anlage großenteils im Krieg zerstört worden und die erhaltenen Flügel sind inzwischen abgerissen.

Dieser Bautyp des eindeutigen Arbeiterwohnhauses hat sich nicht durchgesetzt. Man findet auch in den Arbeitervierteln fast nur Häuser des bürgerlichen Typus. Ein Beispiel aus Moabit, Emdener Straße 27 von 1889[10], mag das System darstellen. Die Wohnungen im Vorderhaus sind für kleinbürgerliche Angestellte oder Facharbeiter; mit Stube, zwei Kammern und Küche entsprechen sie der heutigen Normalwohnung des Sozialen Wohnungsbaus mit zweieinhalb Zimmern. Neben der Küche die Speisekammer, die nicht die ganze Geschoßhöhe einnimmt, so daß das Klosett darüber weg direkt entlüftet werden kann. Die eine der beiden Vorderhauswohnungen kann man bis an die erste Hintertreppe vergrößern. An den Hintertreppen sind die Klosetts auf den Treppenpodesten außerhalb der Wohnungen angebracht. Hier sind einige Wohnungen aus Stube, Kammer, Küche, einige noch kleinere bestehend aus Stube und Küche eingeteilt. Das Klosett auf dem Podest gestattet die Aufteilung zu noch kleineren Wohnungen, etwa Einzimmer-Nutzung. Der Hausbesitzer bevorzugte besser situierte Mieter, nicht um mehr Geld einzunehmen, sondern der größeren Sicherheit der Einnahmen und der einfacheren

Verwaltung halber. Mit der Miete konnte er nicht nachgeben – ärmere Mieter mußten zusammenrücken. Man kann vom Hof her von außen ablesen, wo die Klosetts in der Wohnung, und wo sie auf dem Treppenpodest sind.

Die Fassade des Hauses in der Emdener Straße unterscheidet sich praktisch nicht von der eines bürgerlichen Miethauses, und auch die Solidität der Ausführung gab dem wenig nach. In der Literatur, speziell der Kritik am Berliner Arbeitermiethaus in der Zeit um 1910, heißt es, die Stuckpracht außen hätte mit der Hypothekenspekulation zusammengehangen. Sicherlich gehörte zum Geldwert der Häuser, daß die Möglichkeit offenblieb, besseres Mietpublikum zu nehmen. Aber die Variabilität des Grundrisses war begrenzt. Eine richtig gutbürgerliche Wohnung war in solch einem Haus nicht unterzubringen. Ich möchte einen weiteren Aspekt der Erklärung hinzufügen.

Diese Fassaden und der bürgerliche Haustyp waren einfach konventionell. Wenn man diese Konvention auf den Begriff bringen will, hilft eine sozialästhetische Überlegung. Der Haustyp und besonders die Fassade waren noch immer der Bürgerhaustyp, wie schon im 18. Jahrhundert üblich. Damals bedeutete die Fassade den patriarchalischen Anspruch des Hausbesitzers im großen patriarchalischen System des Absolutismus, einen Anspruch auf Aufsicht über die Dienstboten, Arbeiter usw., die damals noch teilweise (wir sahen, daß es damit schon zu Ende ging), in der Hausgemeinschaft des Meisters, Kaufmanns usw. lebten. Damals fühlte die Herrschaft jedenfalls gegenüber den noch im Haus lebenden Domestiken eine Verpflichtung, diese auch in Notfällen zu versorgen, wie immer dürftig das geschehen mochte. Hier, am Ende des vorigen Jahrhunderts, wird in Stuck und Haustyp diese Konvention noch formuliert, obwohl ihr überhaupt nichts Reales mehr entsprechen will: weder standen die Mieter unter dem Hauswirt im Produktionsprozeß, noch verspürte er ihnen gegenüber die geringste Verpflichtung zum Beistand in der Not. Das einzige, was real war, und geblieben war, war die Unterdrückung dieser Leute, die im übrigen freie Arbeiter waren und sofort rausflogen, wenn sie die Miete schuldig blieben.

Worin bestand diese Unterdrückung? Ich will nicht bestreiten, daß sie z. T. auch in schlechter Qualität der Wohnungen bestand. Es gab sehr enge Höfe mit sehr dunklen Wohnungen. Die schlechteste Variante des Miethauses fand sich, wo der Hauseigentümer ganz daran verzweifelt war, bessere Mieter zu gewinnen. Dann ließ er keine Seitenflügel bauen, weil er keine Aussicht sah, Vorderwohnungen zu vermieten, die in den

Seitenflügel hineinreichten; denn das Um-die-Ecke-Führen von Decken und Dachstuhl verursachte konstruktive Komplikationen und damit höhere Baukosten. Wenn aber nur Querflügel gebaut wurden, dann konnten die hinteren Wohnungen auch niedrigere Stockwerke haben. Bei solchen Objekten waren dann oft sogar im Vorderhaus die Klosetts auf dem Treppenpodest, was freilich nur vom Hof her zu sehen war. Vorn aber war die Stuckfassade, die bürgerliche Prätension.

2

Zugegeben also, daß es auch sehr dunkle Hinterhofwohnungen gab. Aber jeder, der auch nur geringe Kenntnisse von der Literatur zur Wohnungsfrage in Berlin hat, muß wissen, daß das große Wohnungselend der Kaiserzeit nicht wesentlich aus schlechter Qualität der Wohnungen bestand. Ich zeigte an den Höfen, wie wenig sich die Belichtung der Arbeiterwohnungen von derjenigen der wirklich bewohnten Räume gutbürgerlicher Wohnungen unterschied. Man könnte zeigen, daß die Ausstattung mit Klosetts beispielsweise auch nur mit einer Generation Abstand hinter der der Bürgerhäuser hinterherhinkte. Ich kenne Bürgerhäuser in guter Gegend mit Toilette auf der Treppe oder auch im Hof ungefähr aus der Mitte des vorigen Jahrhunderts.

Das Berliner Wohnungselend bestand wesentlich aus Überbelegung, was soviel bedeutet wie: es bestand aus übertcuerten Mieten. Das ist seit spätestens 1910 wissenschaftlich erwiesen und bekannt.[11] Damals rechnete die akademische Kritik vor, daß die Häuser, gemessen an normalen Handelsspannen und Verdienstspannen, was immer das sein mochte, in der Regel über 100 % übertcuert waren, daher die Mieten im Durchschnitt doppelt so hoch wie normal, daher die Belegung der Wohnungen im Durchschnitt ebenfalls doppelt so hoch wie normal. Ich vermute, daß diese Kritiker der sentimentalen Meinung waren, daß eine Familie, in der Vater, Mutter und Kinder arbeiten, sich auch Küche und Stube müßte leisten können. Der Leser möge sich vorstellen, er müßte sein Zimmer sein Leben lang mit Fremden teilen. Dann kann er auch verstehen, daß die Betroffenen die überhöhten Mieten täglich als Bedrückung empfanden. Die älteren von uns entsinnen sich der Unterbringung der Flüchtlinge der im Zweiten Weltkrieg vertanen Ostprovinzen und der Ausgebombten. Überall entstanden daraus Ärgernisse. Aber das war nichts gegen das Wohnungselend des Kaiserreiches, das die Berliner Arbeiter trugen. Die

Leute hausten damals auch in den Kellern und holten sich da Tuberkulose. Und ihre Mieterstreiks waren illegal und wurden von der Staatsmacht unterdrückt. Und sie waren unter Bismarck die längste Zeit sogar verhindert, sich zu organisieren, um höhere Löhne zu erkämpfen. Bismarck war immerhin so konsequenter Patriarch, daß er denselben Staat, der die Arbeiter entmündigte, veranlaßte, auch Haftungen in der Not für die Arbeiter durchzusetzen.

Die konventionellen bürgerlichen Fassaden signalisierten den konventionellen bürgerlichen Anspruch auf Herrschaft, und sie taten das in einer damals allgemeinverständlichen Rhetorik der Architektur eben durch die Stuckpracht. Diese bürgerliche Herrschaft wurde gehaßt und war auch hassenswert. Deswegen waren die Mietshausfassaden häßlich. Dies ist ein sozialästhetisches Urteil, kein architektonisch-formales. Man mußte die Mietshausfassaden hassen mit derselben Klarheit, wie man heute die schick frisierten Renditeobjekte hassen muß, die in der Luisenstadt Blick und Hoffnung verstellen.

3

Während des Kaiserreiches war die Inflationsrate so gering, daß die Kritiker der Berliner Mietshaus-Hypothekenspekulation voraussagten, noch mehrere Generationen von Mietern würden die überhöhten Gewinne der Spekulanten mit zu teuren Mieten verzinsen müssen. Es kam aber anders. Das Kaiserreich und seine Währung zerbrachen im Ersten Weltkrieg. Und die innenpolitischen Machtverhältnisse änderten sich zumindest kurzfristig zugunsten der Arbeiterschaft. Die Großindustrie, die schon länger das Wirtschaftsleben bestimmte, hatte auch längst bemerkt, daß die Spekulanten gar nicht zu ihrer, der großindustriellen Interessengruppe gehörten. Entweder ergaben die überhöhten Mieten nämlich höhere Löhne, oder eine durch Unterernährung und Krankheit weniger leistungsfähige Arbeiterschaft. An beidem hatte die Industrie kein Interesse – sie brauchte vielmehr leistungsfähige, billige Leute. Diese Argumente kommen schon um 1910 in der Literatur zur Wohnungsfrage vor, setzen sich aber erst im Angesicht des verloren gehenden Krieges durch, als man mit gutem Grunde vor der Revolution Angst bekommt. Von da an wird durch Zuschüsse zum Wohnungsbau – den heutigen Sozialen Wohnungsbau – und durch Mietstop das Wohnungselend vermindert. Obwohl die politische Geschichte von der Novemberrevolution 1918 bis heute sehr bunt war, ist es doch lange dabei geblieben, daß die Mietshäuser des Kaiserreiches aufgehört hatten, ein Instrument und Abbild von Unterdrückung zu sein. Die Wohnungen kosteten 1960 gewiß nicht mehr, als sie wert waren für die Bewohner, und damit änderte sich auch die Häßlichkeit der Häuser.

„Die Puppe kostete zwei Mark und zehn.
Für diesen Preis schien sie uns schön." (Günter Grass)

Die Eigentümer konnten nun mit dem Stuck nichts mehr anfangen, folglich wurde er bei Putzreparatur grundsätzlich abgeschlagen. Er signalisierte nicht mehr Gutbürgerlichkeit und nicht mehr Patriarchat über die Arbeiter, jedenfalls nicht mittels Miete und Wohnung.

Indessen besagen solche Fassaden, wo sie noch nicht erneuert sind, anderes. Nachdem der unterdrückerische – 1910 sagte man geradezu betrügerische – Gewinn der Spekulanten heraus ist, bleibt noch vieler Hände anständige Arbeit zurück. Und die Spuren des Leides, das unser Volk erlitten hat im Bombenkrieg, als die Splitter sausten und die Fundamente bebten, und in den folgenden Jahren des Hungerns und Frierens, als die Wände durchfroren und der Putz abplatzte, auch die machen diese Häuser schön. Ich habe sie immer schön gefunden und weiß jetzt, vermöge sozialästhetischer Überlegungen, auch, warum. Und die Häuser weisen auf eine große Hoffnung unserer Gesellschaft: daß es möglich ist, einen Lebensbereich herauszunehmen aus dem wirtschaftlichen Verwertungszwang. Das ist das schönste an ihnen.

Das Berliner Mietshaus war über 40 Jahre lang ein im wesentlichen gelöstes Problem und bedeutete bis nach 1960 eine große gesellschaftliche Hoffnung. Die Bewohner bezahlten, was die Wohnungen wert waren, und man durfte hoffen, sie würden für Verbesserungen zahlen, was diese wert sein würden. Die Stuckfassaden waren, wo erhalten, eine Augenweide, ein Luxus, der uns allen gehörte, und die Risse darin waren ein Stück von unserer Geschichte, von uns. Als Studenten stellten wir uns vor, man könnte allzu enge Höfe durch Abbruch des einen oder anderen Rückflügels heller machen – mehr bedurfte es nicht.

4

Diese Hoffnungen haben getrogen. Unsere innenpolitischen Verhältnisse haben es ermöglicht, daß wirtschaftliche Interessen sich der Häuser bemächtigt haben und sie in einen neuen Verwertungsprozeß einbeziehen.

Es sind nicht die alten Eigentümer bzw. deren Erben, sondern andere Gruppen. Die Einbeziehung in den neuen Verwertungsprozeß heißt Sanierung. Diese Sanierung ist in allen ihren Varianten bisher ein Rückfall hinter bereits Erreichtes. Kahlschlagsanierung löscht alle Hoffnung und selbst die Erinnerung daran aus. Ich habe Ernst May über die Wohnungen in den fabelhaften neuen Betonhochhäusern sagen hören: Kaninchenställe. Die Betonhochhäuser auf einst bebautem kahlgeschlagenem städtischen Areal sind für Kaninchen ohne Erinnerung und ohne Hoffnung gut.

Was bleibt bei der Einzelsanierung, bei der Objektsanierung übrig? Betrachten wir Hardt-Waltherr Hämers schwer erkämpfte Objektsanierung an der Putbusser Straße auf dem Wedding. Die Vorderhäuser stehen noch zumeist. Aber hier gelten die Vorschriften des sozialen Wohnungsbaus. Dasselbe wohnungsnahe Grün wie bei Neubauten, dieselben Parkplätze, auf der Rückseite, innen die Wohnungen umdisponiert – Wohnzimmer zum umgrünten Parkplatz.

Während der Arbeiten dort fotografierte ich einen Schuppen am hinteren Grundstücksrande eines Mietshauses schlechtesten Typs, das eben „entmietet" worden war. Das ganze Grundstück und was sich darauf befand, war längst amortisiert, stand mit 1 Mark symbolisch zu Buche. Der Schuppen hatte den Buchwert von einem Bruchteil einer Mark. Jeder weiß, wie sehr sich die Jugendlichen und vielleicht auch die erwachsenen Männer in Mietshäusern so einen Schuppen wünschen. Moped reparieren, basteln. Aber ich glaube nicht, daß man bei den gegenwärtigen Vorschriften so einen Schuppen retten kann. Der kostet Unterhaltung. Wenn dadrin wem was passiert – wer zahlt? Wer beaufsichtigt die Jugendlichen, daß sie sich dadrin nicht etwa lieben? Das sind so die Argumente. Die Wohnungsbaugesellschaft, die da investiert, hat schließlich ihre Erfahrungen. So fällt Stück für Stück unsere Hoffnung auf ein besseres Leben.

Die Objektsanierung müßte Anlaß sein, die Frage nach der Lebensqualität im Wohnen neu aufzurollen, mit allen Laubenpieperideen, den Mietergärten, dem Karnickelstall für wirkliche Kaninchen, Clubräumen, Gemeinschaftswerkstatt – statt dessen ist sie nichts weiter geworden als eine andere Art, die Sanierungsopfer – die wirtschaftlich Schwächsten in unserer Gesellschaft – zum Zahlen höherer Mieten zu zwingen, also dazu, die Rendite irgendwelchen Großkapitals zu garantieren. Hämer hat deswegen seine vor dem Bagger erretteten Häuser nicht in der alten Art gestrichen, sondern in grell modernen Farben – das sind moderne Soziale Wohnungsbauten, modern finanziert, mit modernen Mieten und modernen Gewinnen derer, die die rentierlichen Kredite dazu geben. Wenn man den Mann auf der Straße aufklären könnte über die dabei zum Zuge kommenden finanziellen Interessen, könnte man vielleicht eine ganz andere Art Sanierung verlangen. Warum nicht Überführung der längst abgeschriebenen Objekte in Wohnungseigentum der Mieter? Oder Übernahme in städtisches Eigentum?

Das sind natürlich sentimentale Fragen, gerade als ob die Organisatoren, die Politiker, die uns parlamentarisch vertreten, die Beamten, die unsere Städte und unseren Staat verwalten, die Manager der gemeinnützigen Wohnungsbaugesellschaften, die im öffentlichen Interesse tätig sind, gerade als ob die in Anspruch zu nehmen wären dafür, die Schwachen und Benachteiligten zu stützen, etwa ihnen billige Wohnungen zu erhalten. Oder dafür, uns allen ein bißchen Luft zu wahren vor dem Zugriff der totalen Kapitalrechnung. Nein, diese Sanierer organisieren ungerührt weiter die Zerstörung unserer Städte, liefern unser Leben anonymen Verwertungszwängen aus, verkaufen das Erbe von Generationen für (gemessen an ihrem Streß) dürftiges Gehalt. Sie brauchen sich nicht vor uns zu fürchten: wir werden gewiß nicht in die Lage kommen, sie zur Verantwortung zu ziehen. Aber nicht nur unseren, auch ihren Kindern blüht die Monotonie genormter Kaninchen-Existenz, und der Terror asozialisierter Jugendbanden reift vielleicht schon ihrem Alter zu wie unserem.

Anmerkungen

[1] U. a. vor dem Fachbereich Architektur der HfbK Berlin, vor demjenigen der TH Darmstadt und öffentlich am 29. 4. 75 in der Urania, Berlin
[2] Abbildungen und Grundriß in: Erika Schachinger, Alte Wohnhäuser in Berlin, Berlin 1969
[3] Abgebildet in: G. Schiedlausky, Martin Grünberg, Burg 1942
[4] Abbildungen in: Schachinger (vgl. Anm. 2)
[5] Abbildungen in: Hermann Schmitz, Berliner Baumeister vom Ausgang des 18. Jahrhunderts, Berlin 1914. Ich beziehe mich im folgenden auf die Fassade Seite 95.
[6] Technische Deputation für Gewerbe, Grundlage der praktischen Baukunst, Berlin 1830. Darin eine Reihe von Entwürfen Schinkels für Wohnhäuser. Die hier behandelte Tf. 37–39. Schinkel hat diesen Entwurf auch in seiner Sammlung Architektonischer Entwürfe veröffentlicht, dort Tf. 63, 64, offenbar weil ihm die staatliche Veröffentlichung zu lange dauerte; seine private Vorveröffentlichung erschien 1826.
[7] Über die Luisenstadt gibt es eine ganze Reihe spezieller Veröffentlichungen und Untersuchungen im Zusammenhang mit der Sanierung; eine seriöse wissenschaftliche Dokumentation dessen, was bei der Sanierung zerstört worden ist und wird, existiert m. W. aber nicht.
[8] Abbildung und Grundriß in: Fritz Monke, Grundrißentwicklung und Aussehen des Berliner

Mietshauses von 1850 bis 1914, dargestellt an Beispielen aus dem Stadtteil Moabit. Diss. T. U. Berlin 1968.
9 Grundriß in: Berlin und seine Bauten, 1877
10 Siehe Anm. 8
11 Eine Zusammenfassung siehe: Rudolf Eberstadt, Handbuch des Wohnungswesens und der Wohnungsfrage, Jena 1912

Quelle: Das Berliner Mietshaus und die Sanierung, in: Architektur, Stadt und Politik. Julius Posener zum 75. Geburtstag (Werkbund-Archiv Jahrbuch 4), herausgegeben von Burkhard Bergius, Janos Frecot und Dieter Radicke, Gießen 1979

Fassade eines Immediatbaus, um 1790. Aus: Hermann Schmitz, Berliner Baumeister vom Ausgang des 18. Jahrhunderts, Berlin 1914

Hausfassade aus einem Arbeiterwohnbezirk. Aus: Fritz Monke, Grundrißentwicklung und Aussehen des Berliner Mietshauses..., Diss. TU Berlin, 1968

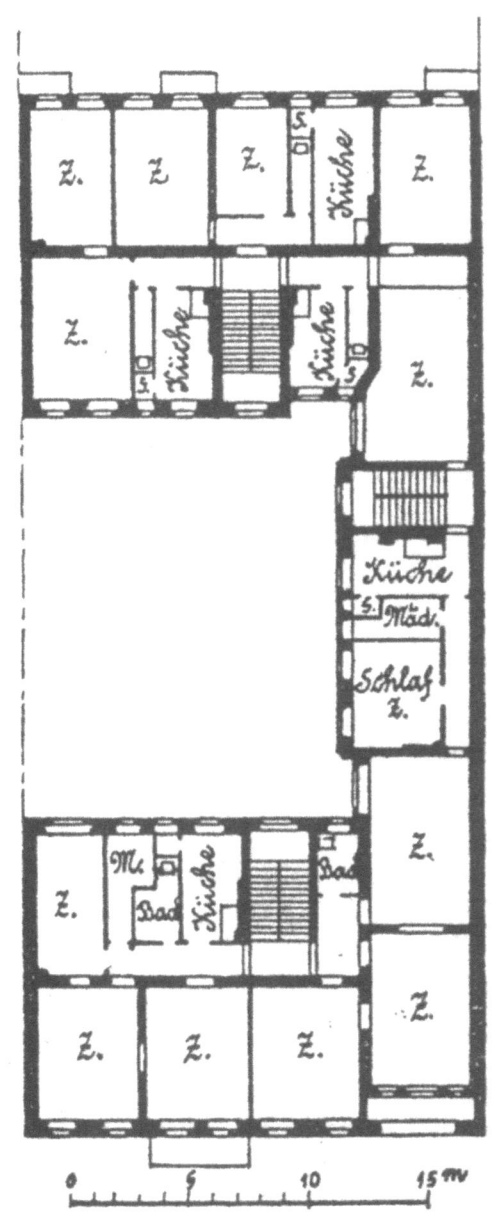

Normalgrundriß
aus einem bürgerlichen Viertel.
Nach: Berlin und seine Bauten
1896

Zur deutschen Bürgervilla 1800–1914:
Grundzüge einer Baugeschichte der Berliner Villa

So wie ich die Baugeschichte tradiert bekommen habe, handelte es sich um die Entwicklung hauptsächlich von Stilformen: Romanik, Gotik, Renaissance, Barock und danach die „Stillosigkeit" der neuen Zeit. In der Klage über die Stillosigkeit lag immerhin die Wahrheit, daß das Instrument Stilgeschichte stumpf war gegenüber der eigenen Epoche. Das übrige war bürgerlicher Selbsthaß: Genau die Epoche der Stillosigkeit war ja diejenige der bürgerlichen Kultur, die Baugeschichte selbst entwurfstechnische Voraussetzung der Stillosigkeit. – Entsprechend ratlos fühlte ich mich lange gegenüber der, wie man heute sagt, historistischen Architektur. Ich konnte mir das Material nicht ordnen, nicht unterteilen, es war mir unübersehbar. Ich entsinne mich noch, mit welcher Genugtuung es mich erfüllt hat, als ich den Villen-Aufsatz schreiben konnte. Nicht nur, weil ich mich dem Problem nun endlich gewachsen fühlte, nein, vor allem, weil das neue methodische Instrumentarium der Sozial- und Wirtschaftsgeschichte, das der Reaktion als Ketzerei galt, sich hier offensichtlich bewährte: Wir waren auf dem richtigen Weg. Ich will dazu bemerken, daß ich dieses Instrumentarium nicht ganz der Studentenbewegung verdanke, es ist mir damals nur viel bewußter geworden, und ich habe unter ihrem Eindruck an seiner Schärfung gearbeitet. In dem Aufsatz finde ich auch wieder Stellen, an denen mein Urteil offensichtlich durch Diskussion mit Tilmann Heinisch geschärft worden ist. Im Ansatz indessen habe ich meine Methoden aus angelsächsischer Literatur gelernt, die ich seit Studentenzeiten schon schätzte. Bürgerliche Denkweise ohne die Kompensationskrämpfe, die sich aus Minderwertigkeitskomplexen speisen, und ohne Verlogenheit, die aus der Verdrängung unserer moralischen Katastrophe folgen mußte.

Die Baugeschichtslehre sollte heute vor allem den Architekturstudenten die eigenen Traditionen aufschließen helfen, die bei uns verschüttet sind wie in keinem europäischen Lande. Daher hätte ich lieber gleich Hamburger Villen vorgeführt; infolge von Hamburgs Handelsbeziehungen zu vielen Ländern ist aber die hiesige Villen- und Wohnbautypologie so reichhaltig, daß es geraten schien, die Entwicklung der Berliner Villen vorher zu besprechen, um an einfacherem Material die Grundbegriffe der Typologie übersichtlicher darstellen zu können.

Für Grundzüge kommt zunächst die Raumaufteilung und die daraus ablesbare Raumnutzung in Betracht, weil diese den Gebrauch bezeugen, den die Erbauer von ihren Häusern machen wollten und der, soweit gesellschaftlich allgemeinverbindlich, den entwerfenden Architekten geläufig war. Die stilistische Erscheinung der Villen ist weitaus vielfältiger und komplizierter als ihre Raumorganisation, von einer gewissen Beliebigkeit, also eher ein Oberflächen- als ein Grundzug.

Als Quellen genügen für Grundzüge die betreffenden Artikel in dem vom Architektenverein herausgegebenen Werk *Berlin und seine Bauten* in den Ausgaben von 1877 (H. Wex und J. Merzenich), 1896 (K. E. O. Fritsch) und 1975 (Julius Posener), von denen diejenigen von 1877 und 1975 besonders vorzüglich sind, weil sie größere Zusammenhänge einbeziehen, während der Artikel von 1896 in seiner Fixierung auf künstlerische Probleme zumindest ein sprechendes Zeitdokument ist. Nur wo ich weitere Literatur verwende, gebe ich das eigens an.

1

Die erste Epoche der Berliner bürgerlichen Villa umfaßt die Ausbildung eines eigenen bürgerlichen Haustypus. Vor den Bürgern hatten Königshaus und Adel schon generationenlang Landresidenzen und vorstädtische Lusthäuser gepflegt. Die standesherrliche Maison de Plaisance des 18. Jahrhunderts war daher ein naheliegendes Vorbild für die ersten Bürgervillen, zumal wenn der Baumeister oder Architekt höfisch und akademisch gebildet war, wie bei meinem ersten Beispiel. Die Ausbildung des eigenen bürgerlichen Haustypus erscheint so als Emanzipation vom ständisch-feudalen Vorbild.

Eine der allerersten Berliner Bürgervillen war das von Friedrich Gilly 1799 für den Königlichen Geheimen Bergrat Mölter entworfene Landhaus Tiergartenstraße 30/31. Gilly zeichnete eine klassische kleine Maison de Plaisance. Neuerdings veröffentlichten Bearbeitungen der Bauakten (Fritz Monke, Rudolf Eschwe, Dorit Lehmann, *Die Tiergartenstraße – ein Stück Berliner Geschichte*, Berlin 1975) läßt sich entnehmen, daß der Bauherr die Räume anders verteilt ausführen ließ. Gilly hatte an der Gartenseite des Hauses eine Suite aus Speise-„Saal" und zwei „Zimmern" anordnen wollen, von denen das über den „Treppen-Fluhr" mit den Kinderzimmern im Obergeschoß verbundene als Wohnzimmer der Frau und tägliches Wohnzimmer, das mit dem angegliederten Bett-„Alcoven" als feines Empfangszimmer des Herrn gedacht war. Das Haus sollte zu Vorgarten und Straße hin nur mit dem hier „Garten Cabinet" beschrifteten Vestibül geöffnet sein. Gilly folgt der im 18. Jahrhundert zur Regel gewordenen Wegwendung des Schlosses vom öffentlichen Zugang, die eine gewisse Abkehr der regierenden Hofkreise vom Alltag des städtischen Erwerbslebens bezeugt. Der Beamtenbürger Mölter ließ die Trennwände anders setzen und verlegte Treppe und Schlafzimmer an die Rückseite des Hauses, die Wohnzimmer an den Vorgarten. So wendet sich sein Haus der Straße, der Öffentlichkeit zu. Dieser Bezug zur Öffentlichkeit ist vielleicht der wichtigste Grundzug der älteren Bürgervilla gewesen.

In *Berlin und seine Bauten* werden Villen erst von einer Generation später an vorgestellt – erst im Aufschwung Berlins unter Friedrich Wilhelm IV. (1840–1858) seien „villenartige Wohngebäude" in merklicher Zahl gebaut worden. Die 1877 als erstes Beispiel abgebildete Villa Hänel (von Eduard Knoblauch 1839/1840) hat „italienische Vorbilder", von denen äußere Form und Raumdisposition entlehnt sein sollen; die Raumdisposition findet sich aber im fürstlichen Sommersitz auch hierzulande: in der Mittelachse Mitteleingang und Saal, beiderseits die Appartements von Herr und Herrin, jedes eine komplette Wohnung. Das Appartement des Herrn dient vor allem der Repräsentation, das der Herrin auch zum familiären Wohnen. Damit entspricht es dem Raumprogramm der Villa Mölter im großen. Das Haus unterscheidet sich in typischer Weise von seinen feudalen Vorbildern darin, daß es erstens dauernd, und nicht nur im Sommer, bewohnt wird. Wex/Merzenich sprechen deswegen von „villenartigen Wohngebäuden"; zweitens fehlt die Landwirtschaft oder größere gartenbauliche Wirtschaft; das Grundstück ist vergleichsweise ganz klein; drittens fehlen die Wirtschaftsgebäude; Küche und Personal werden in der Regel im Keller untergebracht. Das hat Gründe der Grundstücks- und Bauersparung, aber das Verstecken des Personals und der Ökonomie ist auch die Regel schon beim Landschloß des 18. Jahrhunderts, zuerst in England, und resultiert offenbar auch aus bürgerlicher Schizophrenie: theoretisch ist alles, was Menschenantlitz trägt, gleich. Die Ungleichen möchte man zwar zu Diensten, aber wenigstens nicht sehen. Übrigens ist die Mittelzone des Gebäudes mit Treppen, Nebengelassen usw. durchaus nicht italienisch, sondern im englischen Mansion des 18. Jahrhunderts entwickelt worden; viertens liegen auch hier wieder die guten Zimmer zu Vorgarten und Straße hin. Die feudale Symmetrie der Appartements von Herr und Herrin, die großer Unabhängigkeit voneinander in der Lebensführung entsprach, paßt nicht zur bürgerlichen Ehe mit ihrer Vorstellung von persönlicher Abhängigkeit der Frau, ihrer Treue, und der Beschützerrolle des allein den wirtschaftlichen Lebenskampf wahrnehmenden Mannes, dem auch eine sehr viel freiere Lebensführung zugestanden wird. Sehr bald rückt der Eingang der Villa an eine Seite des Hauses, womit die Zimmer der Frau behütet und bewacht hinter die des Herrn zu liegen kommen. Der Herr wohnt nahe der Haustüre; nur er bezieht sich als Geschäftsmann unmittelbar auf die Welt.

Die Villa Viktoriastraße 9 von Friedrich Hitzig 1853/1854, ebenfalls Tiergartenviertel, ist ein besonders gutes Beispiel. Sie ist auf Spekulation gebaut worden, spiegelt also nicht irgendwelche persönliche Vorlieben eines Bauherrn, sondern die Vorstellung des Architekten und seiner Geldgeber von der Lebensführung, die ganz allgemein zahlungskräftige bürgerliche Kreise sich wünschen würden. Die Villa hat den Eingang auf der Seite, was also nun die Regel ist. Ferner hat sie die Geschoßtreppe am Vorflur. Diese Treppe, die zu Familienwohn-, Kinder- und Gastzimmern führt, ist also nun von den Zimmern der Frau fortgerückt. Das war sicherlich ein Nachteil für das familiäre Leben. Die Disposition erklärt sich so, daß man bei Änderungen in Familienstand und beruflichen Glücksumständen das Obergeschoß als selbständige Wohnung für Familienangehörige gebrauchen oder auch vermieten können wollte.

Während der Adel noch im ehelichen Bett staatsrechtliche Funktionen wahrnahm und folglich auch im Bett repräsentierte (weniger extrem ausgeprägt kam das auch bei Bauern vor), hatte der bürgerliche Erbe wenig von Blut und Namen, wenn kein Vermögen dabei war. So ist ein weiterer Schritt weg vom fürstlichen Sommerschloß die Ausgliederung der Schlaf- und Kinderzimmer aus den förmlichen Appartements, was ebenfalls – wie das Verstecken der Dienerschaft und Ökonomie – in England schon im 18. Jahrhundert die Regel war: entweder liegen die Schlafzimmer im Obergeschoß, oder doch durch Flure von den Repräsentationszimmern getrennt, was dann der Fall sein muß, wenn das Haus stockwerkweise unterteilbar sein soll.

Bei der Villa Gerson, Tiergartenstraße 29, ebenfalls von Hitzig 1853/1854, aber Umbau, sind die Schlafzimmer oben. Ein Beispiel für ihre Lage in demselben Geschoß, aber durch einen Flur von den guten Zimmern getrennt, ist die Villa Heese von Martin Gropius, 1858, ebenfalls Tiergartenviertel. Grundriß und Ansicht der Villa Heese stehen in der Vorlage leider verkehrt zueinander, was wegen der Legende nicht zu ändern war. Die Treppe im Schatten – in der Ansicht rechts, im Grundriß links – ist der Hauszugang. Wer vor der Tür wartet, kann sich auf ein steinernes Bänkchen setzen, das in das Podest eingebaut ist. Rechts hinter dem Eingang Wohn- und Speisezimmer, getrennt durch eine Schrankwand, und beide mit Austritt auf eine große Veranda. Am anderen Ende des Flures, der durch zwei Glastüren unterteilt ist, eine zweite Veranda, die zugleich der Familie als Nebeneingang dienen konnte. Diese Veranda und die Schlafzimmer (im Grundriß oben) sind als familiärer, inoffizieller Teil der Wohnung zu verstehen. Trotzdem muß ein Gast, der die Toilette im Keller aufsuchen möchte, über das rückwärtige Ende des Flures die Keller- und Küchentreppe hinabgehen, und ebenso müssen die Kinder, wenn sie in ihre Zimmer im Obergeschoß wollen, über das vordere offizielle Ende des Flures, denn dort ist der Treppenantritt.

Bei diesem Beispiel ist die äußere Symmetrie des Hauses im ganzen aufgegeben, die ein Hauptzug aller Architektur der absolutistischen Epoche gewesen war. Mit den weit überhängenden Sparren des Pfettendaches verliert der griechische Stil dieses Hauses die Ähnlichkeit mit der kanonisch antikisierenden Architektur fürstlicher Bauten. Wenn sich auch die Möglichkeit der Asymmetrie mit dem englischen Landschaftsgarten auf dem Kontinent zuerst bei den Höfen eingeführt hat, ist sie doch genuin bürgerlich, und ich kann sie daher in diesen Zusammenhang stellen.

Extrem asymmetrisch ist die Villa Ende, vom Architekten seit 1864 für sich selbst gebaut. Sie stand an der Charlottenburger Seite des Tiergartens und war im „Cottagestil" gehalten, ein Blendziegelbau mit Glasurziegelstreifen, mit Turm und Gaupen, mit gotisierenden Freigebinden vor den Giebeln. In der Ansicht rechts der Zaun zur Straße. In der Disposition entspricht sie vollkommen der aufgezeigten Entwicklung. Darüber hinaus liegt eine Toilette beim Vorflur, aber immer noch über dasselbe Podest zu erreichen, über das man von der Küchentreppe zur Anrichte gelangt.

Mit diesen Beispielen mag die ältere Bürgervilla genügend beschrieben sein: Um 1860 etwa ist sie schon vollkommen entwickelt und als Typ in ihrer Raumdisposition ziemlich festgelegt. Die Salons liegen nach vorn zur Straße, das Speisezimmer nach hinten, der Eingang an der Seite, die familiären Wohn-, Schlaf- und Kinderzimmer aus der Suite ausgegliedert hinten oder oben, Wirtschaftsgebäude (Remise, Stall) hinten, wo auch die Teppiche geklopft werden. Wex/Merzenich sprechen geradezu von der „Hoffront" der Villa Gerson, als ob es sich um ein Stadthaus mit Hinterhof handeln würde. Tatsächlich folgt in allen diesen Punkten die liberalistische Villa – so möchte ich diesen Typ nennen – dem Stadthause, das sich eben damals zu dem berühmten Berliner Mietshaus entwickelte. Deswegen wird hier ein kleiner Exkurs über das Berliner Mietshaus nötig. Denn es gibt bisher noch keine klaren Begriffe vom bürgerlichen Wohnbau des vorigen Jahrhunderts, die ich hier voraussetzen könnte.

Exkurs über das Berliner Mietshaus

Die zahlenmäßig weit überwiegende Form des damaligen Berliner Wohnbaus war das später berüchtigte Berliner Mietshaus, das aber in seiner architektonischen Erscheinung keineswegs die schöne Eindeutigkeit seines – späteren – Namens und seiner – späteren – ökonomischen Einrichtung zeigte. Vielmehr war und blieb es auch später, bis 1918, normalerweise als Bau ein Bürgerhaus, wie der patriarchalische preußische Absolutismus es aus dem mittelalterlichen Bürgerhaus entwickelt hatte, vermehrt gleichermaßen um zahlreiche Einliegerwohnungen (die die absolutistische Verwaltung u. a. im Sinne der Manufakturförderung ebenfalls schon im 18. Jahrhundert als Regel erzwungen hatte). Das Bürgerhaus hatte an der Straße meist im Erdgeschoß Läden. Darüber residierte der Klein-Patriarch, der Hauseigentümer, in der Beletage, deren Repräsentationszimmer nach vorne hinaus auf die Straße sahen (mit Ausnahme des Speisezimmers, des „Berliner Zimmers", das auf den Hof ging), und dessen wirklich bewohnte Zimmer, Schlafzimmer, Kinderzimmer, Küche, Nähzimmer, am Hofe lagen. Dort waren natürlich auch die Dienstbotenkammern. Die bürgerlichen „Einlieger", die Mieter, hatten entsprechende Wohnungen in den schon gegen Ende des 18. Jahrhunderts zur Regel werdenden weiteren zwei Obergeschossen an der Straße, die proletarischen Mieter ebenso am Hof, wo sie ganz traditionell (fast bis heute) als Untergebene betrachtet wurden, die der hausväterlichen Zucht des Hausbesitzers unterlagen. Hinten im Hofe gab es schließlich Werkstätten, später im Zweiten Kaiserreich, Stockwerksfabriken zur Vermietung an mehrere Firmen. Die Arbeitermietskaserne des Zweiten Kaiserreiches hatte lediglich ein tieferes Grundstück, oft mit mehreren bewohnten Querflügeln und daher mehreren Hinterhöfen, und manchmal ganz ohne Werkstätten. Das ganze war, wie auch das gutbürgerliche Mietshaus, dann fünfgeschossig.

Dieser patriarchalische Haustyp hatte sich mit seiner architektonisch anspruchsvollen Putzfassade und mit seiner Reihe von Paradezimmern an der Straße einst dem Auge des Landesvaters gestellt wie ein angetretenes Regiment Soldaten in Paradeuniform. Die Historiker-Erkenntnis, daß der Absolutismus eine notwendige Vorstufe des bürgerlichen Zeitalters, sprich: des liberalen Kapitalismus, gewesen ist, wiederholt sich baugeschichtlich darin, daß sich im 19. Jahrhundert dieser Bautyp hielt. Seine Fassaden und seine Paradezimmer – nun Salons genannt – waren völlig dazu gemacht, sich nun nicht mehr an die Augen der absolutistischen Obrigkeit, sondern an die nicht weniger genauen der bürgerlichen Öffentlichkeit zu wenden und eine Reputation darzustellen, deren Zweck ganz präzise mit dem Wort Kredit zu benennen ist. (Mein Hauswirt, sich über mangelnde Gardinen bei uns beschwerend: In der Wohnung über Ihnen, da sieht das Geld zum Fenster heraus.) Etwa dieser Haustyp scheint sich überall herausgebildet zu haben, wo die spätabsolutistische Periode voll durchlaufen oder durchlitten werden mußte, findet sich z. B. ähnlich in Paris.

Der liberale oder Konkurrenz-Kapitalist mußte seine Kreditwürdigkeit deswegen repräsentieren, weil die wirtschaftlichen Verhältnisse unübersichtlich waren, und er tat es durch seine Wohnweise, auch durch Kleidung, Equipage, Gesellschaften usw. Wie sehr das Lebensluft der Epoche gewesen ist, zeigt die Analogie von liberalistischer Villa und Stadt- bzw. Miethaus. Was dort soundsoviel Fenster Front mit teuren Gardinen und Stores bedeuteten, konnte bei der Villa allerdings individueller durch Veranden, Teehäuschen, kostbare Hecken und Blumen dargestellt werden. Die Salons gehörten also noch zum öffentlichen Bereich.

Die private Hälfte der Wohnung andererseits lag im Stadthause hinter dem Speisezimmer, dem Berliner Zimmer, ein Übelstand der Erschließung, der bei der Villa wegfallen konnte. Daß überhaupt das Speisezimmer als Repräsentationsraum nach hinten hinaus liegen konnte, wo doch der Blick auf den weniger gepflegten Hof ging, erklärt sich daraus, daß Gäste im Speisezimmer weniger aus dem Fenster sehen, als sich auf den Tisch und was darauf ist konzentrieren werden.

Die liberalistische Villa war also um 1860, als das liberale Bürgertum im Verfassungskonflikt seine letzte Machtprobe mit dem preußischen Junkerstaat riskierte, fertig entwickelt. Seit der bürgerlichen Niederlage oder seit Bismarcks Siegen stagniert sie dann bis gegen 1890: Bismarck hatte den Liberalen das Kreuz gebrochen.

Quantitativ betrachtet, hatte die liberalistische Villa dagegen gerade in den Jahren 1870–1890 ihre Hauptblüte, wurde in gewaltiger Menge und vielen sehr opulenten Exemplaren gebaut. Die Historiker sprechen vom schimpflichen Pakt der Bürgerlichen mit dem Bismarckschen Junkerstaat. Für den Verzicht auf Mitsprache im Staat stützte dieser die Bürgerlichen gegen die Arbeiterschaft, d. h. sorgte für gesicherte Ausbeutung der Unterklasse und also für bürgerliche Prosperität. Das klassische Modell des satten und obrigkeitshörigen Deutschen... Die Widerwärtigkeit dieser Zustände zeigt sich an der Villa, abgesehen von der Stagnation der Bautypenentwicklung, an ihrer zunehmend geschmacklosen leeren Protzigkeit, die allerdings in dieser Darstellung nicht demonstriert werden kann. Selbstverständlich gibt es Ausnahmen, wie z. B. die Villen von Hans Grisebach.

2

Gegen 1890 fängt die Villa wieder an, sich rapide zu entwickeln. Sie erhält eine zweigeschossige Halle oder, bei kleinbürgerlichen Verhältnissen, eine Diele, die mit dem Treppenhaus zusammenkomponiert ist, und die über ihre Funktion als Verkehrsknotenpunkt des Hauses hinaus mehr oder weniger auch bewohnt wird. Damit wurde die Berliner Bürgervilla – nun meist Landhaus genannt – endlich, wie verspätet auch immer, ganz und gar unhöfisch, unabsolutistisch, ob nun die altfeudale Abstammung des Vorbildes, des englischen Landhauses, vergessen war, oder ob sie gerade bewußt im Sinne ständischer Unabhängigkeit hervorgekehrt wurde. Noch wichtiger scheint mir die Wandlung des bürgerlichen Lebensstils selbst, die in der Bauform Halle sich sehr deutlich ausspricht. Gerade in den opulentesten Beispielen mit großen zweigeschossigen Hallen erschließt die obere Galerie die Schlafzimmer. Man kann von unten, etwa als Besuch, die Schlafzimmer- und Kinderzimmertüren sehen. Dies erfordert vom Gaste Diskretion: Er muß selbst wissen, wie genau er zur Kenntnis nehmen darf, was oben auf der Galerie sich bewegt. Die im Hause aufwachsenden Kinder müssen ebenso wissen, welche Art von Kommunikation mit einem Besuch unten in der Halle schicklich ist, je nach Tageszeit und Grad von Bekanntschaft oder Freundschaft. Und eine Abendgesellschaft in der Halle muß ein Gefühl dafür haben, wie laut sie sein darf usw. In der liberalistischen Villa wurde eine rigorose Trennung zwischen den Besucherzimmern und der übrigen Wohnung aufrechterhalten; z. B. durften die noch nicht gesellschaftsfähigen Kinder die „guten Zimmer" nie ohne Begleitung Erwachsener betreten, der Frau war hier keinerlei Hausarbeit gestattet (außer vielleicht Sticken). Dort ging also eine Trennung zwischen Privatheit und Öffentlichkeit mitten durch die

Wohnung. Der patriarchalische Liberale alter Schule lebte gewissermaßen schizophren: Nach außen und bis in die Salons war man liberal, verkehrte grundsätzlich von gleich zu gleich – in der Familie galt strengste Hierarchie. Das Landhaus mit Halle, vom Anfang unseres Jahrhunderts, wird dagegen durch den Drang nach einer freieren und einheitlicheren, weniger widersprüchlichen Lebensführung geprägt; offenbar endet auch die strikte patriarchalische Kontrolle von Frau und Kindern; was bisher äußerer Zwang war, wird nun verinnerlichte Zivilisation, Zivilität. Die Grenze zwischen privat und öffentlich liegt nun nicht mehr zwischen den täglichen und den guten Zimmern, sondern an der Schwelle jedes Zimmers jedes einzelnen Familienmitgliedes: Die Familie ist nun auch in ihrer Binnenstruktur liberaler geworden. Im englischen Hause hatte dies dazu geführt, daß jedes Zimmer nur eine Tür hat, es also keine Suiten von Empfangszimmern gibt. Bis zu dieser Vollendung ist das hiesige Landhaus nicht gelangt, ganz vollendet hat sich Zivilität hier nicht. Trotzdem – so kultiviertes bürgerliches Wohnen hat es in Deutschland danach nicht wieder gegeben.

Gerade bei den ersten, noch stark historistischen Hallen, wie sie in der 1896er Ausgabe von *Berlin und seine Bauten* dokumentiert sind, findet man oft Tudor-gotische Formen etwa der Decke – in meinem Beispiel aus Eichenholz –, die die englischen Vorbilder verraten. Auch die USA werden in einem Fall als Vorbild genannt. Selbst wenn man berücksichtigt, daß die Dokumentation von Architekten zusammengestellt wurde, bleibt doch erstaunlich, wie sehr sich die neue Wohnform mit einem Mal durchsetzte. Leider habe ich versäumt, eines der kleinbürgerlichen Beispiele abzubilden, in denen die zweigeschossige Halle durch eine eingeschossige Diele vertreten wird, die sich vom bloßen Flur durch eine Sitzbank oder Sitzecke unterscheidet.

Ich kann hier wieder nur anmerken, daß mit dem neuen Lebensstil auch eine Wendung zum guten Geschmack eintrat: Jugendstil, Neuklassizismus und schließlich neue Sachlichkeit lösen in dieser Epoche den Kunststile-Historismus ab. Das schönste dieser Häuser, das ich noch gesehen habe (bevor es kürzlich zu Eigentums-Kleinwohnungen umgebaut wurde), war Haus Neuhaus in Dahlem von Muthesius, 1906.

Kam man vom Eingang in die Halle, so hatte man eine Geschoßdecke über sich, und linker Hand verlief die Halle ins Dämmerige (dort schlossen Nebenräume, Anrichte und Küche, an). Man wendete sich ganz von selbst nach rechts in den hellen zweistöckigen Teil, wo ein Kamin mit Bänken beiderseits einen Ruhepunkt bildete, ein wenig beschützt durch einen Balkon des Treppenpodestes. Mit welcher Delikatesse war die Tür zum Herrenzimmer vom ersten Lauf der Treppe etwas verstellt, vom lauten Leben abgerückt! Bei der Tür des Herrenzimmers zum Damenzimmer hatte die tiefe Schranknische, die die Tür umfaßte, dieselbe Funktion der Distanzierung. Und die Einteilung des Herrenzimmers für konzentrierte Arbeit, Entspannung, vertrauliches Gespräch – diese Leute wußten mit ihrem Luxus was anzufangen. Allerdings eröffnet die Raumeinteilung der Frau weniger Individualität. Das Haus wurde offenbar von mehreren Paaren von Familienangehörigen (vielleicht Großeltern, vielleicht verheiratete Kinder) mitbewohnt – der Erker von einem dieser Schlafzimmer zur Halle brachte die unmittelbare Beziehung des betreffenden Paares zum ganzen des Hauses und zu dessen Freundes- und Bekanntenkreis in erstaunlicher Weise zu architektonischem Ausdruck. Posener hat diese Halle Muthesius' bedeutendsten Raum genannt.

In diesen Häusern war auch Personal mit Sorgfalt und Anstand untergebracht: Es arbeitete in einem gesonderten Küchenflügel zu ebener Erde, und schlief unter dem Dach. In der liberalistischen Villa hatten die Dienstboten gewöhnlich in ungesunden Kellern arbeiten und schlafen müssen, ein abscheulicher Zustand, der sich am Bauherrn dadurch rächte, daß die Kellergeschosse (wegen des Lichtes) so hoch aus dem Boden ragten, daß eine selbstverständliche Verbindung von Haus und Garten nur selten gelang, meistens aber Haus und Garten beide unglücklich wirkten und das Wohnen im Garten, der Sinn der Villa, beeinträchtigt war. Erst zu Anfang unseres Jahrhunderts steht das Landhaus in seinen besten Beispielen endlich zu ebener Erde. Die Küche im Erdgeschoß hatte sich zuerst, schon seit 1890, in den kleineren Landhäusern eingebürgert: Die Hausfrau mußte selbst mitarbeiten. Darin zeichnete sich Mangel an Personal ab, das bis dahin, also bis 1890, offenbar in beliebiger Menge verschlissen werden konnte. In den Souterrains sind zahllose Hauswartsleute an Tuberkulose eingegangen. Man wird nicht fehlgehen, wenn man den Personalmangel mit der ökonomischen Periode der intensiven Ausbeutung der Arbeitskraft in Zusammenhang setzt, mit der Monopolisierung der Industrie und mit der Selbstorganisation der Arbeiterklasse. Andererseits bleibt es, von oben her gesehen, ein kultureller Fortschritt des Bürgers, wenn er seinem Personal menschenwürdige Arbeits- und Schlafräume zuweist. Es gäbe noch eine Menge Querverweise anzufügen, auf Kleidermode, Lebensreform-Bewegung usw., denen ich nicht nachgehen will. Ich möchte nur festhalten, daß diese kultivierte Lebensweise der Großbürger von 1900 erst seit den letzten zehn Jahren von breiteren

Schichten der Intelligenz übernommen wird – da tut sich ein Loch auf von zwei Generationen. Mit alledem schien sich Deutschland damals und scheint es sich heute wieder westlicher Zivilisation zu nähern.

Gegen 1905, als das Landhaus in solchen Arbeiten von Muthesius seinen Höhepunkt hat, wird diese Wohnform auch vorbildlich für die Stadt. Die feinsten Mietshäuser im Berliner Westen haben nun im Erdgeschoß eine holzgetäfelte Vorhalle (statt der früher bei den besten Beispielen, etwa Kreuzberger Fabrikantenhäusern, mit Pilasterarchitektur instrumentierten Durchfahrt), Aufzug, und der Wohnungsflur der einzelnen Geschoßwohnungen erweitert sich vor den Salons zu einer Diele.

Wenn also nun das Landhaus das Modell der bürgerlichen Wohnung geworden war, lohnt es sich wohl, noch genauer darüber nachzudenken. Die liberalistische Villa war, wie gesagt, analog dem Stadthaus organisiert gewesen. Die Villenvororte von damals waren verbesserte Städte, wollten bessere Städte sein. Von Stadtfeindlichkeit, Zivilisationsfeindlichkeit nichts. Und ihre ästhetische Wirkung mit ihren Vorgärten hinter schönen Eisengittern war und ist, wo noch zu sehen, vor-städtisch. Die Villen definieren sich als Straßenrandbebauung.

Beim Landhaus eröffnet sich die Möglichkeit der Stadt- und Zivilisationsfeindlichkeit, was ja soviel heißt wie Anti-Bürgerlichkeit. Schon das Wort Landhaus signalisiert Stadtflucht. So schön die nun gewonnene Einheit des großbürgerlichen Landhauslebens war – sie konnte neofeudal werden. Die Trennung von öffentlich und privat konnte verloren werden, wenn sie nicht verinnerlicht war. Die anständige Behandlung des Personals konnte in feudale Gefolgschafts-Vorstellungen umschlagen. Interessant ist in diesem Zusammenhang das ästhetische Verhältnis von Haus und Parzelle. Muthesius' Häuser an der Rehwiese oder sein Haus Cramer liegen an öffentlichen Parks, benutzen die Aussicht darüberhin, greifen optisch-räumlich in diese Parks aus, beanspruchen, was – liberalistisch ausgedrückt – die Bauherren nicht bezahlt hatten. Da eröffnet sich wieder die Gefahr neufeudaler Ansprüche. Oder aber dasselbe Verhältnis andersherum: Das Haus Neuhaus steht auf einem relativ kleinen Grundstück. Muthesius hat den Garten mit einer Terrasse und Balustrade architektonisiert. Heute, wo diese Gartenanlage dem Umbau des Hauses zum Opfer gefallen ist, erkennt man plötzlich, daß das Haus zu groß für sein Grundstück ist. Es wirkt nun fast so häßlich und klotzig wie die Häuser der meisten Villengegenden bis heute. Das Häßliche liegt in der irrealen Prätention des Hauses, in einsamer Weite zu stehen. Hierher gehört das Faktum, daß das zivilere westeuropäische Reihenhaus in Berlin so wenig Anklang gefunden hat.

Beim Landhaus lockert sich auch die Beziehung zur Öffentlichkeit. Muthesius' eigenes Haus steht zwischen Potsdamer Chaussee und Rehwiese, wendet sich aber der stillen Landschaft zu. Beim Haus Neuhaus liegt zwischen Garten und Straße ein Streifchen Kiefernwald, und der Garten liegt neben, nicht mehr vor dem Hause. Freilich bedeutete die Potsdamer Chaussee nicht mehr die Öffentlichkeit von einst, als der Staatskanzler Fürst Hardenberg oder der Prinz Karl von Preußen, die ihr Sommerhaus auch an dieser Chaussee hatten, sich Gartenhaus und Belvedere an die Straße setzen ließen – ein Teil des Verkehrs ging längst mit der Eisenbahn auf anderer Trasse, und zu Anfang unseres Jahrhunderts benutzte das interessante Publikum auf der Chaussee schon schnellfahrende Automobile, deren Insassen man nicht mehr erkennen und grüßen konnte.

Ich will hier den eben entwickelten Höhepunkt deutscher bürgerlicher Kultur, deutscher Zivilisation nicht wegargumentieren, sondern nur andeuten, wie die äußeren Bedingungen und Formen des Landhausbaues weniger zivilisierte Alternativen zumindest einbegreifen konnten. Ökonomisch und politisch ist schnell gesagt, was dazu gehört. Die wirtschaftliche Grundlage des Liberalismus ist bekanntlich die Unabhängigkeit vieler Selbständiger. Aus der Wirtschaftsgeschichte ist wohl bekannt, daß es damit mittlerweile, seit 1890/1900 spätestens, vorbei war: Die Monopole, die Konzerne, die Großbanken bestimmten schon die Situation, und damit war die Basis der bürgerlichen Freiheiten erschüttert. Wenn nun Bürgerlichkeit, Zivilisation, Stadtfreiheit sich erhalten sollten, so mußten sie als Lebensform völlig angeeignet, als politische Verkehrsform selbstverständlicher Besitz der Mehrheit aller Schichten geworden sein. Bis hierher hat die Überlegung internationales Interesse: Das Problem stellt sich in allen Industrieländern. Was folgt, ist deutsche Spezialgeschichte.

Nachdem der große Bismarck den deutschen Liberalismus gebrochen hatte, konnte dieser sich nicht erneuern, denn seine ökonomische Epoche war vergangen. Die Schicht, die nun wieder zu bürgerlichem Selbstbewußtsein gekommen war, war neu. Die Gepflegtheit der Villa mit Halle ist sicherlich als Phänomen einer zweiten Generation zu interpretieren, einer zweiten Generation von jener ersten Generation von Neureichen, von Parvenus aus der Gründerzeit, die nun am neuen Selbstgefühl des Monopolismus teilnahm, so wie sie an seiner Rendite teilnahm: die monopolistische Organisation der deutschen Wirtschaft hat bekanntlich Deutschland im ersten Jahrzehnt unseres Jahrhunderts neben

England und die USA an die Spitze der Weltwirtschaft gebracht. Aus dieser Leistung folgerten die neuen Großbürger, die Konzernherren und Großfinanziers natürlicherweise Ansprüche: erstens auf Herrschaft im Staat – wenn sie die deutsche Wirtschaft so erfolgreich führten, wollten sie vernünftigerweise auch die deutsche Innen- und Außenpolitik bestimmen –; zweitens auf Einfluß in der Welt – so weit ihr Export und Import reichte, wollten sie sich auf das Ansehen nicht nur einer wirtschaftlichen, sondern auch einer militärischen Großmacht stützen können – auch das eine Selbstverständlichkeit. Ich kann nicht finden, daß solche Ansprüche prinzipiell falsch gewesen wären. Aber es stellte sich, wenn diese Schicht die Staatsgewalt ergreifen und in der Welt ihr Wort mitreden wollte, eine speziell deutsche Alternative. Sollten diese Großbürger sich geduldig auf die schwache liberale Tradition, Zivilität, Stadtfreiheit stützen, oder sollten sie sich nicht ganz einfach mit dem wohlkonservierten feudalen Militärapparat Junker-Preußens verbünden, mit dem Land? Diese Alternative scheint sich u. a. in der Widersprüchlichkeit des Typus Landhaus anzudeuten. Gesellschaften und Gesellschaftschichten werden bekanntlich von der Geschichte vor Entscheidungen gestellt, ohne Rücksicht darauf, wie gut sie sich vorbereiten konnten.

3

Man weiß ja, welches die Wahl war. Sie bestimmte das Schicksal des Landes und auch der Bürgerklasse, und sie ist ohne äußere Not aus inneren Gründen getroffen worden. Man sieht das an einer abermaligen Wandlung des großbürgerlichen Lebensstils, die wiederum am Landhause zum Vorschein kommt. Um 1910 nämlich endet der gelassen-unentschiedene, vielfältige Schnitt des Landhaustyps mit Halle. Es erfolgte der entschiedenste Umschwung in der Geschichte der deutschen Bürgervilla. Von nun an dreht die Villa der Straße den Rücken, stellt sich als Sperre vor den Garten, bildet wieder einen Mitteleingang aus.

Die Wohnzimmer liegen seitdem nach dem rückwärtigen Garten, Wirtschaftseinrichtungen (Garage, Mülltonnen) werden nach vorne zu untergebracht. Alles das bis heute. Baugeschichte: alles analog der spätabsolutistischen Maison de Plaisance des 18. Jahrhunderts. Das Landhaus bildet wieder Suiten von Empfangszimmern aus; Posener nennt diese Grundrißentwicklung reaktionär und muß mit Bedauern feststellen, daß selbst Muthesius sich ihr nicht hat entziehen können. Protagonist war allerdings Behrens, überaus deutlich mit dem Hause des Oberbürgermeisters von Hagen Cuno in Eppenhausen bei Hagen 1909, das trotz Ecklage kein Wohnzimmerfenster zu den Straßen hin hat und fast wie eine Festung detailliert ist. Es hat Mitteleingang, ist im Ganzen symmetrisch, und seine Wohnzimmer liegen en suite. Die Halle ist zum Treppenflur geschrumpft, das Damenzimmer „gefangen" (vgl. Fritz Hoeber, *Peter Behrens*, München 1913).

Differenzierter ist Behrens' berühmtes Haus für den Archäologen und Siemens-Schwiegersohn Wiegand in Dahlem von 1911, wie ein griechischer Tempel massiv aus Kalksteinquadern gebaut. Ein feierliches Peristyl ist dem Eingang vorgelegt. Es hat u. a. die ästhetische Funktion, die Leichtigkeit der reizenden Täfelung des Vorraumes, einer Spolie, türkisches Rokoko aus einem osmanischen Palais, in Raumform und Detail durch Schwere und Gedrungenheit auszubalancieren: Leicht sollte an diesem Hause nichts ein. Daß aber diese Wände, gemacht, um darin auf dem Boden zu sitzen, hier die stehend zu absolvierenden honneurs rahmen müssen, ist schon etwas schaftstiefelig. Architektonische Ungeschicklichkeiten wie die unentschiedene und unglückliche Lage der Treppe, die beengte Organisation der Nebenräume, die Einsehbarkeit der Anrichtentür gegenüber dem Zugang zum Speisezimmer sollen nicht überinterpretiert werden (Behrens war studierter Maler und Graphiker); allerdings erscheinen Unaufmerksamkeiten gegenüber Alltäglichkeiten so unmittelbar neben Muthesius' Fingerspitzengefühl doch grob. Volle und bewußte Absicht von Bauherr und Architekt aber ist das gedrungene, zum Quadrat tendierende Format der Zimmer, das zusammen mit ernsthaft-schwer detaillierten Täfelungen, Türen, Beschlägen den Räumen eine formelle Steifheit verleiht, die ungezwungenes Bewohnen nicht zulassen will. Nach dem Garten aber stellt sich das Wohnhaus, abgesehen vom Wirtschaftsflügel und Pergolen, in feierlicher Symmetrie dar, und der Mittelteil seiner Front ist mit Kolossal-Pilastern besetzt. Dabei ist die Gartenfront von außen nicht zu sehen. Das Haus steht zwar auf einem Eckgrundstück, zur seitlichen Straße hat Behrens aber einen Wirtschaftshof eingeschaltet, und dann noch eine Pergola, die abweichend von der Perspektive sogar außen in ganzer Höhe vermauert ausgeführt ist. Obwohl uneinsehbar, war der Garten doch durch die Kolossalordnung und die Symmetrie der Hausfront noch ernster, schwerer und formeller als Eingang und Salons. Das großbürgerliche Haus will nun von Öffentlichkeit nichts mehr wissen; hinter seiner schweren Haustür aber werden doch Entscheidungen über die Gesellschaft gefällt. Wiegand habe das

Haus gebaut, so wird erzählt, um den Kaiser zu Gaste zu laden. Er war der große archäologische Organisator, der auf den Fersen des deutschen Imperialismus im Südosten (Bagdadbahn) „Vorderasien für Deutschland abgeräumt" hatte – so drückte es ein Archäologe gesprächsweise aus. Merkwürdig, wie gut die Haupterwerbungen, Monumente hellenistischen Imperialismus – der Altar von Pergamon, das Markttor von Milet – in die deutsche Szene paßten. Wiegand ist es wohl auch gewesen, der zäh durchgesetzt hat, daß das von Messel entworfene Pergamon-Museum in den zwanziger Jahren solange weitergebaut worden ist, bis es bezogen werden konnte – vollendet ist es bis heute nicht. Das Museum, jetzt Hauptmonument des Imperialismus des deutschen Kaiserreiches, nur fünf Jahre früher im Entwurf als die Villa Wiegand, hat noch nichts von dem Zwang, den sich eine Gesellschaft selbst antut, die sich eben entschlossen hat, auf Gewalt zu setzen. Bemerkenswert, wie das auf dem nach Bildung des Bauherrn und Fähigkeit des Architekten höchsten Niveau in der Villa Wiegand Architektur geworden ist.

Bemerkenswert auch, daß der kleinbürgerliche Mittelstand die Normen des erfolgreichen Großbürgertums verinnerlicht hat, obwohl die monopolistische Entwicklung den Mittelstand auf die Dauer ja doch enteignen und politisch entmündigen mußte. Anstatt aber ihre Bürgerrechte zu verteidigen – was nur über eine liberale Öffentlichkeit hätte begonnen werden können –, wurden die deutschen Kleinbürger Gefolgsleute und Funktionäre der Monopolisten in deren Auseinandersetzungen mit der Arbeiterklasse. Auch die kleine Villa dreht fortan der Straße den Rücken.

Quelle: Zur deutschen Bürgervilla 1800–1914: Grundzüge einer Baugeschichte der Berliner Villa (Vorlesung), in: Schriften des Fachbereichs Architektur der Hochschule für bildende Künste Hamburg 1, Selbstdarstellung Wintersemester 1976/1977: Zur institutionellen Entwicklung. Arbeitsbeispiele von Lehrern und Studenten

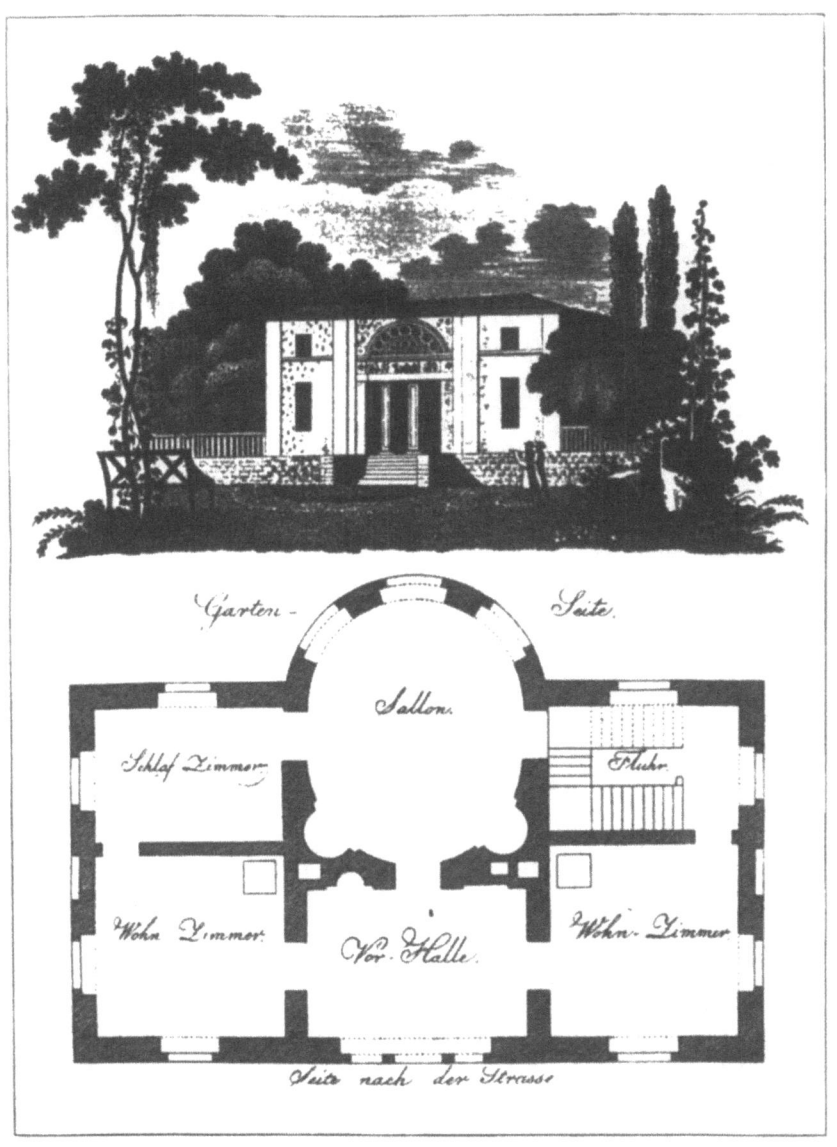

Villa Moelter, wie ausgeführt. Aus: Hermann Schmitz, Berliner Baumeister vom Ausgang des 18. Jahrhunderts, Berlin 1914

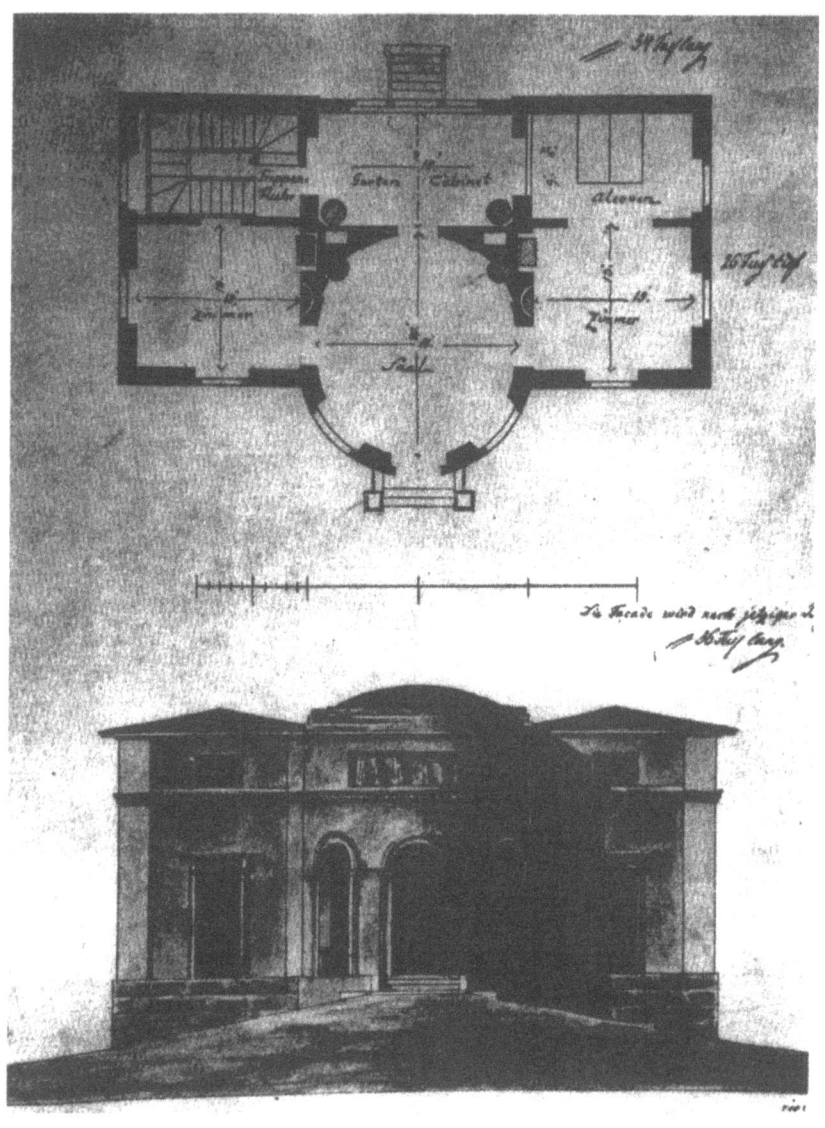

Villa Moelter, Entwurf von Friedrich Gilly. Aus: Alfred Rietdorf, Gilly, Berlin 1943

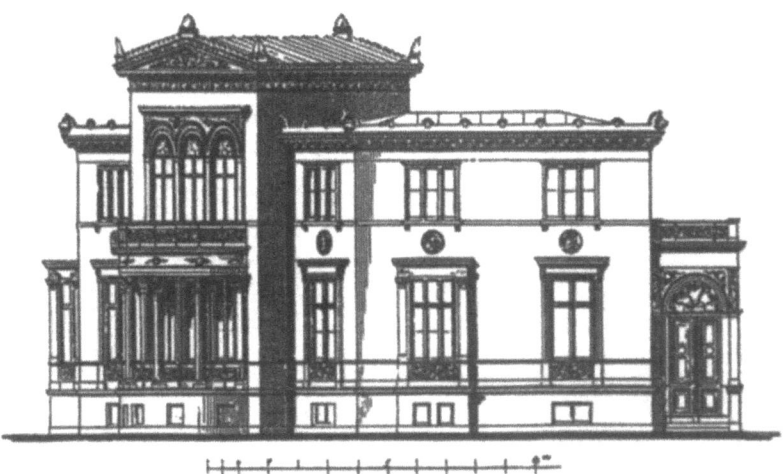

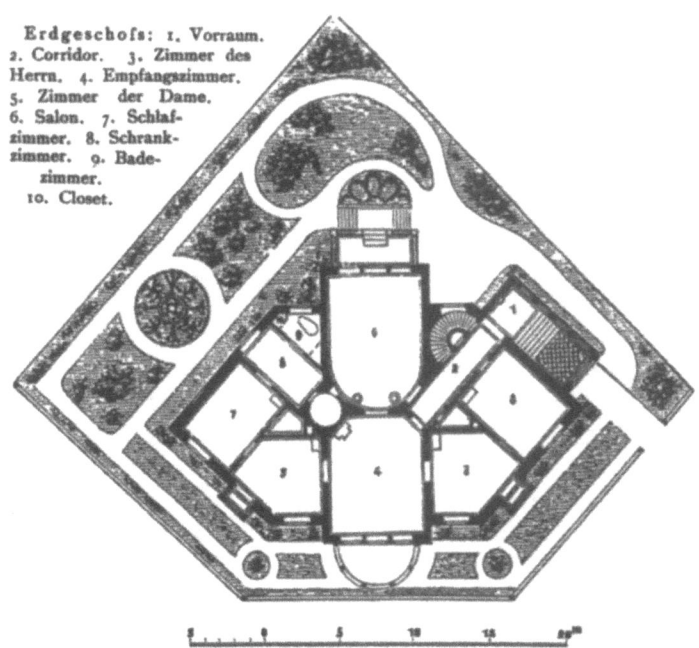

Erdgeschofs: 1. Vorraum. 2. Corridor. 3. Zimmer des Herrn. 4. Empfangszimmer. 5. Zimmer der Dame. 6. Salon. 7. Schlafzimmer. 8. Schrankzimmer. 9. Badezimmer. 10. Closet.

Auf Spekulation gebaute Villa, Entwurf: Friedrich Hitzig. Aus: Berlin und seine Bauten 1877

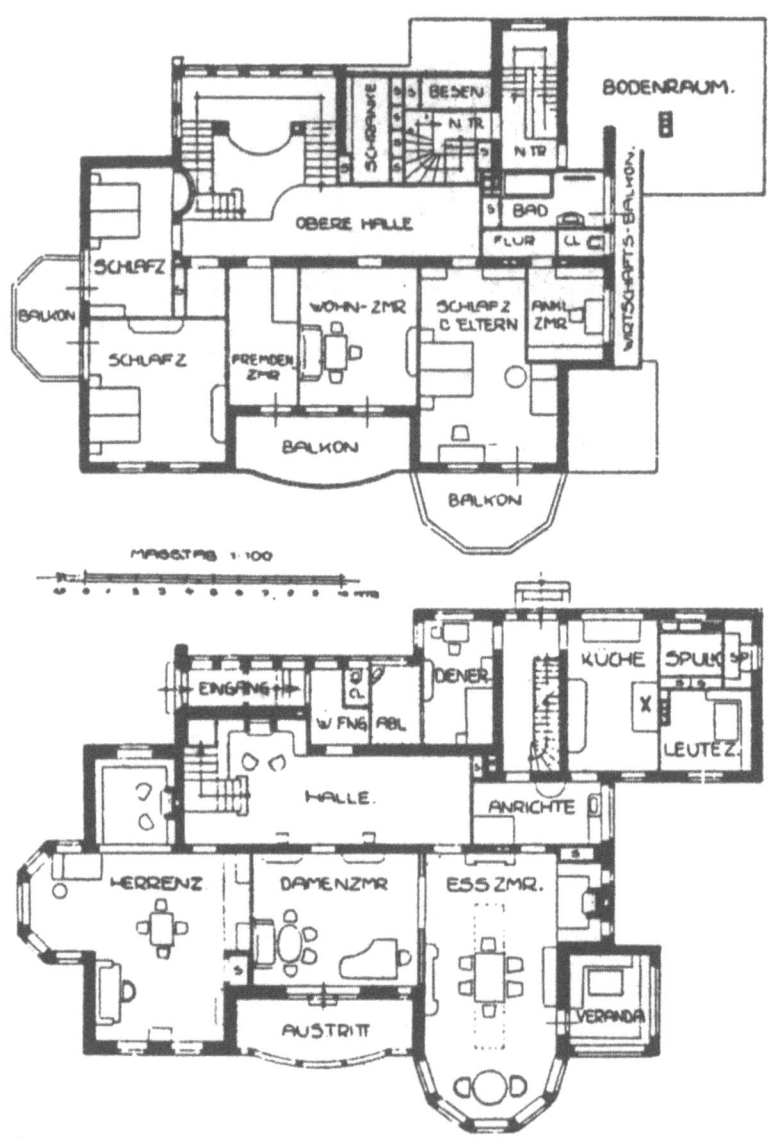

Landhaus Dr. Neuhaus, Entwurf: Hermann Muthesius. Aus: H. Muthesius, Landhäuser, Zweite Auflage, München 1922 (Erste Auflage 1912)

Landhaus Dr. Neuhaus, Straßenansicht. Aus: H. Muthesius, Landhäuser

Landhaus Dr. Neuhaus, Halle. Aus: H. Muthesius, Landhäuser

Wohnhaus Dr. Cuno in Hagen, Westfalen, Entwurf: Peter Behrens. Straßenfront. Aus: Fritz Höber, Peter Behrens, München 1913

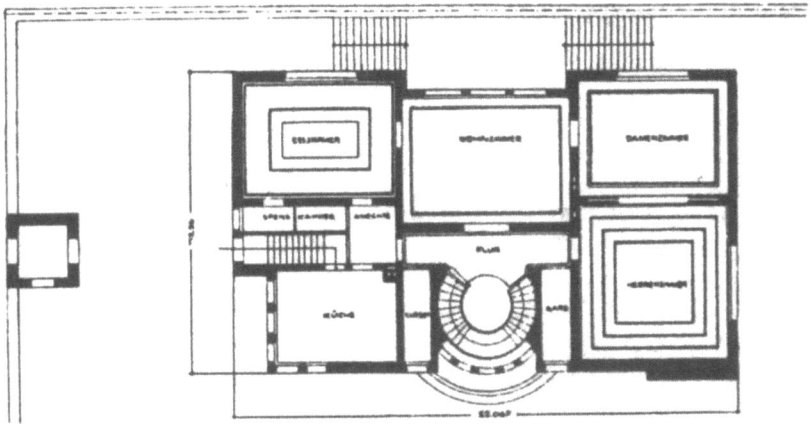

Wohnhaus Dr. Cuno, Erdgeschoß. Aus: Fritz Höber, Peter Behrens, München 1913

Die ersten kommunalen Parkanlagen Berlins.
Ein Beitrag zur Geschichte des Stadtgrüns

Als ich diesen Artikel jetzt wieder las, kam es mir vor, als hätte ich das Pferd beim Schwanz aufgezäumt. Wäre es nicht viel einfacher gewesen, mit der Separation anzufangen, der Einführung des Privateigentums an Grund und Boden? Nun, der Text ist zur Zeit des roll back nach der Studentenbewegung geschrieben, und ich hatte größte Sorge, ihn gedruckt zu kriegen. Ich hatte erlebt, wie rechte Professoren schon bei dem Wort Bauernlegen, das einen Vorgang bezeichnet, der vor ungefähr 500 Jahren aktuell war, zusammenzuckten, die Separation war aber erst 150 Jahre her. So habe ich die Separation mehr an den Schluß gerückt und den Aufsatz ungefähr in der Reihenfolge, in der ich zu meinen Ergebnissen gekommen war, aufgefädelt. Übrigens hat der Herausgeber der Zeitschrift den Artikel sofort akzeptiert.

Berlins Funktion als Residenz hat seine bürgerlichen Traditionen seit langem überschattet. Die Handbücher der Städtebaugeschichte und die Standardarbeiten über die Geschichte der Parkanlagen Berlins gehen alle von den königlichen Gärten, insbesondere dem Tiergarten, unmittelbar über auf den Friedrichshain, der als der erste kommunale Park Berlins gilt. Bei Studien zu den Anfängen der kommunalen Parkanlagen Berlins fand sich jedoch eine Art älteres kommunales Parksystem, das gänzlich vergessen ist. Die Entwicklung der Berliner Parks wird dadurch besser vergleichbar mit der Entwicklung wie sie für die deutschen Bürgerstädte typisch ist. Es lohnt sich deswegen, hier zusammenzufassen, was die knappen gedruckten Nachrichten hergeben; weitere Einzelheiten wären gewiß im schwer zugänglichen Stadtarchiv festzustellen.

Wie die Mehrzahl der deutschen Städte ist Berlin mittelalterlichen Ursprungs. Wiewohl die Städte (abgesehen von Ausnahmen) wesentlich von Handel und Handwerk lebten, und bis heute geradezu als die Siedlungsform des sekundären und tertiären Wirtschaftssektors gelten können, haben doch diejenigen, die sich seit der frühen deutschen Kaiserzeit entwickelten, getrachtet, selbst auch Weide, Acker und Wald zu erwerben; als dann in der staufischen Epoche die große Welle der Institutionalisierungen und Neubegründungen von Städten über Deutschland hinging, wurden die Städte von den Landesfürsten entsprechend mit Weide, Ackerland und Wald bzw. Heide ausgestattet, deren Ertrag oder Rente das Anfangskapital ersetzen mußten, das die Fürsten nicht geben konnten.

Die Ackerhufen gehörten den ratsfähigen Bürgern der Kaufmannsgilde; über Weide und Waldheide disponierte der aus ihren Reihen gewählte Rat. Indessen hatten auch die Handwerker, die Kleinbürger, teil an der Nutzung von Weide und Wald, durften dort Kleinvieh halten und hier Brennholz lesen. Daher wurden das unter der Stadtmauer gelegene Glacis, wo die Gänse gehütet wurden, und die Waldheide draußen als Eigentum aller Bürger angesehen, obwohl es sich, genauer genommen, um dasjenige des Rates handelte. Diese Gelände waren auch der gegebene Platz für Kampfübungen und -spiele und für Volksfeste im Freien, von denen sich Sport und Erholungswesen von heute letztlich herleiten.

Von ihrem Glacis mußte die Doppelstadt Berlin/Cölln schon bei ihrer Unterwerfung durch den Landesfürsten 1442/1448 einen Sektor abtreten, ungefähr ein Sechstel des Ringes, an dessen Spitze das neue Stadtschloß in die Flucht der Stadtmauer eingesetzt wurde. Nach dem Dreißigjährigen Kriege nahm der Fürst der Stadt fast das ganze Glacis und baute darauf eine bastionierte Befestigung. Seit etwa 1737 wurde diese aufgelassen, weil sich allerseits Vorstädte so glänzend entwickelt hatten, daß sie bei einer Verteidigung der Stadt nicht hätten niedergelegt werden können. Die königliche Verwaltung, die der Kommune mittlerweile alle Selbständigkeit genommen hatte, wußte mit dem mitten in der Stadt freiwerdenden Ringgelände nichts besseres anzufangen, als es kleinlich und unsystematisch zu parzellieren. Als um 1800 die deutschen Städte begannen, ihre Wälle in Parks umzuwandeln, war diese Gelegenheit in Berlin nicht mehr vorhanden.

Die Ausstattung von Berlin/Cölln mit Waldheide lag an der Spree auf- und abwärts teils im Tal, teils auf den sandigen Uferrücken. Bei der schon erwähnten Unterwerfung 1442 mußte Cölln dem Fürsten seinen Wald spreeab, einen Bruchwald, hergeben, den späteren Tiergarten. Zu Ende des 17. Jahrhunderts erweiterte der Fürst seinen Tiergarten auf das rechte Spreeufer, womit auch Berlin einen Teil seines Waldes einbüßte. Indessen verblieb den Städten am Oberlauf der Spree noch immer sehr beträchtlicher Waldbesitz. Dort hatten sie auch die Herrschaft über benachbarte Dörfer erlangt, die ebenfalls mit Wald ausgestattet waren. Dadurch reichte der Waldbesitz von Berlin/Cölln bis an denjenigen des Nachbarstädtchens Köpenick.[1]

Im 18. Jahrhundert wurden Zeiten und Gegend sicher genug, daß sich Vorstadt-Niederlassungen bilden und ein Ausflugsverkehr entwickeln konnten.[2] Das bürgerliche Berlin bevorzugte natürlich diejenigen Ausflugsziele, wo der eigene Rat die Obrigkeit war. Das waren zunächst die Krüge der Magistratsdörfer. Bald begannen auch einzelne Kolonisten und was überhaupt vor den Toren ansässig war, Speise und Trank zu verabreichen. So tat auch der Pächter auf dem idyllisch gelegenen stadteigenen Vorwerk *Treptow*. Das Vorwerk lag 3 km vor dem Schlesischen Tor mitten im Stadtwald an einer Bucht der Spree, von der man die breiteste Stelle der Oberspree übersieht. Sie weitet sich dort gerade auf annähernd 800 m und scheint sich zu teilen, indem der Rummelsburger See hinter eine anderthalb Kilometer lange Landzunge faßt, auf der das damals ebenfalls dem Magistrate gehörige Fischerdörfchen Stralau liegt, die Kirche malerisch weit gegen die Landspitze vorgeschoben.

Schon 1727 erhielt der Pächter von Treptow Schankkonzession, schon 1734 stockte er sein Bauernhaus auf, um einen Saal und ein Gastzimmer zu gewinnen. Kegelbahn und Kaffeeschänke kamen dazu. 1779 stellte der Rat für die innere Kolonisation Friedrichs des Großen sechs Büdnerstellen in Treptow zur Verfügung, die spreeauf neben dem Kruge und Vorwerk ausgelegt wurden, vier am Wasser, zwei binnen vom Wege. 1782 ließ der Magistrat im Forste gerade Schneisen abstecken, sogenannte Gestellwege.[3] Bei dieser Gelegenheit wurde der Weg nach Treptow geradegelegt und wurden die Forstschläge beiderseits parallel und rechtwinklig zu diesem Wege eingeteilt.[4] Der Weg wurde alsbald mit Kastanien bepflanzt. Die Anpflanzung dieser *Kastanienallee* nach Treptow scheint die erste spezielle Schmuck- und Erholungsanlage im Stadtwald gewesen zu sein, also der allererste Anfang zu seiner Umwandlung in einen städtischen Park.

Auf dieses erste Anzeichen folgte bald eine neue Disposition des Magistrats, bei der er selbst von „Parks" spricht, und die das Thema dieses Aufsatzes ist. In den Jahren 1802 und 1803 nämlich wurden je ein Park bei Treptow und ein Park und Baumschulen vor dem Schlesischen Tore angelegt[5], die durch die eben genannte Kastanienallee miteinander verbunden waren. Die Form dieser beiden Parks geht nur aus sehr viel jüngeren Stadtplänen hervor (von 1844 und 1852).[6] Vielleicht waren die beiden Parks inzwischen verändert worden, zumal 1840/1841 von neuer Anlegung der beiden Parks berichtet wird, als ob sie vorher gar nicht vorhanden gewesen wären. Indessen hatte damals die Stadtverwaltung ein Interesse daran, dies so darzustellen (davon weiter unten). Auch findet man oft, daß Karten veraltete Zustände darstellen. Auf dem Plan von 1844 ist der *Park vor dem Schlesischen Tore*, genauer: vor der Schlesischen Brücke, der seitdem Schlesischer Busch heißt, ein von Schlängelwegen durchzogenes Gehölz; der *Park bei Treptow* ist lediglich als Gehölz gezeichnet. Auf dem Plan von 1852 erscheint der *Treptower Park* – so heißt er damals – wieder als Gehölz, diesmal mit Schlängelwegen, die auf zwei Brückchen über den Heidekampgraben führen, der beim Magistratsvorwerk in die Spree mündet. Zwischen den Brückchen ist der Graben zu einem kleinen Teich erweitert, der schon auf dem älteren Plan eingetragen ist. Wasserlauf und Brückchen durften in einem Park englischen Geschmacks nicht fehlen. Auf dem Plan von 1852 ist noch ein Rondell zu erkennen, in dem eine Statue oder Vase gestanden haben mag. Dieser Treptower Park müßte nur unmittelbar an das Wohnhaus des Vorwerkes anschließen, um dem Typ eines Gutsparkes genau zu entsprechen. So lag er etwas versetzt auf der anderen Straßenseite, und die zwei Büdnerstellen binnen vom Wege schneiden in ihn ein. – Ich möchte einstweilen annehmen, daß die beiden Parks in dieser Form schon 1802/1803 angelegt worden sind.

Alsbald nach den Freiheitskriegen setzte der Magistrat seine Umgestaltungsmaßnahmen fort. Es war üblich geworden, daß der Magistratsförster („Hasenheger") das Vorwerk Treptow pachtete. Einen Wechsel im Forstamte 1816 benutzte der Magistrat, um neu zu disponieren.[7] Das Forstamt wurde verlegt und neu organisiert, das Vorwerk 1817 aufgelöst, der Acker in kleinen Parzellen verpachtet. Die sehr baufälligen Vorwerksgebäude wurden abgebrochen. In der Darstellung der Verwaltung werden ökonomische Argumente betont: wie teuer Neubauten für das Vorwerk geworden wären, wieviel günstiger kleine Parzellen in der Nähe Berlins zu verpachten seien. Der Bericht verrät aber doch größtes Interesse an dem Vergnügungsort Treptow, denn er geht mit einer für diese Berichte ganz ungewöhnlichen Liebe auf die räumlichen Einzelheiten ein: „Es waren nemlich die zu Treptow gehörigen Ländereien in einem Vorwerke vereinigt, und gehörten dazu eine Scheune, einige Wirthschaftsgebäude und ein Wohnhaus, welches seit vielen Jahren zugleich zum Betriebe einer Gastwirthschaft genutzt war.

Die Scheune, so wie die Wirthschaftsgebäude waren zwischen dem Wohnhause und der Spree belegen, und hatten deshalb für die Gastwirthschaft in jeder Hinsicht eine nachtheilige Stellung, indem sie die schönsten Theile der Aussicht verdeckten und durch den Betrieb der Wirthschaft die Gäste, durch die Überfahrt über den zum Vergnügen derselben bestimmten Platz, störten.

... Die Ländereien, mit Ausnahme einiger zur Gastwirthschaft reservirten Parcellen und des in Erbpacht ausgegebenen Gartens, sind mit Vortheil auf 12 Jahre verpachtet, die Wirthschaftsgebäude abgebrochen, der Raum zwischen dem Wohnhause und der Spree planirt, bepflanzt und zum Vergnügen der Einwohner in einen Lustort umgeschaffen, die Straße und die nöthigen Ställe zur Gastwirthschaft nach der hinteren Seite des Hauses verlegt, und so die Gegend wesentlich verbessert.

Auch ist von hier aus, nach dem neuen Kruge zu, ein neuer grader Sommerweg angelegt.

Da auch das Wohnhaus so baufällig war, daß dasselbe durch keine Reparatur weiter erhalten werden konnte, so wird jetzt unter Aufsicht der Bau-Deputation und unter Mitwirkung der Oekonomie-Deputation ein neues Gasthaus erbauet, wodurch die ganze, schon von der Natur vorzugsweise begünstigte Gegend sehr gewinnt, und den Einwohnern Berlins ein angenehmer Lustort in verschönerter Gestalt erhalten wird."[8]

Der Neubau des Gasthauses wurde 1821/1822 errichtet. Der Magistrat hatte gewünscht, daß er „den Bedürfnissen eines feineren Bürgerstandes Rechnung tragen möge"[9]. In der Tat war der Neubau für damalige Verhältnisse hochelegant. Er war im griechischen Stile gehalten. Der Haupteingang lag an dem Wirtshausgarten zum Wasser hin, offenbar weil die Mehrzahl der Gäste auf dem Wasserwege mit der Gondel – einem Mietkahn mit Verdeck – ankam, und nur die Minderzahl zu Fuß spazierend oder mit der Kutsche. Ein sechssäuliger Portikus zeichnete den Eingang ins Gasthaus aus. Das Gebäude war von nahezu würfelförmiger Gestalt und wurde von einer Aussichtsterrasse auf der Mitte des niedrigen Daches bekrönt. Sehr bald müssen die beiden eingeschossigen Flügel angebaut worden sein, die sich beiderseits in gleicher Flucht an den Hauptbau anschlossen und deren flache Dächer nun ganz als Aussichtsterrassen angelegt waren. Der Architekt dieses Hauses ist wohl der Stadtbaurat Langerhans gewesen.[10]

Den Vorplatz, wo bei gutem Wetter unter freiem Himmel serviert wurde, zierte ein großes Blumenrondell. Linker Hand davon stand eine Halle oder Laube, die sich in drei weiten Bögen gegen Vorplatz und Anlegestelle öffnete – ziemlich genau nach Norden – und mit Pultdach und drei Wänden den Gästen und eventuell Musikern Schatten oder Schutz vor Schauern bot.[11] An dieser Seite, zwischen Laube und Haus, führte ein Brückchen über den Heidekampgraben, der hier, kurz bevor er in die Spree einmündete, einen zweiten kleinen Teich bildete. Vielleicht war dies ehemals der Gutsteich gewesen. Jetzt schickte er sich, buschumstanden, gut in die bis hierher herangezogene englische Parkszenerie. Jenseits der Brücke nämlich kam man schräg durch eine Rasenfläche und Gebüsch ungefähr da an die Landstraße, wo gegenüber der schon 1802 angelegte Park anfing, so daß Gasthaus und Park richtig verbunden waren.

Wenn in dem Verwaltungsbericht von einigen zum Gasthaus reservierten Parzellen die Rede ist, sind sicherlich mit der Mehrzahl der Parzellen nächst dem Hofgrundstück dieses seitliche, parkartig ausgestaltete Verbindungsstück und das große Parkgrundstück jenseits der Landstraße gemeint.

Die genauere Disposition dieses gegenüberliegenden Parkes, wie sie wohl erst 1823 vervollständigt worden ist, geht aus einer Spezialkarte von 1844[12] hervor. Gegenüber vom Gasthaus breitet sich eine Wiese. Der seitlich davon liegende Park von 1802, der schon ein wenig hinter der Wiese herumgreift, wurde nun ganz um die Wiese herum und wieder bis an die Landstraße geführt; in das entsprechende Flächenstück ist eingetragen „zum Park reservirt". Auf dem Plan von 1852 sieht man, wie die Anpflanzung ausgelegt war. – Die Wiese war vorgesehen und nötig als Festplatz für das Volksfest des Stralauer Fischzuges.[13]

Mit dem Neubau des Gasthauses wurde auch dessen weitere Umgebung neugestaltet. Der Weg von Berlin, die Kastanienallee, wurde aufgelassen und umgelegt, so daß er einerseits auf das Gasthaus fluchtete, andererseits auf ein Gärtner- und Aufseherhaus, das an seinem Abzweig von der Köpenicker Landstraße im Schlesischen Busche erbaut wurde.[14] Ebenso wurde der Weg bei den Treptower Kolonistenhäusern spreeauf verlängert, bis er bei dem Gehöft Kanne im heutigen Ortsteil Baumschulenweg wieder die Köpenicker Landstraße trifft. Dieser Teil des Weges heißt heute noch – nach einem Wirtshaus in Niederschöneweide – die Neue-Krug-Allee. Treptower Weg (heute Puschkin-Allee) und Neue-Krug-Allee umschließen zusammen mit der schon früher geradegelegten Köpenicker Landstraße ein stumpfwinkeliges Dreieck und bilden eine in sich beruhende, weniger auf Fluchtpunkte bezogene Figur, wie sie für den klassizistischen Städtebau typisch ist. Der Treptower Weg erhielt an beiden Seiten Promenaden, jede mit Birken in zwei, die ganze Allee also in vier Reihen bepflanzt. An der Binnenseite wurde noch ein Streifen Weidengebüsch parallel angepflanzt, um den Ausblick nach dieser Seite zu verdecken. Über den Grund dafür weiter unten. Auch die Neue-Krug-Allee muß wohl, ihrem Namen nach, mit Bäumen bepflanzt worden sein. Diese Arbeiten erfolgten zugleich mit dem Bau des Gasthauses im Jahre 1822.

Gleichzeitig, 1823/1824, modernisierte die Stadt den Stralauer Kirchturm: Sein Fachwerk-Oberteil aus dem 18. Jahrhundert wurde neugotisch verkleidet nach dem Entwurf des Stadtbaurates Langerhans.[15] Der neben dem Gasthause bedeutendste Blickpunkt der großen Landschaftsszenerie erhielt damit die erwünschte Eleganz.

Am 16. 1. 1823 annoncierte der neue Pächter des Magistratsgasthauses, der „Caffetier" C. G. Christiany, in der Vossischen Zeitung: „Allen Hohen Herrschaften und einem hochgeehrten Publicum zeige ich hiermit ergebens an, daß das schöne von einem hochedlen Magistrat neu erbaute Etablissement zu Treptow nun völlig im Stande und eingerichtet ist. Ich bin dadurch in den Stand gesetzt, Dinés, Soupés, Bälle, Hochzeiten usw. annehmen zu können..."[16]

Der sorgfältigen baulichen wie planerischen Ausgestaltung des neuen Magistratsgasthauses ist anzusehen, aus der zitierten Eröffnungs-Annonce ebenso abzulesen, daß es sich um eines der „Gesellschaftshäuser" handelte, die die gute bürgerliche Gesellschaft sich schon seit dem späten 18. Jahrhundert in den Städten, neuerdings aber auch schon in stadtnahen Parkanlagen vielerorts schuf. Aus der deutschen Parkgeschichte wohlbekannt ist der Planungsauftrag des Magdeburger Rates an Lenné und Schinkel zu einem Park und Gesellschaftshaus im Kloster-Berge-Garten bei der Stadt aus denselben Jahren. Stadteigene große Parkrestaurants mit Festsälen haben bis in unser Jahrhundert viele deutsche Städte gebaut. Das Bedürfnis der bürgerlichen Oberschicht nach großen festlichen Selbstdarstellungen hatte in den eigenen Wohnhäusern niemals Platz genug gefunden. Die Rathaussäle waren zu unpraktisch; auch endete um 1800 der jahrhundertealte Zustand, daß bürgerliche Oberschicht und am Rat beteiligte Familien identisch waren. Die Ratskeller waren zu klein, während die politische Konkurrenz, die Fürsten, in ihren Schlössern ausgedehnte, für Redouten bestens geeignete Repräsentationssuiten hatten. Man konnte nun daran denken, mit ihnen mitzuhalten; die Parkrestaurants vom Ende des Jahrhunderts übertrafen dann an Geräumigkeit und Luxus die Schlösser bei weitem. Das Treptower Magistratsgasthaus steht freilich noch am Anfang dieser Entwicklung.

Es steht auch insofern an ihrem Anfang, als sich der Bürgerstand noch nicht allzusehr von den kleinen Leuten geschieden hatte, die Unterschicht noch nicht zu einer vom vornehmen Bürgerstande als bedrohlich empfundenen Masse zusammengeflossen und angewachsen war. Sonst hätte der Magistrat gewiß nicht sein Festhaus am Ort des damals größten Berliner Volksfestes gebaut, des Stralauer Fischzuges, der hier an beiden Ufern und auf dem Wasser gefeiert wurde, übrigens auch mit berühmten Feuerwerken. Die große, schon erwähnte Volkswiese konnte den Andrang offenbar nicht einmal fassen. Schon 1824, zum zweiten seit Eröffnung des Magistratsgasthauses stattfindenden Stralauer Fischzuge, ersuchte der Magistrat um Schonung der Anlagen in Treptow, die demnach beim erstenmal schon schwer gelitten haben müssen.[17]

Zu gewöhnlichen Zeiten aber war das Magistratsgasthaus in Treptow ein feines Lokal. Für diejenigen, die sich wohlfeiler vergnügen wollten, gab es daneben Gelegenheit genug. Bei den Kolonisten konnten „Familien Kaffee kochen" (zum Ärger des Pächters des Gasthauses), und eine starke Viertelstunde spreeauf, beim Eierhäuschen, auch Kleinigkeiten essen, wie der Name sagt. Das Eierhäuschen war ursprünglich ein Wächterhaus bei einer „Ablage", einem Holzplatz, von wo aus das Holz aus der Köllnischen Heide nach Berlin verschifft wurde. Wo sich Schiffer, Fuhrleute und Waldarbeiter stärkten, konnten auch die Berliner Handwerker ungezwungen Einkehr halten und die Preise zahlen. Bereits im Jahre 1802 ließ der Magistrat „auf dem städtischen Grundstück, Eierhäuschen genannt", eine „Baumpflanzung", und auf dem Wege von Treptow dahin an der Dammstraße einen „Eichelkamp" anlegen.[18] Allerdings handelt es sich in diesen Fällen nicht um Anlagen der Gartenkunst im damals gebräuchlichen Sinne, und auch der Weg von Treptow zum Eierhäuschen war ein kunstlos krummer Waldweg, im Gegensatz zu den gewissermaßen offizielleren Anlagen, von denen bisher die Rede war.

Im *Schlesischen Busch* erwies sich die feine Parkanlage als Fehldisposition. Der Park, nahe beim Tor gelegen, wurde stark von den Unterschichten besucht, die mit den gutbürgerlichen Schlängel-Spazierwegen nichts anzufangen wußten. Im Amtsblatt und in den Verwaltungsberichten werden öfter Verwüstungen beklagt. Die Stadt richtete bald einen Turnplatz und Baumschulen im größten Teil des Geländes ein.

Der Gesamtzusammenhang der bisher besprochenen Entwicklung der Anlagen, formal sich andeutend in dem großen Alleendreieck zwischen dem Schlesischen Busch und Kanne/Baumschulenweg, wird deutlicher, wenn wir ein wenig in die Wirtschaftsgeschichte ausgreifen. Die neuen Alleen hatten nicht allein den Zweck, Ausflüglern zu dienen. Der Magistrat hatte über das ganze Waldgebiet, die ganze „Cöllnische Heide", neu disponiert. 1823 beschloß die Stadtverordnetenversammlung, die Köllnische Heide ganz abzuholzen und in Ackerparzellen zu verpachten. Die neuen Wege sollten den Pächtern besseren Zugang zu den einzelnen Schlägen schaffen. Der Beschluß, das schönste Waldgebiet bei Berlin kahlzuschlagen, hängt mit Kümmernissen der *Separation* zu sammen, die seit 1802 im Gange war. Damals erst wurde das mittelalterliche „deutsche" Bodenrecht durch das heute gültige „römische", wurde die feudalistische Verfassung der Bodenbewirtschaftung endgültig durch die heutige ersetzt. In den Stadtwaldungen hatten früher vielerlei Personengruppen vielerlei Nutzungsrechte, z. B. eine bestimmte Anzahl Vieh zur Weide hineinzutreiben, eine bestimmte Art und Menge Brennholz jährlich zu schlagen usw., der Magistrat disponierte hauptsächlich über das zu Bauholz geeignete Langholz und über die Jagd. Es ist klar, daß ein intensiver moderner Forstbetrieb unter solchen Verhältnissen nicht möglich war; bekanntlich verbeißt das Vieh den Aufwuchs. Bei der Separation nun wurden die verschiedenen Nutzungsrechte geschätzt, als Rente kapitalisiert, und die Berechtigten wurden mit Geld oder Bodenanteilen abgefunden. Da die Stadt wenig Geld hatte, blieben ihr von 2950 Morgen der Köllnischen Heide 1894 Morgen als Eigentum im modernen privatrechtlichen Sinne. Obwohl man nun also die Rechte separiert hatte und jeder das Seine hätte haben müssen, betrachtete die Unterschicht den Stadtwald offenbar noch immer als Gemeineigentum und holte sich dort Feuerholz, d. h. stahl es nach dem neuen Recht. Gewiß waren die holzungsberechtigten Grundeigentümer abgefunden worden, nicht aber deren Tagelöhner. Der Magistrat rechtfertigte seinen Abholzungsbeschluß damit, daß er mehrere tausend Prozesse wegen Holzdiebstahl führen müsse – ungeachtet der unentdeckten Fälle, die sicherlich ein Mehrfaches betrugen. Er war nicht entfernt in der Lage, den Wald hinreichend beaufsichtigen zu lassen. Außerdem hielt er die Verpachtung als Ackerland für einträglicher als die Bewirtschaftung als Forst.[19]

Mit der *Abholzung*, die von 1823 bis 1840 dauerte, verlor die ehemals schönste Waldgegend bei Berlin viel von ihrem Reiz für Ausflügler, und die Lokalgeschichte berichtet von Protesten aus der Bürgerschaft. Der Magistrat erklärte dagegen, er wolle vor dem Tor und in Treptow je ein Waldstück von etwa 40 Morgen übriglassen und als Park anlegen, und berichtet später, daß es sich um den Eichenbusch vor dem Schlesischen Tore, 57 Morgen groß, handle, sowie um den Treptower Park, der 40 Morgen groß war. Wir sahen oben, daß diese beiden Parks bereits seit 1802/1803 existierten. Es gibt aber zwei Gründe, diese Erklärungen des Magistrats nicht geradezu als Irreführung anzusehen. Erstens war die erste Anlage der beiden Parks zusammen mit der Separation erfolgt; aus diesem Sachverhalt und aus der Äußerung des Magistrats scheint mir zu folgen, daß es sich bei dem ganzen langgezogenen Umwandlungsunternehmen um eine kontinuierlich durchgeführte Gesamtplanung handelt (die darum nicht von vornherein in allen ihren Einzelheiten festgelegen haben muß), der Magistrat also so zu verstehen ist: Solange die Planung laufe, beabsichtige er schon, die beiden Waldstücke als Parks zu reservieren.

Die Reservierung der beiden Flächen und die Anlage der Parks am Schlesischen Tor und beim Vorwerk Treptow 1802/1803, die Anpflanzung der beiden Waldstücke beim Eierhäuschen 1802, die Auflassung des Vorwerkes Treptow 1816 und seine Verpachtung in Parzellen ab 1817, der Bau des Gasthauses 1821/1822, die Anlage des Alleendreiecks 1822 und schließlich die Abholzung der übrigen Köllnischen Heide zwecks Verpachtung zu Äckern sind offenbar sämtlich durch die Separation veranlaßt, die 1802 begonnen hatte. Der *innere Zusammenhang aller dieser Planungen* ist also klar. Die Unterbrechung der Entwicklung zwischen 1803 und 1816 ist durch die Napoleonischen Kriege hinreichend erklärbar. Es handelt sich um eine zusammenhängend sich entwickelnde Planung, die sich Anfang der 1820er Jahre auch als formal einheitliche Planung von bemerkenswertem Rang darstellt.

Gern wüßte man, wieviel von dieser Entwicklung und von der um 1823 erreichten Vollendung schon anfangs konzipiert war, welche städtischen Beamten, welche Stadtverordneten, welcher planende Baumeister dafür verantwortlich und daran beteiligt gewesen sind. Die in dem Verwaltungsbericht genannte Oekonomie-Deputation – genauer Forst- und Oekonomie-Deputation – hat damals das gesamte Kämmerei-Vermögen der Stadt verwaltet und war, weil die Etatverwaltung Sache des Magistrats selbst war, diesem ohne selbständige Funktion nur beratend beigeordnet.[20] Die Treptower Anlagen sind also wohl vom Magistrat selbst entwickelt worden. Genaueres läßt sich ohne Einsicht in die Akten nicht sagen.

Die Stadt Berlin hatte auch mit der Steinschen Städteordnung die Baupolizei noch nicht zurückerhalten, durfte also in ihren eigenen Grenzen nach wie vor keine Stadtplanung treiben. Vor der Stadtgrenze in Treptow, wo sie nicht als Stadtgemeinde, sondern als Gutsherr und Großgrundbesitzer planen durfte, sehen wir die Organe der Bürgerschaft ihre Planungsmöglichkeiten in großzügiger Weise wahrnehmen, die den Vergleich mit den anderen großen deutschen Städten wohl bestehen kann. In demselben historischen Augenblick, als mit der Separation die vielverflochtenen deutsch-mittelalterlichen Nutzungsrechte am Boden in modernes römisch-rechtliches Einzeleigentum, die multifunktionale Großflächennutzung in arbeitsteilig spezialisierte Einzelnutzungen aufgelöst werden, erkennt die Stadtverwaltung auch schon die *Erholung* als eine der Nutzungen des Stadtwaldes und berücksichtigt sie, indem sie eine ganze Reihe von Grundstücken für ein wohldurchdachtes System von Erholungsanlagen für alle städtischen Bevölkerungsschichten reserviert.

Die Anlage von Bürgerparks, anknüpfend an den alten Grundbesitz der Stadt, am liebsten an Waldbesitz, lag nahe und findet sich bei vielen deutschen Städten. Dementsprechend wird in Berlin später – 1870 – auch die Behörde, die speziell die Parks verwaltet, aus der Forst- und Oekonomieverwaltung abgezweigt.

Soviel von den ersten kommunalen Parkanlagen Berlins. Vorhanden sind davon noch der Schlesische Busch[21] mit einer Menge nun bald 200jähriger Eichen und das große Alleendreieck. Das Magistratsgasthaus, später Gasthaus Zenner, ist nach dem letzten Krieg in anderer Form wieder aufgebaut worden. Der alte Treptower Park ist in dem großen von Gustav Meyer entworfenen Stadtpark gleichen Namens auf- und untergegangen. Daraus erklärt sich auch, daß er so vollständig vergessen werden konnte. Am Treptower Weg stehen keine Birken mehr, sondern Gustav Meyers nun auch schon 100jährige Platanen. Aus dem Eierhäuschen ist eine ganze Gruppe riesiger Kaffeewirtschaften geworden. Die Zeugnisse des älteren bürgerlichen Berlin sind hier wie überall von der Geschichte fast aufgezehrt.

Anmerkungen

[1] Eine ausgezeichnete Darstellung der historischen Entwicklung hat der damalige Stadtarchivar Clauswitz gegeben in dem historischen Einleitungsartikel von R. Borrmann: Die Bau- und Kunstdenkmäler von Berlin, 1893
[2] Hierzu zuletzt Arne Hengsbach, Entstehung und Ausformung des Erholungsgebietes längs der Oberspree, in: Jahrbuch für brandenburgische Landesgeschichte 22, 1971
[3] Am ergiebigsten für die Lokalgeschichte Treptows ist Erich Specht, Treptow wie es war und wurde, Berlin 1935. Specht, pensionierter Konrektor einer Treptower Schule, hat offensichtlich die Akten des Stadtarchivs benutzt.
[4] Die Einteilung der Schläge ist zu ersehen aus der Spezialkarte von den Boxhagener und Köllnischen Heiden von Nicolas, 1782. Foto (Ausschnitt) im Landesarchiv, Original vermutlich Stadtarchiv. (Freundl. Hinweis von Hermann Siewert, Landesarchiv)
[5] Diese Daten werden in einer Vorlage an die Stadtverordnetenversammlung im Jahre 1870 genannt, anläßlich der Darstellung des Geschäftsbereiches der zu begründenden eigenen Behörde für die Verwaltung der städtischen Parks. Communal-Blatt der Haupt- und Residenz-Stadt Berlin 1870, S. 356 f
[6] Meßtischblatt von 1844 und Karte 1: 15384 von 1852/1855, beide Landesarchiv
[7] Die Dispositionen des Magistrats sind erläutert in: Bericht über die Verwaltung der Stadt Berlin in den Jahren 1829 bis incl. 1840, hrsg. von den Städt. Behörden, Berlin 1842, S. 101. Da es sich

um den ersten Verwaltungsbericht des Magistrats handelt, greift der Bericht noch weiter zurück als im Titel angegeben.
8 Die Stadtverordneten zu Berlin an ihre Mitbürger über die Verwaltung ihrer Communal-Angelegenheiten, 1822, S. 104–106. (Diese älteste Form der gedruckten Berliner Verwaltungsberichte reicht über die Jahre 1817–1822.)
9 Zit. in: Hans Kania und Hans-Herbert Möller (Hrsg.), Schinkel – Lebenswerk. Mark Brandenburg, Berlin 1960, S. 49
10 Das Gebäude erscheint in der ersten Form in einem Stich von Calau mit dem Blick von der Stralauer Kirche dorthin, von 1822/1823, Abb. s. Anm. 9, S. 153. Datiert wird der Stich durch die Baudaten des Magistratsgasthauses einerseits und des Stralauer Kirchturms andererseits, s. ebenda. Als Architekt wird dort, S. 49, der jüngere Langhans genannt, offenbar nach Specht – s. Anm. 3. In der Biographie des jüngeren Langhans fand ich nichts dazu. Ich nehme an, daß Specht in den ja handschriftlichen Akten den Namen des ihm unbekannten Stadtbaurates Langerhans für den berühmten Architektennamen Langhans verlesen hat.
11 Dargestellt auf einem Stich nach Loeillot, Abb., s. Anm. 9, S. 48
12 Karte der vormaligen Cöllnischen Kämmerei-Heide nach der vollendeten Separation, 1844. Senatsbibliothek Berlin (freundl. Hinweis von Dieter Radicke)
13 Wie Anm. 3
14 Wie Anm. 7
15 Wie Anm. 9, S. 153 f
16 Zit. nach: Dr. Heinz Gebhardt, „Treptow in Flammen" seit 140 Jahren, in: Treptow reich und schön..., Berlin-Treptow 1965, S. 113 f
17 Wie Anm. 16. Bekanntmachung des Magistrats in der Vossischen Zeitung am 24. 8. 1824 zum Tage des Stralauer Fischzuges
18 Wie Anm. 5. Übrigens erscheint der Eichelkamp, der unter diesem Namen in der Karte Anm. 12 eingetragen ist, schon in der Karte Anm. 4 von 1782 mit der Beschriftung „Castanien- und Eichenplantage 1784".
19 Wie Anm. 7
20 Vgl. Gerhardt Kutzsch, Verwaltung und Selbstverwaltung in Berlin unter der ersten Städteordnung, in: Jahrbuch für brandenburgische Landesgeschichte Bd. 13, 1962, S. 29/30
21 Soweit er nicht den Wachanlagen der Deutschen Demokratischen Republik an der Sektorengrenze hat weichen müssen

Quelle: Die ersten kommunalen Parkanlagen Berlins. Ein Beitrag zur Geschichte des Stadtgrüns, in: Das Gartenamt 8/1975

Blick von einem Schneckenberg (künstlicher Aussichtshügel) über Park und Magistratsgasthaus von Treptow auf Berlin. Links die in Abholzung begriffene

Köllnische Heide, rechts der Stralauer Kirchturm. Aquatinta von Hintze, um 1835. Berlin-Museum

Berlin und Umgebung um 1820. Umzeichnung: Verf.

III Aus Forschungen über die Schlösser des ersten preußischen Königs und seinen Architekten Andreas Schlüter

Andreas Schlüter und das Schloß Charlottenburg.
Corps de Logis und Orangerie

Den Charlottenburg-Aufsatz habe ich eher als die Baugeschichtsforschungen über das große Schloß in Berlin veröffentlicht, weil der Brocken nicht so groß war, handlich genug, um damit eher fertigzuwerden. Damals dachte ich: Die Leute werden sagen, nun ist Schlüter sein Held, dem schreibt er jetzt alles zu. Und tröstete mich damit, daß ich beim Berliner Schloß Schlüter eine Menge abschreiben würde. Denn das war mir schon klar, wenn ich auch wegen mancher Einzelheiten noch lange geschwankt habe. Eigenartigerweise ist aber von der erwarteten Reaktion nichts zu mir durchgedrungen. Statt dessen erfolgte etwas ganz anderes, nämlich die Ablehnung meiner Ergebnisse durch ausnahmslos alle irgendwie näher an diesem Thema Interessierten. Dieser äußerte sich höflich-unentschieden, jener grob abweisend, oder der Aufsatz wurde einfach ignoriert. Das war bitter. Darüber mußte ich nachdenken.

Eine der Ursachen, scheint mir, ist die gewesen, daß die anderen Angehörigen des Schlösser-Umkreises alles Kunsthistoriker waren, ich der einzige Architekt unter ihnen. Die völlig verschiedenen Ausbildungen führen zu sehr verschiedenen Fähigkeiten. Man studiert fünf, sechs oder noch mehr Jahre Architektur, hauptsächlich um zu lernen, sich Räume und räumliche Zusammenhänge vorstellen zu können, die es nicht gibt, noch nicht gibt, oft niemals geben wird, oder – im Falle der Baugeschichte – nicht mehr gibt, vielleicht nie gegeben hat, die sich aber ein Architekt vorgestellt hat. Es muß kein Fachhochmut sein, wenn ich sage, daß dieses Vorstellungsvermögen von Kunsthistorikern normalerweise nicht verlangt werden kann. Die Konsequenz müßte sein, daß man auch baugeschichtliche Forschungen mit Perspektivskizzen oder Modellfotos erläutert, die jedem verständlich sind. Daran hatte ich es also wohl fehlen lassen.

Eine andere Ursache ist wohl die, daß auch die Mitglieder der Gelehrtenrepublik Menschen sind. Sie vermögen – und das ist fast schon wieder sympathisch – auf den Gegenstand ihrer fachlichen Aufmerksamkeiten eifersüchtig zu sein, besonders natürlich dann, wenn ein anderer sich diesem erfolgreich nähert. Diese Republik kennt auch kleinbürgerliche Konkurrenzangst, auch amtsgestützte Anmaßung, alles ganz normal. Sie ist nicht das Paradies, für das ich sie so gern halten wollte. Ist es unschicklich, darüber zu reden? Ich habe es unter anderem daraus gelernt, daß dieser Auf-

satz sieben Jahre in einer Herausgeberschublade geschlummert hat. Ich hatte aber noch eine Kopie...
Für den Neudruck des Aufsatzes habe ich einige zusätzliche Anmerkungen für wichtig gehalten, auf die im Text mit * hingewiesen wird.

Schlüter habe Corps de Logis und Orangerie des Charlottenburger Schlosses gebaut, heißt es in der älteren Kunstliteratur. Die Nachricht geht zurück auf Abraham d'Humbert, Mitglied der Berliner Akademie der Künste ungefähr eine Generation nach Schlüter, kommt also aus einem Kreise, in dem Nachrichten über Kunstdinge noch am ehesten mit Verständnis tradiert werden mochten.[1] Offenbar aber war damals Schlüters Tätigkeit als leitender Künstler bei der Herstellung des Decorum für die Standeserhöhung des brandenburgischen Kurfürsten zum König schon zur Sage geworden; denn die recht summarische Zuschreibung widersprach der genaueren Darstellung, mit der Schlüters Nachfolger als Schloßbaudirektor, Johann Friedrich Eosander, seinen Anteil an diesem seinem Hauptwerk Charlottenburg publik gemacht hatte.[2] Erst gegen Ende des vorigen Jahrhunderts wurde in der wissenschaftlichen Literatur Schlüters Autorschaft an Charlottenburg wieder eingeschränkt; durch die wohlbegründete Zuschreibung des Kernbaues an Johann Arnold Nering schien schließlich der äußere Bau des Schlosses fast vollständig erklärt (nämlich mit Ausnahme der Hofflügel), so daß endlich Margarete Kühn, auf deren Monographien über das Schloß Charlottenburg wir uns im folgenden nach Möglichkeit beziehen möchten, eine Beteiligung Schlüters an Charlottenburg zunächst als unbeweisbar abgelehnt hat.[3] Trotzdem hatte sich bis in unsere Tage eine Tradition gehalten, Schlüter habe das Schloß umgebaut.[4]

Was uns veranlaßt hat[5], die Frage wieder aufzugreifen und damit die Baugeschichte Charlottenburtgs neu aufzurollen, waren überraschende Baubefunde, die während der Wiederaufbauarbeiten angefallen sind. Ihre Beobachtung und Dokumentation wird Martin Sperlich verdankt; für die Erlaubnis, die Funde zu bearbeiten, ist der Verf. ihm zu großem Dank verpflichtet. So reizvoll es sein könnte, die verschiedenen Nachrichten über das Schloß zurückzuverfolgen – die bisher geleistete glänzende Archiv- und Literaturarbeit über Charlottenburg genügt für unser Vorhaben. Wir können uns darauf beschränken, den speziellen Sachverstand des Architekten von Bauvorgängen und Bauzeichnungen der Erforschung der Baugeschichte des Schlosses nutzbar zu machen.

Baubefunde am Mittelpavillon der Gartenseite und was sie besagen

a) Im Jahre 1958 wurden die Fundamente des Schlosses aufgegraben, um sie vor Feuchtigkeit zu isolieren. Man fand dabei unter dem Mittelpavillon, daß seine beiden vordersten Pfeiler über das Fundament hinaustreten. Das Kalksteinfundament, auf dem die ganze Fassade steht, verläuft hier in einem Halbkreis, während das Polygon des Saalpavillons einer halben Ellipse einbeschrieben ist, deren Spitze nach vorn zeigt. Das Fundament ist unter den beiden Pfeilern mit Backstein angestückt.

Dieser Sachverhalt zeigt entweder einen Irrtum beim Auslegen des Fundamentes oder aber eine Planänderung an.

b) Zwei Jahre danach wurde mit der Wiederherstellung des oberen ovalen Saales begonnen. Teile der architektonischen Gliederung und des plastischen Dekors mußten abgenommen, der Putz abgeschlagen werden. Diesmal war es die ins Gebäude hineinreichende Hälfte des Saales, an der eigenartige Befunde zutage traten. Die drei inneren Wandfelder sind, samt der Arkadengliederung, aus dem vollen Mauerwerk herausgestemmt; die Stemmung beginnt genau an der inneren Kante des jeweils zweiten Pfeilers; sie nimmt nach innen hin an Tiefe zu; kurz hinter dem inneren Pilasterpaar kommt eine starke innere Fuge des Mauerwerks heraus, spitzwinklig angeschnitten; es handelt sich um die Fuge zwischen der vorderen sorgfältig hergestellten Mauerschale und dem Hinterfüllungsmauerwerk. Vor der Wendeltreppe, die an der einen Seite im Mauermassiv liegt, weicht die Stemmung ein wenig aus. Gegenüber fand sich eine Kante einer Kaminnische, die die jetzige Architekturgliederung anschneidet; sie war verputzt und rauchgeschwärzt. Die Pilaster, die die Arkaden übergreifen, sind hier aus hochkant gestellten Ziegeln vorgesetzt, so auch diejenigen in der Flucht der beiderseits anschließenden Gartenfassade; nur die vier freistehenden Pfeiler der äußeren Saalhälfte sind im Mauerverband einheitlich aufgeführt.

Die Beobachtungen am Fundament und an der Wand des Saales im Obergeschoß ergänzen einander und ergeben, daß der jetzige Saalpavillon Produkt eines tief eingreifenden Umbaues ist. Der Bau war schon zwei Stockwerke hoch, unter Dach und innen verputzt, als der Umbau erfolgte. Der Umbau bestand darin, daß die äußere Hälfte des Saalpavillons abgebrochen und neu aufgemauert worden ist, während nach innen zu die neue Form der Säle durch eine stark einen halben Meter tiefe Ausstemmung hergestellt worden ist. Gegenüber der heutigen elliptischen Form hatten die Säle vorher eine stumpfere, aber im übrigen in derselben

Tiefenrichtung ausgespannte Form aus zwei gegeneinander gestelzten Halbkreisen. Der Halbkreis des Kalksteinfundamentes ist gegen die Flucht der seitlich anschließenden Fundamente etwa 2 Fuß gestelzt; etwa in der inneren Flucht der seitlich anschließenden Außenwände liegt das Zentrum eines Halbkreises, der nach innen zu den Saalwänden folgt und sie da verläßt, wo die Stemmung beginnt. Demnach waren die beiden einstigen ovalen Säle (unterer und oberer) so breit wie die heutigen, und lediglich etwa anderthalb Meter kürzer (gut 12 gegen heute knapp 14 Meter). Dieser Befund gibt zu denken – für so geringen Raumgewinn hat man einen so aufwendigen Umbau sicherlich nicht vorgenommen. Wir werden hierauf zurückkommen.

c) Ein weiterer Baubefund gibt Auskunft über die Höhe des ursprünglichen Saalpavillons. Die Ausstemmung der Innenwände endet mit dem Kranzgesims des oberen Saales. Darüber ist die Mauer von vornherein in elliptischer Form hochgezogen, d. h. erst mit dem Umbau aufgemauert worden.[6] Diese Mauer hat die Aufgabe, die mächtige Attika, die heute das Flachdach über dem Saalpavillon von den seitlich anstoßenden Dächern trennt, zu tragen. Eine solche Attika hat demnach vor dem Umbau des Saalpavillons nicht bestanden; dessen Innenwand blieb in Höhe des Kranzgesimses des oberen Saales liegen; an dieser Stelle begann die Holzkonstruktion der Deckenvoute, über der die Holzkonstruktion des Daches folgte; der Umbau schnitt hier bloß die relativ dünnen Innenwände des Mezzaningeschosses an, die man lieber ausbrach als wegstemmte. Der ursprüngliche Saalpavillon trug also keine Attika, sondern sein Dach fußte auf dem umlaufenden Hauptgesims so wie die heute noch vorhandenen (bzw. wiederhergestellten) Dächer über dem übrigen Kernbau.

Soweit die neuen Baubeobachtungen und die daraus folgenden Schlüsse auf bauliche Sachverhalte. Sie gestatten, eine ganze Reihe bisher offener Fragen der Baugeschichte zu beantworten. Im Kontext mit den zeichnerischen Dokumenten und den Urkunden ergeben sie eine ganze zusätzliche Bauperiode des Schlosses, von der vorher nur vergleichsweise geringe Spuren bekannt waren.

1. Zum Bauplan Nerings

Wie sah der ursprüngliche Bauplan aus, den Nering entworfen und 1695 auszuführen begonnen hat? Von den alten Plänen scheiden jetzt diejenigen aus, die im Grundriß den umgebauten, elliptischen Saalpavillon oder im Aufriß einen Saalpavillon mit geschoßhoher schwerer Attika enthalten – sie gehören zu dem Umbau.

a) Rekonstruktion von Saalpavillon und Gartenfront

Wir haben eine Rekonstruktion für Nerings Saalpavillon gezeichnet. Sie enthält drei Fensterachsen gegenüber den heutigen fünf, weil erstens fünfachsige Risalite damals, zumal an Landschlössern, äußerst selten sind, zweitens weil die Schlußsteine in den Fensterbögen des oberen Saales ein Indiz für Dreiachsigkeit geben: drei von ihnen sind von magerer Bildung, tragen Lorbeerkränze im Haar und blicken mit ernster Miene streng geradeaus; die beiden übrigen, beiderseits des mittleren angebracht, sind fleischig gebildet, tragen Rosen im Haar, und wenden sich mit freundlichem Lächeln zur Mitte hin, auch wachsen ihre Hälse aus Gewandfalten hervor, während die der drei ersten nackt abgeschnitten gegeben sind. Im Rahmen der gesamten Komposition würde man erwarten, daß alle seitlichen Köpfe sich zur Mitte hin wendeten. Wir vermuten, daß zum ursprünglichen Pavillon nur die drei geradeaus blickenden Schlußsteine gehört haben, daß der Pavillon also drei Fenster hatte.

Unser Rekonstruktionsvorschlag hat also drei Bogenfenster in einem 3/8-Polygon der äußeren Architektur des Saales. Von den vielen Beispielen und Varianten solcher Bildungen in der barocken Schloßarchitektur unterscheidet sich Nerings Pavillon aber darin, daß er nicht bloß zu 3/8 seines Umfanges aus dem Gebäude hervortritt, sondern zu mehr als der Hälfte, weswegen beiderseits sich noch Halbachsen ergeben. Entsprechende Polygone von 3 2/2 Achteckseiten sind der Chor und die Querarme der Burgkirche in Königsberg, die Nering 1690 entworfen hat.[7] Sein Vorbild für diese Raumform einer Kirche waren holländische Kirchen; sein Vorbild für die Halbachsen im architektonischen System waren die inneren Ecken im Hofe des Zeughauses, das er nach den Entwürfen des älteren Blondel ausgeführt hat.[8] Einen Mittelpavillon mit ovalen Sälen und 3/8-Polygon der Fassaden hat schließlich das Schlößchen Friedrichsthal bei Oranienburg, das man überzeugend Nering zugeschrieben hat.[9]

Zur Gliederung der fensterlosen Halbachse haben wir eine kleine Rücklage, einen Putz-Spiegel, angenommen, wie er sich in den anschließenden Feldern der geraden Fassadenteile findet, wo er übrigens mit

Sicherheit ursprünglich ist: die Einziehung hat die Stärke der übrigen Umfassungswände, die drei jeweils anschließenden Fassadenfelder zum Garten hin sind zum Ausgleich um soviel stärker gemauert.

Zur Vollständigkeit der Rekonstruktion schlagen wir noch als Auszeichnung der Mittelachse einen Segmentgiebel vor, wie er am jetzigen Kuppelturm Charlottenburgs über der Uhr angebracht ist. Solche Giebel hat Nering z. B. in Oranienburg über der Mitte der Gartenfassade und über den Mittelachsen der Eckpavillons angebracht, ferner auch in Friedrichsthal.

Was das Dach über dem Pavillon angeht, so muß es, wie wir sahen, auf dem Hauptgesims gefußt haben. Da das übrige Dach in einer Plattform schließt, nehmen wir eine solche auch über dem Pavillon an. Dieses Dach ist offenbar noch während des Umbaues des Saalpavillons als Provisorium beibehalten worden und hat noch zu Zeiten von Eosanders Bauleitung den Saalpavillon bedeckt, denn Broebes zeichnet es in der von Eosander verlängerten Fassade.

b) Die Treppe und die Hoffront

Die einstige Hoffront wird, abgesehen von der Treppe, durch eine ganze Reihe Zeichnungen überliefert. Die drei äußeren Achsen beiderseits, die noch jetzt erhalten sind, traten als Flügel um eine Achse vor, oder, vom heutigen Zustand her beschrieben, die fünf mittleren Achsen traten zurück. Von diesen mittleren Achsen waren die mittelsten drei durch Bogenfenster in beiden Geschossen und durch einen Dreiecksgiebel ausgezeichnet und bildeten die Portalfassade, die später um zwei Achsen nach vorn versetzt worden ist – das Wort Risalit im strengen Sinne ist nicht angebracht, da diese Portalfassade nicht vortrat. Die beiden anschließenden Achsen waren durch Oculi anstelle der sonst rechteckigen Mezzaninfenster als Einziehungen charakterisiert, waren aber im Gegensatz zu den entsprechenden Achsen der Gartenfront keineswegs eingezogen. Vielmehr hatte es genügt, daß der Giebel samt dem Gebälk darunter und der Attika darauf nicht verkröpft war, um die mittleren Achsen als vortretend, die seitlichen als eingezogen erscheinen zu lassen.

Allein über die ursprünglich geplante Treppe gab es bisher keine Klarheit. Infolge der Einziehung der fünf mittleren Achsen am Hofe bot das Gebäude vor Sälen und Paradezimmern nur einem eine Achse tiefen Korridor Platz. Sowohl die damaligen Architekten, die sich aus Distanz zu dem Charlottenburger Bau geäußert haben – Tessin und Broebes –, als auch architektonisch geschulte neuere Bauhistoriker wie etwa Gurlitt haben gesehen, daß das Schloß keinen Platz bot für eine angemessene Innentreppe, daß vielmehr die ganze Anlage auf eine Freitreppe zugeschnitten war, die in das Nobelgeschoß hätte hinaufführen müssen. Nach unserer Kenntnis deutscher fürstlicher Sommerhäuser dieser Zeit war eine solche Freitreppe auch durchaus noch üblich – Gurlitt verweist auf das Palais im Großen Garten in Dresden.[10] Die damals zu beobachtende Wendung von der Villa zur Sommerresidenz, also zu längerem Aufenthalt der Höfe auf dem Lande auch bei schlechtem Wetter, nach dem Vorgang von Versailles, die gerade auch die weitere Baugeschichte Charlottenburgs charakterisiert, ist der allgemeine Grund dafür, daß fortan durchweg Innentreppen üblich wurden.

Die Villa Lützenburg, aus der so bald das Residenzschloß Charlottenburg geworden ist, ist aber noch mit einer Freitreppe entworfen worden; das besagt die Grundrißform selbst.

Vor einigen Jahren ist auch wirklich eine Fassadenzeichnung mit der ursprünglich vorgesehenen Freitreppe aufgefunden worden. Carl Wolfgang Schümann hat sie im Hamburger Kunstgewerbemuseum identifiziert und den Fund freundlicherweise der Charlottenburger Schlösserverwaltung zur Verfügung gestellt. Damit ist die Diskussion über die Treppe des ursprünglichen Bauplanes entschieden.

c) *Untergebäude*

Wir haben in unsere Rekonstruktion der Pläne Nerings schließlich den frühesten überlieferten Plan für die Nebengebäude am Ehrenhof aufgenommen, obwohl sich dieser – leider nur im Umriß – auf einer erst Jahre nach Nerings Tod angefertigten Zeichnung findet. Wir diskutieren diese Zeichnung weiter unten mit den Treppenplänen der Bauperiode 1698–1701; zu dieser Periode gehören auch die Pläne zu den wirklich ausgeführten Untergebäuden, auf die wir ebenfalls zu sprechen kommen werden.

d) *Zur architektonischen Wirkung*

Im Plan des Schlosses sind Treppe und Saal die bedeutendsten Einzelheiten; da erst neuerdings der genaue Plan der Treppe, erst jetzt der ungefähre Plan zum Saalpavillon bekanntgeworden ist, kann man auch erst jetzt den Plan richtig würdigen. Wir wollen hier nur soviel bemerken, daß die über querliegenden gestelzten Halbkreisen entwickelte Treppe zu dem über einer ebensolchen, aber in die Tiefe gerichteten Figur entwickelten Saal vortrefflich stimmt. Wer einmal eine ähnliche Treppe gegangen ist, weiß, von wie großartig raumbildender Kraft sie gewesen wäre, zumal sie von den Seitenflügeln halb eingefaßt worden wäre. Der Hinaufsteigende wäre also von dem Gebäude mehr und mehr umfaßt worden, ehe er eintrat. Der Vergleich mit Broebes' und Tessins Vorschlägen[11] zu rechteckig geführten Treppen mit Zwischenpodesten in den Ecken zeigt zudem, wieviel besser die runde, in einem Zuge ansteigende Treppe zu der Kompaktheit und Steilheit des ganzen Corps de Logis paßt. Nerings Entwurf ist zwar nicht besonders modern für die damalige Zeit, aber er ist von meisterlicher Geschlossenheit.

2. Schwierigkeiten Grünbergs mit dem Bau nach Nerings Plänen

Die ursprünglich vorgesehene Freitreppe ist an der Villa Lützenburg nicht ausgeführt worden, und dies Jahre bevor die Villa zur Sommerresidenz wurde. Die Schwierigkeiten mit der Treppe sind der Schlüssel zur gesamten frühen Baugeschichte des Schlosses, weil sie auf ein Problem hinweisen, mit dem alle Charlottenburger Architekten bis einschließlich Eosander zu kämpfen gehabt haben.

a) Die Bauherrin ändert die vorgesehene Raumnutzung

In einer systematischen und schulgerechten Barockarchitektur, wie Nerings Villa sehr wohl genannt werden kann, hat man eine hierarchische Stufung vor sich: aus dem natürlichen Erdboden erwächst der Sockel, das Sockelgeschoß; es ist rustiziert, von bäurischer Ordnung. Auf deren Schultern gewissermaßen erhebt sich die korinthische Ordnung, Abzeichen der in Nachfolge der römischen Kaiser regierenden Obrigkeit von Gottes Gnaden; dort im Obergeschoß wohnt der Fürst.

Die Auflösung solcher Hierarchien pflegt nicht nur von unten nach oben zu erfolgen, sondern auch umgekehrt. Die Bauherrin von Lützenburg wünschte wider das Decorum im Erdgeschoß zu wohnen – ein allererster Anfang einer Zeremonienmüdigkeit, die sich baugeschichtlich z. B.

darin fassen läßt, daß gegen Ende des 18. Jahrhunderts manche deutsche Fürsten es überhaupt zu unbequem fanden, ihre Schlösser zu beziehen, und lieber in einem Kavaliershaus wohnten, wie Carl Eugen von Württemberg in Solitude, oder in ihrer Kronprinzenwohnung, wie Friedrich Wilhelm III. von Preußen in Berlin. Im Aufkommen erdgeschossiger Sommerschlösser – ausgehend vom Großen Trianon in Versailles – wird der positive Aspekt derselben Entwicklung sichtbar, nämlich die Richtung auf das bürgerliche moderne Naturgefühl hin.

Sophie Charlotte also bezog nicht das Nobelgeschoß ihrer Lützenburg, sondern das Erdgeschoß rechter Hand, vom Hof gesehen. Nun funktionierte Nerings Entwurf an zwei Stellen nicht mehr. Erstens hätte seine Freitreppe das nunmehrige Kavaliersgeschoß des Baues ausgezeichnet, die nunmehrige Wohnung der Fürstin aber hätte hinter einer solchen Treppe vollends souterrainhaft gewirkt; selbst eine zentral gelegene Innentreppe war nun unmöglich. Zweitens lag nun der große Saal nicht en suite des Appartements der Fürstin. Der untere Saal war kein guter Ersatz, denn er hat nur die Höhe des übrigen Erdgeschosses, während für den oberen die Höhe des etwas stattlicheren Nobelgeschosses und dazu noch diejenige des Mezzaningeschosses zur Verfügung stand und genutzt war. Sophie Charlotte ließ denn auch den unteren Saal mit Stoff ausspannen, wodurch er den Charakter eines weniger offiziellen Raumes, eines Raumes der Privatwohnung erhielt, wie sie z. B. im Berliner Schlosse neben den Staatswohnungen von Fürst und Fürstin vorhanden waren. Offizieller Festsaal des Schlosses Lützenburg mußte also der obere Saal bleiben, trotz seiner isolierten Lage.

b) Änderung des Treppenplanes

Wann der Widerspruch zwischen den Dispositionen der Bauherrin und denen ihres Architekten herausgekommen ist, wann also beschlossen wurde, die Freitreppe wegzulassen, ist nicht überliefert. Nering starb schon im Herbst des ersten Baujahres, also zu einer Zeit, als nicht einmal sein Rohbau gestanden haben kann. Wäre er noch mit Sophie Charlottes erdgeschossiger Disposition ihrer Wohnung konfrontiert worden, so hätte er damals noch den gesamten Plan, auch die Architektur der Fassaden und auch den Umfang des Gebäudes, danach modifizieren können.[12] Mit dem Weglassen der Freitreppe und dem Einbau einer seitlichen Innentreppe war das Problem ja nicht gelöst, sondern nur der gröbste Übelstand beseitigt. Daß die Fundamente der Freitreppe gelegt worden sind, kann am Bau nicht mehr nachgewiesen werden, weil schon bald ihre Stelle für die viel tieferen und breiteren Fundamente des Kuppelturmes ausgeschachtet worden ist. Die Planänderung von der Freitreppe zur Innentreppe muß zu einer Zeit erfolgt sein, als der Bau schon soweit gediehen war, daß man den Plan im Ganzen nicht mehr ändern mochte. Übrigens war Grünberg auch von sich aus zu größeren Eingriffen in Nerings Pläne nicht geneigt. Andererseits steht der im Keller vorhandene Unterbau der Innentreppe ebenso wie die übrigen Kellerwände auf einem Kalksteinfundament, was darauf deutet, daß sie begonnen wurde, ehe der Bauplatz geräumt worden ist, d. h. vor Abschluß der Rohbauarbeiten. Beim späteren Umbau des Saalpavillons war ja Kalkstein nicht mehr zur Hand; damals mußte man das Fundament mit den gegen Nässe empfindlicheren Backsteinen anstücken. Vermutlich war es also Grünberg, der sich veranlaßt sah, die Freitreppe, die als ein Gebilde weitgehend aus Werkstein ohnehin zu den letzten Rohbauarbeiten gehört hätte, wegzulassen und einen Ersatz innen im Hause zu planen.

Die Innentreppe ist den nunmehrigen Bedingungen gemäß ganz richtig seitlich disponiert, und ihre Ausführung begonnen worden, wie ihr im Keller erhaltenes Fundament bezeugt. Dies Fundament sollte eine vierläufige Treppe tragen, deren Freiwangen an den vier Ecken auf Stützen geruht hätten. Pfeiler- oder Säulentreppen dieser Art waren damals auch in Brandenburg eine wohl bekannte Disposition repräsentativer Steintreppen; die stattlichste befand sich, von Nering eingebaut, im Schloß Oranienburg. Noch Eosander hat, im Berliner Stadtschloß, mehrere Varianten solcher Treppen gebaut, darunter die sehr große, doppelläufigsymmetrische Weiße Saal-Treppe. Der Lützenburger Innentreppe hätte also nicht Stattlichkeit gemangelt. Nur wäre diese nicht recht zur Wirkung gekommen, da die Treppe über den relativ schmalen Gang keine angemessene Verbindung mit dem Festsaal gehabt hätte. Indessen war ein stärkeres Argument gegen diese Treppe sicherlich dieses, daß sie viel Platz wegnahm, der für Wohnräume gedacht gewesen war[13], nämlich mehr als ein Viertel der linken Appartements in beiden Stockwerken. Offenbar blieb die Treppe unausgeführt, und der Plan in der Schwebe, bis Eosander die Bauleitung übernahm.

3. Die Periode der Umbauten des Corps de Logis und des Baues des östlichen Nebengebäudes - die Bauleitung Schlüters 1698-1701

Der Landbaumeister Martin Grünberg war vorwiegend Bautechniker, ein ehrlicher Mann, der sich den speziell dekorativen Aufgaben des Hofarchitekten, die ja von größter Wichtigkeit waren, nicht gewachsen fühlte. Er scheint die Bauleitung der Schlösser nur aushilfsweise übernommen zu haben, und trat gern zurück, sobald ein Nachfolger gefunden war. Dies geschah praktisch 1698, formell mit Abschluß der Rechnungen Anfang 1699. Die wichtigsten Staatsbauten, Zeughaus und Berliner Stadtschloß, übernahm der bisherige Hofbildhauer Andreas Schlüter. Wer den Lützenburger Bau weiterführte, ist in schriftlichen Dokumenten bisher nicht gefunden worden. Die erste Vermutung wird immer sein, daß Schlüter hier wie dort Grünberg nachfolgte. Wir können jetzt dieser Epoche mehrere bedeutende Pläne, Bauvorgänge und Innenausstattungen zuordnen; insbesondere die zeichnerischen Belege sind verhältnismäßig reichlich.

a) Der neue Saalpavillon

Die erste Baumaßnahme der neuen Bauleitung war der Umbau des Saalpavillons. Grünberg hatte den Bau soweit gefördert, daß er 1699 eingeweiht werden konnte - er war aber, wie überliefert ist, erst halb fertig. Fertig dürften die Paradezimmer der Appartements gewesen sein, auch ihrer Dekoration in schwerem Akanthusbarock nach zu urteilen. Unfertig war offenbar der Saalpavillon, der in einem völlig anderen Stil dekoriert ist; die Haupttreppe fehlte noch ganz.

Von den Zeichnungen zu dem neuen Saalpavillon ist die bedeutendste ein ehemals in Dresden[14] aufbewahrtes Blatt mit Grundriß und Aufriß der Hoffassade, das 1944 verbrannt ist. Auf guten Fotos erkennt man aber selbst die Zirkeleinstiche, mittels deren die Ellipse des Saales gezeichnet ist (nach der Krümmungskreis-Methode) und die Spur des Siebes des Papiermachers, was die Größe der Zeichnung zu bestimmen gestattet. Sie war im Maßstab 1:144 gehalten wie fast alle älteren Zeichnungen, dürfte also genau wie diese nach dem ursprünglichen Entwurf durchgestochen worden sein.

Wir zählen jetzt die Besonderheiten dieser Zeichnung auf. Erstens und vor allem der Kuppelaufsatz der Gartenseite, dessen Dachkuppel

ganz auf der Hofseite zu sehen ist. Er ist, wie die ganze Zeichnung, schön ausgeführt, aber mit Fehlern in der Projektion, die den architektonischen Dilettanten verraten. Die Kuppelrippen, die bekrönende Rosette aus Lambrequins und das Postament darauf sind sämtlich verzeichnet.
Zweitens ist die plastische Dekoration stark vereinheitlicht. Die für Nering typischen Liegefiguren und Gehänge auf und neben den Mittelfenstern der Seitenrisalite, die Lorbeerkränze um die Okulusfenster und, besonders auffallend, die Akanthusranken und das Wappen im Giebel sind weggefallen. Die vereinheitlichende Tendenz zeigt sich in der Architektur am Wegfall der Kröpfungen, die unter jedem Fenster des Hauptgeschosses einen besonderen Sockel bildeten – da diese Kröpfungen an der Hofseite heute noch erhalten sind, waren sie aber offenbar schon ausgeführt.*
Drittens ist die verbliebene plastische Dekoration, außer den Schlußsteinköpfen der Kranz der Figuren auf Balustrade, Giebel und Kuppelzenit, im Gegensatz zu allen anderen Zeichnungen ganz glänzend dargestellt. Der Zeichner war als Architekt Dilettant, als Figurenzeichner aber ein vorzüglicher Fachmann. Im Ganzen ist dieses Dresdner Blatt so vorzüglich, daß wir es für den originalen Entwurf zu dem Umbau halten möchten.

Der ellpitische Saalpavillon, den die Grundrißzeichnung dieses Blattes enthält, sollte also eine hohe Dachkuppel tragen, die schon die Hoffassade, die auf demselben Blatt gezeichnet war, beherrscht. Zur Kenntnis der Gartenfassade dieses Planes fehlt uns das Stück zwischen dem Kuppelfuß und dem Hauptgesims des Saalpavillons, das ein Stockwerk tiefer liegt.

Glücklicherweise existiert auch eine Darstellung der Gartenseite dieser Planfassung, ein kleiner Stich, der eine 1706 erschienene Reisebeschreibung[15] illustriert. Die Darstellung ist als Ansicht staffiert, der Bau aber als geometrischer Aufriß eingesetzt, d. h. als Vorlage hat eine Bauzeichnung gedient. Wir erwähnen dies, weil die Dachkuppel nicht bis zur Ausführung gediehen ist, in einer echten Vedute demnach nicht erscheinen würde. Der Hallesche Architekt Pitzler, der Lützenburg auf einer Studienreise 1701 skizzierte[16], vermerkt ausdrücklich, daß das Schloß oben platt ist, und zeichnet auch nichts von der Kuppel (wohl aber den

---

* Die gekröpften Plinthen unter den Fenstern hat die Schlösserverwaltung inzwischen herausbrechen lassen, um die für die Pläne Eosanders überlieferten Fenstertüren herzustellen. Dabei fand man die Abdeckbleche von Eosanders Schwellen. Die verkröpften Plinthen waren demnach schon einmal von der Schloßbauverwaltung nach den ältesten Plänen wiederhergestellt worden, vermutlich um 1818, als König Friedrich Wilhelm III. an mehreren Schlössern die Fenster erneuern und dabei in vormalige Fenstertüren Brüstungen hat einmauern lassen.

zehnachsigen Saal). Andererseits war bei Pitzlers Besuch der Saalpavillon innen schon dekoriert, muß also unter Dach gewesen sein. Demnach hat das Neringsche Dach damals als Provisorium weiterbestanden, und so ist es auch von Broebes während der ersten Jahre von Eosanders Bauleitung wiedergegeben worden. Dem Bau der herausgehobenen Dachkuppel ist offenbar Eosander mit seiner Übernahme der Bauleitung zuvorgekommen.

Der Stich aus der Reisebeschreibung, obwohl im Maßstab sehr klein und in den Details vergröbert, informiert uns recht genau über den Plan zu Saalpavillon und Dachkuppel, vor allem aber darüber, daß über dem Hauptgesims des Pavillons eine schwere Attika den Kuppeltambour machen sollte. Kuppel und Attika sind gerundet, wie die Schatten erkennen lassen, so daß die Halbsäulen des Saalpolygons Figuren tragen können.

Der Saalpavillon ist schon im Jahre 1700 soweit ausgeführt gewesen, daß in einem der Säle am 6. Juni Tafel gehalten werden konnte.[17] Vielleicht ist damals auch schon die innere Hälfte der Attika bis unter das Notdach hochgeführt worden.

b) Die architektonische Dekoration des oberen ovalen Saales

Die bisher dargelegten Boebachtungen am Bau und an den alten Plänen haben uns veranlaßt, auch die architektonische Dekoration des oberen ovalen Saales genauer zu betrachten. Sie ist in der Tat noch diejenige von 1698/1701.

Als Pitzler 1701 Lietzenburg besuchte, hat er offenbar bereits den jetzigen Saal skizziert. Er trägt im Grundriß Pilaster ein – die Skizze gilt wohl für beide Geschosse – und spricht in seinem Begleittext von den 10 Bögen des oberen Saales, erwähnt, daß der Saal durch zwei Geschosse reiche, d. h. bis ins Mezzaningeschoß hinauf, und daß die Decke oval sei, d. h. die Form einer Voute habe. Die inneren Bögen sind nach seiner Notiz Spiegel; die Spiegel werden in einem Inventar von 1705 noch einmal genannt; seit der letzten Restaurierung sind die Bögen wieder verspiegelt.

Die Dekoration des oberen Saales ist also in der Hauptsache vollendet gewesen, als Pitzler sie sah; denn die Anbringung der Gesimse und der Stukkaturen gehören zu denjenigen Arbeiten, die der Anbringung von Spiegeln vorauszugehen pflegen. Es fragt sich nur, in welchem Grade die ursprüngliche Dekoration überarbeitet oder erneuert worden ist. Da die erhaltene Dekoration offensichtlich im Ganzen aus der Zeit des ersten Königs stammt, können wir die Frage noch einengen: welche Änderungen hat Eosander vorgenommen, insbesondere, als er die Saaldecke hat durchschlagen und höher setzen lassen, was uns aus dem Jahre 1708 überliefert ist?

Hat Eosander das Gesims höher gesetzt und die Pilaster verlängert? Ein Blick auf die Bogenarchitektur, die fast bis unter das Gebälk reicht, lehrt, daß daran nichts geändert ist.

Die Pilaster sind die ursprünglichen. Sie sind korinthisch; Eosander hat immer statt der korinthischen Ordnung die ordo composita gesetzt. Die Pilaster haben unkanonische, vereinfachte Basen, wie Eosander sie ebenfalls nicht verwendet. Die vereinfachten Pilasterbasen sind eine Feinheit des römischen Barock: Das vollständige Basisprofil ist für den flachen Pilasterschaft zu schwer und wird der Säule vorbehalten. So findet man es bei Pietro da Cortona, etwa in S. Luca e Martina in Rom, so bei Schlüter, etwa im Rittersaal des Berliner Schlosses.

Das Gebälk hat eine geläufige römisch-antike Form, die z. B. Palladio als Muster der korinthischen Ordnung gewählt hat. Der Fries ist gerade, die Corona ist aufgeschichtet aus Herzstab, Zahnschnitt, Eierstab, kassettierter Hängeplatte auf Schneckenkonsolen, normaler Traufrinne. Gleiche Gebälke waren in den drei Schlüterschen Sälen des Berliner Schlosses: Rittersaal, Elisabethsaal, Schweizersaal. Auch das Kranzgesims der Außenfassaden des Berliner Schlosses war nach diesem Muster gebildet. Unterschiede bestanden zwischen diesen Gesimsen nur in den Untergliedern und in der Ausführung der Blattstäbe. So findet man zwischen den Fascien der Architrave hier eine Perlenreihe, hier ein Astragal, hier eine Drillschnur; so sind die Eierstäbe hier in der antiken Weise ausgeführt, hier in der barock symmetrisierten Art. Das Charlottenburger Gebälk hält sich in diesem Rahmen. Bei den Restaurierungen hat man gefunden, daß ursprünglich unter der Sima ein Herzblatt lief wie in den Berliner Sälen – statt der jetzigen Perlschnur –, und daß unter dem Eierstab eine Perlschnur lief, die jetzt fehlt. Die Gebälke waren einander ursprünglich also noch ähnlicher als zuletzt.

Mit diesen Gebälken schloß sich Schlüter an eine örtliche Tradition an. Das untere Hauptgesims im Berliner Schloßhof, das er in seine Architektur übernommen hat, gehört demselben Typ an, ebenso die Architektur des Neringschen Porzellankabinetts in Oranienburg – wo man aber die Feinheit der vereinfachten Pilasterbasis nicht antreffen wird. Später geht Schlüter zu einem lockereren, rhythmisierten Gebälk über, mit gekuppelten Konsolen, wie sie sich an dem von Knobelsdorff übernommenen Gesims von 1706 im Saale des Potsdamer Stadtschlosses fanden.

Eosander hat das kanonische korinthische Gebälk unseres Wissens nie verwendet; seine eleganten Gesimse haben gewöhnlich ebenfalls gekuppelte Konsolen.

Eine weitere Freiheit von der Regel ist die Staffelung der Pilaster in der Querachse des Saales, die keine entsprechende Kröpfung des Gebälkes nach sich zieht; Gegenbeispiele finden sich im Berliner Rittersaal.

Die Architekturfassung des oberen ovalen Saales ist nach allem diesem die ursprüngliche und gehört offensichtlich unter die frühen Saaldekorationen Schlüters.

c) *Die plastische Dekoration des oberen ovalen Saales*

Die plastische Dekoration des oberen ovalen Saales ist offenbar in zwei Etappen angefertigt worden, gehört aber im ganzen der Regierungszeit des ersten Königs an.

Der der Architekturgliederung am nächsten zugehörige Fries ist mit einem umlaufenden Feston geschmückt. Putten sollen ihn tragen, treiben aber statt dessen Unfug. Zwei Putten ziehen in entgegengesetzten Richtungen; zwei Putten haben den Feston gerade zerrissen, der eine hält triumphierend abgerissene Blüten in die Höhe; ein Putto prügelt einen anderen, der am Boden liegt, mit abgerissenen Knospen; nur ein Putto ist brav, trägt sein Stück Feston und sieht sich traurig nach den wilden Gefährten um. Diese vier Kompositionen füllen gerade eine Achsbreite und wiederholen sich in zehnfachem Rapport rings um den Saal.

Dieser Fries, jetzt vergoldet, war ehemals weiß, wie sich hinter den später angesetzten Vasen gefunden hat. Dagegen muß der Herzstab, der den Architrav krönt, und der jetzt weiß ist, vergoldet gewesen sein wie die übrigen Zierprofile, so daß der weiße Fries von Goldstreifen eingefaßt gewesen wäre.

Es ist keine Frage, daß der Fries zur ursprünglichen Ausstattung des Saales gehört, und daß er von Schlüter entworfen ist. Drastische, mit sprühendem Einfallsreichtum immer neu komponierte Puttenszenen sind charakteristisch schon für Schlüters Arbeiten in Wilanow und Danzig und noch in Petersburg. Im Berliner Schloß fehlten Puttendekors nur in einigen Vorräumen. Im Speisezimmer der Paradesuite Sophie Charlottes, dem späteren Roten Zimmer der Elisabethwohnung, waren – als auffälligste Puttenszenen des ganzen Schlosses – zwei Bacchantentänze von Putten dargestellt.

In der zweiten Vorkammer und im Audienzzimmer des Königs haben Putten die Aufgabe, Vorhänge zu raffen, und spielen dabei Versteck.[18] Für die Charlottenburger Prügelszene kann als noch drastischeres – allerdings zwölf Jahre älteres – Gegenstück die Decke in Danzig[19] genannt werden, wo Puttenkompositionen die vier Erdteile darstellen.* Im großen Vorsaal in Wilanow sind die vier Elemente aus Putten komponiert; im Schlafzimmer des Königs reiten Putten auf Seepferden. In Petersburg[20] am Ersten Sommerpalast werden Putten von Delphinen getragen und reiten auf Seelöwen und See-Elefanten.

Die Putten in Eosanders Dekorationen sind sehr zurückhaltend und führen sich gesittet auf. Die Zuschreibung des Charlottenburger Kinderfrieses an Schlüter hat übrigens schon Gurlitt ausgesprochen.

Die unterschiedliche künstlerische Qualität der Tafeln des Frieses verrät, daß es sich um Werkstattarbeit handelt. Die schönste der Tafeln, diejenige, auf der dargestellt ist, wie die Putten den Feston zerreißen, ist von solcher Vollkommenheit, daß man einen größeren Anteil eigenhändiger Modellierung Schlüters annehmen möchte. Die Qualität des Frieses im ganzen hat in der dekorativen Plastik Charlottenburgs nicht ihresgleichen.

Zur ursprünglichen Dekoration des Saales gehören außer dem Fries die Wappenkartuschen in den Hauptachsen sowie je ein Paar Akanthusweibchen, die von dem Fries zu den Kartuschen vermitteln, und von denen jeweils eines noch ganz erhalten ist. Die Kartuschen waren weiß mit goldenen Rändern, die Akanthusweibchen weiß, wie jetzt noch. Seitlich und über der südlichen Kartusche wachsen Palmblätter hervor, die noch erhalten sind; an der nördlichen Kartusche entsprachen ihnen Lorbeerzweige, von denen bei der letzten Restaurierung Reste fotografiert worden sind. Sie sind unter den Eosanderschen Zutaten verdeckt.

Die zweite Etappe der Dekoration ist ziemlich achtlos auf die erste aufgesetzt. In den acht seitlichen Achsen sind große Blumenvasen angebracht; sie stehen auf konsolförmigen Schlußsteinen, die in die Bögen eingesetzt sind. In den Hauptachsen fehlen diese Schlußsteine, was bei längerer Betrachtung störend ins Auge fällt.

Die Vasen verdeckten ehemals von dem Rapport des Frieses immer die gleiche Platte, weswegen bei der letzten Restaurierung der Fries an der östlichen Saalseite um eine Tafel verschoben worden ist. In die Bogen-

---

* Die Danziger Decke halte ich inzwischen für eine Arbeit der Schlüter-Schule, weil sie die Gliederung der Berliner Rittersaaldecke voraussetzt.

zwickel sind allegorische Figuren einkomponiert. In der Längsachse sind es Famen, vier an der Zahl. Dann folgen, an der östlichen Seite von innen nach außen, die Paare Caritas und Justitia, Veritas und Prudentia, Regnum und Pax, Frühling und Winter (oder Schlaf und Erwachen?), an der Westseite von innen nach außen Eternitas und Vanitas, Sommer und Herbst (oder Fruchtbarkeit und Fülle?), ein Figurenpaar ohne Attribute, schließlich Eitelkeit und Sinnenlust. Das Arrangement ist nicht überzeugend; dieses Programm scheint nachträglich ad hoc zusammengestückt. Die Allegorien sind sichtlich mit den Vasen zusammenkomponiert. Auch stilistisch erweisen sie sich als der zweiten Dekorationsetappe zugehörig, denn sie setzen die dekorative Plastik des Berliner Rittersaales voraus.

Die Famen in den Hauptachsen halten Kränze in Händen, die von den Wappenkartuschen herabhängen. Sie sitzen zu tief, als daß sie die Kartuschen bekränzen könnten. Aus dieser Verlegenheit helfen geflügelte Putten, die wieder andere Kränze über die Kartuschen hängen. Der mittlere dieser Putten jeweils ist mit seinem Hinterteil auf Gesicht und Oberkörper des einen Akanthusweibchens gegipst, so daß von diesem nur Flügel und Akanthusschweif sichtbar bleiben. Der untere Putto soll, auf dem Bogen sitzend oder kniend, offenbar die hier fehlende Konsole aufwiegen.

Für diese nachträglichen Zutaten kommt als Datum das Jahr 1708 in Frage. Damals wurde die Saaldecke durchgeschlagen und erhöht, so schreibt der König seiner hannöverschen Verwandtschaft. Es macht Schwierigkeiten, mit unseren Beobachtungen zu vereinbaren, daß der Saal „nuhn viel höher" gemacht sein worden soll.

Der Kontext des Briefes erklärt, was damals wirklich unternommen wurde. Der König bagatellisiert die Bauarbeiten, gibt aber doch an, daß noch die Treppe verlegt werden soll. Der Plan zur Verlegung der Treppe nun, der bereits auf dem Grundriß von de la Fosse um 1706/1707 erscheint, hängt, einer Beobachtung von M. Kühn zufolge, mit dem Bau des Kuppelturmes zusammen. In dessen Unterbau ergab sich ein dreiachsiges Vestibül, während dies vorher in der Tiefenrichtung nur einachsig gewesen war. Dadurch geriet die Treppe aus der Enfilade, was durch ihre Umsetzung korrigiert werden sollte – zu der es übrigens nicht gekommen ist. Die Bauarbeiten von 1708 standen also mit dem Turmbau in Zusammenhang.

Die Erneuerung der Saaldecke wird durch den Zusammenhang mit dem Bau des Kuppelturmes erklärbar. Um nämlich den Zylinder des Kuppeltambours in der Außenansicht mit dem Gartenpavillon zu vermitteln, hat man über dem Gartenpavillon eine Exedra angelegt, so wie sie jetzt wieder hergestellt ist. Dabei wurde also das Dach des Saalpavillons abgenommen; Dach und Decke des oberen Saales aber sind eine konstruktive Einheit, mehr noch das neue Flachdach und die Decke des Saales. Ob bei der Erneuerung der Decke auch eine Erhöhung des Saales abgefallen ist, wie der König schreibt, ist zweifelhaft. Eosander hat die Arbeiten dem König wohl mit der Erhöhung schmackhaft machen wollen; sehr genau nahm er es mit solchen Begründungen nicht, wie wir vom Berliner Schloß wissen, wo er, um sein Konzept des vorderen Hofes zu verwirklichen, ein Stück von Schlüters Kapelle wegreißen mußte und behauptete, deren Balken wären verfault gewesen. Die Balken des Teiles der Kapelle, der Eosander nicht im Wege war, haben bis 1945 gehalten.

Unsere Beobachtungen an der plastischen Dekoration lassen sich also recht gut mit den wenigen Daten vereinbaren, die uns die Quellen liefern. Der stilistische Befund bestätigt mit aller nur wünschenswerten Deutlichkeit, daß Schlüter um 1698/1701 die Bauleitung auch von Lietzenburg innegehabt hat.

d) Architektonische Mittel des Umbaues

Der Umbau des Saalpavillons verrät eine äußerst geschickte Hand, hat man doch den Saalpavillon bisher für Nerings Entwurf halten können. Die Fassade des Saalpavillons, insbesondere die konkaven Interkolumnien, sind den gestochenen Plänen Nerings für die Parochialkirche der Berliner reformierten Gemeinde entlehnt, die übrigens in diesem Punkte der konkaven Interkolumnien nicht ausgeführt worden sind.[21] Die konkaven Interkolumnien fügen sich in dem Kirchenplan zu einer Art Strebepfeiler-Konstruktion der Ecksäulen, die durch die inneren Gewölbe motiviert ist. Schlüter benutzt die Form als rein formales Zitat. Auch die Attika ist diesem Plan Nerings entnommen; indessen läßt Schlüter Balustradenfiguren vor der Attika Aufstellung nehmen, so daß die Attika in eine neue räumliche Schicht zurücktritt, während Nerings Vasen schulgerecht oben auf der Attika stehn. – Die künstlerische Differenz freilich zwischen den annähernd quadratischen Zimmern des Neringbaues und den Sälen ist schon vor den neuen Baubefunden aufgefallen. M. Kühn schreibt, daß „die aus dem Kern des Gebäudes [...] weit heraustretenden Säle des Pavillons [...] anmuten wie ein kühner Vorgriff in die Raumgesinnung des Rokoko".

e) Architekturtypologisches Motiv des Saal-Umbaus

Wir wiesen schon darauf hin, daß der neue Festsaal kaum größer ist als der Neringsche. Das Motiv des Umbaus muß daher in der Qualität der Raumwirkung gesucht werden. Der auffälligste Zug an diesem Festsaal gibt die Erklärung für den Umbau: die Verspiegelung der inneren Arkaden. Eine solche Verspiegelung des Fest- und Speisesaales eines Barockschlosses ist ungewöhnlich, sie gehört aber zu dem Umbaukonzept: sie wird im Inventar von 1705 bezeugt, und schon Pitzler hat sie 1701 notiert. Nachdem sie beim Wiederaufbau 1965 rekonstruiert worden ist, ist es nicht schwer, ihre Wirkung und deren Bedingungen zu benennen.

Wie immer man in diese Spiegel blickt, man findet sich optisch in einem Gebäude aus mehreren im Bogen geführten Arkadengalerien, die überall auf den Garten gehen. Diese Wirkung ist dadurch erreicht, daß die Hälfte der Arkaden – fünf von zehn – tatsächlich zum Garten hin geöffnet ist; daher also die ungewöhnliche Öffnung des Risalites zum Garten hin. Ferner gehört zu den Voraussetzungen dieser Wirkung, daß keine verspiegelte Achse einer verspiegelten Achse parallel steht, denn dann würde eine zwischen ihnen stehende Person sich selbst und den Spiegel unendlich oft gespiegelt sehen, nicht aber den Garten – daher stehen in der kurzen Achse der Ellipse Pfeiler, und die ersten verspiegelten Wandfelder blicken schon ein wenig nach außen. Schließlich gehört zur Wirkung die Kontinuität der Wandkurve, sonst würde man in den Spiegeln keine Arkadenreihen in leichter Kurvung, sondern ein Durcheinander von winkelig aneinanderstoßenden Einzelbögen sehen – daher die mathematische Ellipse.

Gebäude, die in der Realität boten, was hier vorgespiegelt wird, wurden damals eigens in Gärten erbaut, auch Schlössern oben aufgesetzt. Der ältere Fischer von Erlach, Zeitgenosse Schlüters, hat verschiedene derartige Aussichtsgebäude, Belvedere, gebaut und publiziert. Dem weiten Ausblick entsprach oft ein Alleenstern, wie er auch in Lützenburg sein Zentrum hatte; zum Zentrum gehört der Zentralbau, zu diesem die Kuppel. Auch damalige Jagdschlösser sind öfter verwandt mit diesem Typ des Belvedere.

Schlüter hat den Lützenburger Festsaal als Belvedere ausgestaltet. Er löste damit auf glänzende Weise die Schwierigkeit der Isolierung des Saales von den Appartements. Ein Belvedere mußte isoliert liegen (zur vollen Wirkung müssen hier alle Spiegeltüren geschlossen sein), und es mußte hoch über den Appartements liegen. Selbst eine etwas beschwerliche, wenig repräsentative Treppe da hinauf, wie sie damals allein vorhanden war, paßte zu diesem Bautyp Belvedere.

f) Innenarchitektur des unteren ovalen Saales

Selbstverständlich muß der Architekt des Saalumbaus auch die ursprüngliche innere Dekoration des unteren ovalen Saales entworfen haben. Sie ist nicht erhalten. Sie bestand aus Wandlisenen und einem Gesims, die hinter dem unter Friedrich Wilhelm IV. eingestellten Säulenkranz verborgen gewesen sind. Das Gesims war komponiert aus einer feinen Abschlußleiste über der Wand, sodann und hauptsächlich aus einer großen Hohlkehle, die aus der Vertikalen fast in die Horizontale überführte, schließlich aus einer unterschnittenen Traufleiste, auf der die flache Decke lag. Dieser Gesimstyp war damals geläufig; er wurde als Bekrönungsglied außerhalb der architektonischen Ordnungen verwendet, z. B. über bespannten Wänden. Die Deckengesimse in den anstoßenden Zimmern Grünbergs bzw. Nerings gehören dem gleichen Typ an. Dasjenige im Saal war lediglich undekoriert und unvergleichlich entschiedener proportioniert. In dieser entschiedenen Proportion ist es unmittelbarer Vorläufer eines Rokoko-Gesimstypus. Dies Gesims nun war über die Lisenen weggekröpft, wodurch sich eine Art Kapitell ergab; ebenso war die flache Sockelplatte über die Lisenen verkröpft. Im Zusammenhang regulärer Architektur kamen solche Kröpfungen an Sockeln und Attiken vor; ihre Verwendung anstelle einer regulären Ordnung bezeichnet die extrem unorthodoxe Richtung der Barockarchitektur. Im Zusammenhang des ganzen Baues war diese Gliederung völlig organisch, denn außen ist das Geschoß ja architektonisch ein Sockel, und in der Vorstellung des Architekten sind die Lisenen die Sockel der Pilaster im oberen Saal.

Das Gesims ist in Schlüters Werk relativ selten nachzuweisen, zumal seine Parallelen mehr in schlichten Räumen zu suchen wären, die schlecht dokumentiert sind. Er hat es außen an den Fensterverdachungen des ersten Obergeschosses am Berliner Schloß verwendet, innen als Deckengesims des grün lackierten Zimmers im Ersten Sommerpalast in Leningrad. Im östlichen Charlottenburger Hofflügel kommt es auch als Deckengesims vor. Sehr häufig ist dagegen ein verwandter Gesimstyp, der statt der großen Kehlung eine Art Fries und eine Art Hängeplatten-Untersicht hat, also noch stärker das kanonische Gebälk imitiert. Diesen Gesimstyp kann man, samt seiner Kröpfung um Lisenen, z. B. am Lustgartenportal des Berliner Schlosses studieren. Als Raumdekor in dem gleichen Sinne wie in Charlottenburg findet er sich angewendet im unteren Saal des Palais Menschikoff in Leningrad.

g) Das erste Porzellankabinett

Weitere Raumdekorationen der Bauperiode 1698–1701 sind im Corps de Logis nicht zu erwarten, da die Wohnräume 1698 schon alle in Arbeit gewesen sein dürften. Sie waren alle in dem ein wenig altmodischen Akanthus-Barock ausgestattet. Einzige Ausnahme ist das erste Porzellankabinett gewesen. Hier sind zumindest Teile des Ausbaues moderner gewesen. Es war bis 1943 erhalten, scheint aber nicht fotografiert.[22] Pitzler hat es 1701 als einzigen Raum skizziert. Im Grundriß sind die Ecken abgeschrägt und darin Nischen angebracht. Diese enthielten Etageren aus Sockel, vier von je zwei Paaren gekuppelter gewundener Säulen gestützten Tabletts und einem krönenden Bogen mit eingerollten Enden so komponiert, daß sie die Gesamtfigur einer Nische mit großen Gewändesäulen nachahmten. Die figurale Komposition – wenn wir diese Formulierung M. Kühns hier benutzen dürfen – ist eine besondere Qualität von Schlüters Kunst. Übrigens ist auch die Einzelform des eingerollten Bogens typisch für seine Dekorationen. Es ist kein Zufall, daß Pitzler gerade nur dieses Kabinett skizziert hat – selbstverständlich interessierte ihn immer das Modernste.

h) Neue Treppenpläne

Zu der Periode des Saal-Umbaues gehört auch ein neuer Plan, die Schwierigkeiten mit der Treppe zu lösen. Wir wissen von ihm durch eine Zeichnung aus der Korrespondenz des Berliner Hofes mit dem Architekten des Schwedischen Königs, dem jüngeren Nicodemus Tessin.[23]

Tessin ist schon vor Beginn des Baues von Lützenburg gefragt worden, ob er die Pläne begutachten wolle, und hat sich auch dazu bereit erklärt. Indessen hat man ihn erst um Rat angegangen, als das Schloß schon stand und sogar der Saal schon umgebaut wurde oder war, denn der Plan von Lützenburg, den man ihm aus Berlin zugeschickt hat, enthält schon den zehnachsigen elliptischen Saal und die Dachkuppel. Tessin bemerkt denn auch in seinem im Konzept erhaltenen Gutachten, daß es ihm peinlich sei, schon ausgeführte Pläne zu kritisieren.

Der nach Stockholm gesandte Plan ist für die Versendung per Brief eigens in sehr kleinem Maßstab gezeichnet worden, so daß z. B. die Kröpfungen der Gesimse ganz verschliffen sind. Wegen des Maßstabes ist schon klar, daß diese Zeichnung eine Replik anderer Pläne, und nicht etwa als Entwurf entstanden ist. Der Zeichner ist geschulter Bauzeichner; er gibt z. B. in der Ansicht die Projektion der Kuppelrosette richtig. Er hat die Schmuckformen Nerings in die Zeichnung aufgenommen, die auf der Dresdener Zeichnung weggelassen sind. Wir sind der Ansicht, daß man Tessin ohne Wissen oder Teilnahme des bauleitenden Architekten befragt hat, und daß man einen Zeichner bemüht hat, der den jüngsten Entwicklungen des Baues verständnislos gegenüberstand. Diese Dekorationen gehörten nicht mehr zu dem Umbauplan. Glücklicherweise übernahm der Zeichner aus ihm vorliegenden Plänen auch den Grundriß von Untergebäuden, allerdings nur im Umriß, um anzudeuten, daß sie nicht ausgeführt waren. Die Viertelkreis-Komposition dieser Hofgebäude soll offenbar auf die ursprünglich vorgesehene Freitreppe vorbereiten; wir haben sie daher in unsere Rekonstruktion der Pläne Nerings eingetragen.

Die nach Stockholm gesandte Zeichnung nun stellt zwei verschiedene Formen der Haupttreppe zur Wahl. Linker Hand ist diejenige gezeichnet, die wir für Grünbergs Entwurf halten, und die noch in die Dresdener Pläne zum Umbau des Saalpavillons übernommen war. Die Stockholmer Zeichnung gibt ein fortgeschrittenes Stadium der Planung wieder, denn inzwischen erwägt man noch eine zweite Treppenform, die in die rechte Gebäudehälfte eingezeichnet ist. Das bedeutet nicht, daß sie rechts hätte eingebaut werden sollen, wo sie das Appartement der Fürstin beschnitt; vielmehr ist sie rechts eingezeichnet, um beide Alternativentwürfe in einem Grundriß unterzubringen. Die rechts eingezeichnete Treppe steigt in einem Schwunge in einem U-förmigen Lauf auf.

Daß zu dieser Zeit noch Alternativentwürfe für die Treppe erwogen wurden, läßt uns annehmen, daß die Pfeilertreppe nicht ausgeführt worden ist. Wir wissen, daß man in Lützenburg Raumknappheit empfand; diese dürfte die Ausführung der Pfeilertreppe verhindert haben.

Der U-förmige Treppenentwurf berücksichtigt offenbar die Raumknappheit. Die Pfeilertreppe hätte 2 x 2 = 4 Achsen eingenommen, die U-förmige Treppe deren 1 x 1 1/2 = 1 1/2, also weniger als die Hälfte. Der U-förmige Entwurf ist aber nicht nur ökonomisch, sondern auch künstlerisch überlegen. Die große Pfeilertreppe und der Korridor zum Saal beeinträchtigten einander, die U-förmige Treppe und der Korridor unterstützen einander in der Raumwirkung. Die Pfeilertreppe hätte den Korridor noch schmaler erscheinen lassen, der Korridor die isolierte Lage der Treppe deutlich gemacht. Die hufeisenförmige Treppe hätte als Verlängerung des Korridors gewirkt – zumal sie auch kein direktes Licht empfing –, der Korridor als Verlängerung der hufeisenförmigen Treppe. Es kam ja darauf an, möglichst ein räumliches Gegengewicht zu dem Saal zu schaffen, nachdem die Freitreppe weggefallen war.

Als Beispiel für das Spannungsverhältnis eines extrem schmalen, breitgedehnten Vorraumes zu einem in die Tiefe gerichteten Oval kann die Wiener Karlskirche dienen – bei ganz anderen Größenmaßen freilich. Treppen am Ende von Korridoren sind in Italien im 17. Jahrhundert noch allgemein üblich gewesen; man denke an Borrominis Treppe im Palazzo Carpegna in Rom oder an Guarinis Treppe im Turiner Kollegiengebäude. Für die hufeisenförmige Führung des Treppenlaufes scheint ein französisches Vorbild in Frage zu kommen, wie etwa Perraults Treppe in der Pariser Sternwarte. Die prominenten Beispiele sollen nur verdeutlichen, daß die Notlösung für die Lietzenburger Treppe ganz ausgezeichnet entworfen war, und daß ihr Architekt internationale Informationen sehr selbständig verwendete. Andererseits ist die hufeisenförmige Innentreppe auch wieder aus Nerings Freitreppe entwickelt. – Was das absolute Maß der hufeisenförmigen Treppe angeht, so war sie mit dreieinhalb Metern Breite des Treppenhauses erheblich geräumiger als das sich zum Vergleich anbietende, ebenfalls hufeisenförmige Treppenhaus von behäbiger Breite, das im östlichen Hofflügel gelegen ist und 2,60 Meter mißt, übrigens aber isoliert liegt. Die hufeisenförmige Treppe im Corps de Logis hätte gewiß großzügig gewirkt.

Der italienische Typus der Kombination von Treppe und Korridor ist ein Argument für Schlüter als Entwerfer dieses Planes der hufeisenförmigen Treppe. Die einzige andere hufeisenförmige Treppe, die uns aus den preußischen Schlössern der Zeit bekannt ist, ist diejenige im östlichen Charlottenburger Hofflügel, auf die wir eben schon hinwiesen. Sie gehört in dieselbe Bauperiode wie dieser Treppenplan (s. u.).

Wir müssen hier noch eingehen auf die Datierung von Tessins Gutachten. Vor Bekanntwerden des Saalumbaues mußte man annehmen, daß Tessin wirklich bald nach 1694, als er sich dazu bereiterklärt hatte, sein Gutachten erstattet hätte. Er kommt darin auf ein ähnliches Landschloß zu sprechen, das man gerade nach seinem Entwurf ausführen wolle, und will der Kürze halber Kopien des Entwurfes und der schriftlichen Erläuterungen beilegen. Man hielt bisher diesen Entwurf für denjenigen des

1694 begonnenen Schlosses Steninge; dieses Datum fällt mit dem Fund des Lützenburger Saalumbaues hin. Wir müssen Tessins Anspielung auf seinen Entwurf für das französische Schloß Roissy beziehen, das ähnlich disponiert ist. Der Text des Gutachtens paßt noch besser auf Roissy als auf Steninge, denn ausführliche schriftliche Erläuterungen waren für den Bauherrn im fernen Frankreich gewiß nötiger als für den schwedischen Bauherrn in der Bannmeile Stockholms.[24] Roissy ist 1698 begonnen worden; dies ist also das Datum von Tessins Gutachten zu Lützenburg und damit auch dasjenige der ihm zugesandten Zeichnung vom umgebauten oder umzubauenden Saal und der hufeisenförmigen Treppe.*

Wie die Anfrage der Bauherrin an Tessin zeigt, konnte sie sich die günstige Wirkung der hufeisenförmigen Treppe nicht vorstellen. Auch dieser Plan blieb unausgeführt, der Bau der Haupttreppe weiterhin in der Schwebe.

Was übrigens Tessins Meinung zu den Treppenplänen angeht, so war die Architekturkritik am preußischen Hofe damals offenbar noch nicht weit genug entwickelt, daß man in der Anfrage an Tessin das Problem des Lützenburger Baues hätte formulieren können, das ja darin bestand, daß Sophie Charlotte im Erdgeschoß wohnte, und daß deswegen eine zentrale Treppenanlage nicht in Frage kam. Tessin schlug eine zentrale Treppenanlage in zwei Varianten vor, so daß auch seine Mühe verloren war.

---

* Von dieser Stelle ausgehend hat F. E. Keller meine Baugeschichte angefochten. Der Vermittler zwischen Tessin und dem Brandenburgischen Hof, der schwedische Gouverneur von Pommern, Graf Bielke, geriet seit 1697 in Hochverratsverdacht und wurde im April 1698 verhaftet. Tessin hat damals deswegen eine Reise nach Berlin, zu der er eingeladen worden war, unterlassen, wie er am 9. Februar 1698 einem Freund schreibt. Keller meint, Tessin habe die Beziehungen nach Berlin ganz abgebrochen. Er deutet die Baubefunde so, daß Nering den elliptischen Saal mit der Kuppel entworfen habe, Grünberg diesen auf die gestelzt-runde Form vereinfacht, Schlüter dann Nerings Entwurf nach Abbruch von Grünbergs Saalpavillon wiederhergestellt und durchgeführt habe. Der Plan der ovalen Freitreppe sei nur ein künstlerisch schwacher, unerheblicher Vorschlag aus der Planungszeit der Treppe (Fritz Eugen Keller, *Zur Datierung der Planvorschlage Nicodemus Tessins des Jüngeren für das Schloß Lützenburg*, in: Von der Residenz zur City, 275 Jahre Charlottenburg, Berlin 1980). Kellers Argumente legen immerhin nahe, die Planung Schlüters auf den Winter 1697/1698 vorzudatieren. Im übrigen beruhen die Meinungsverschiedenheiten auf verschiedener Gewichtung der Dokumente – ich traue Zeichnungen mehr als Geschriebenem. Nach Keller müßte Grünberg auch die Neringsche Kuppel haben weglassen wollen, da sie auf den meisten Aufrissen fehlt. Eine Reduktion der Pläne lag aber nicht in der Situation, ganz im Gegenteil. Was schließlich Kellers stilistische Urteile angeht, die ich hier nicht referiert habe, so unterscheiden sich meine eben von den seinigen.

i) Das Nebengebäude von 1700/1701

Eosander hat, als er 1702 die Bauleitung übernahm, nicht nur das Corps de Logis nahezu fertig vorgefunden, sondern auch eines von zwei geplanten Nebengebäuden. Er berichtet im Theatrum Europäum, daß das Schloß, ursprünglich nur zum Aufenthalt über Tag bestimmt, doch längere Zeit hindurch bewohnt wurde, und daß deswegen beschlossen wurde, es durch Nebengebäude zu erweitern. „Nachdem aber der eine Flügel fertig, von dem Corps de Logis abgesondert gebauet war, gefiel er der Königin nicht, sondern sagete, es wäre der Architekt zwar ein guter Zeichner und könnte dem Gebäude auf dem Papier ein schönes Ansehen geben, alleine im Aufbauen wüßte er solches nicht zu tun." Dieser Flügel war also Ende 1701 „fertig". Begonnen worden ist er spätestens im Jahre 1700, denn im Winter, am 23. 1. 1701, befiehlt der König, die Rechnungen zu prüfen, „ausgenommen den letzt angefangenen Flügel". Im Jahre vorher, 1699, war das Schloß eingeweiht worden, und der Platzmangel hatte sich, da es nun bewohnt wurde, herausgestellt. Die Planung der, wie wir sehen werden, recht großzügigen Nebengebäude dürfte also in das Jahr 1699 fallen und damit in die Zeit des Umbaues des Saalpavillons.

Das Nebengebäude, das Eosander vorgefunden hat, ist das östliche gewesen.

Über die Ausdehnung des Flügels gibt der Plan von L. R. de la Fosse[25] Auskunft, der Eosanders Erweiterungsbauten an dieser Seite des Schlosses als noch in der Planung begriffen zeigt, während das Nebengebäude – soweit vom Plan erfaßt – als vorhanden eingetragen ist. Es umfaßte die gesamte Länge des jetzigen Seitenflügels mit Ausnahme der letzten Achse in der Hofecke, durch die es mit dem Hauptbau später verbunden worden ist.

An der Hofseite ist der Flügel – offensichtlich mit Rücksicht auf das Corps de Logis – nur durch wenig vortretende, dreiachsige Mittel- und Eckrisalite gegliedert. Die andere Seite hat viel stärkere Plastizität – die Eckrisalite sind zu kurzen Flügeln entwickelt, der Mittelrisalit ist hinterfangen von einem um zwei Achsen breiteren, kräftig vorspringenden Bauteil mit sehr breitem Achsmaß. Dieser kräftige Mittelrisalit der Rückseite des Flügels liegt in der Sichtlinie der heutigen Otto Suhr-Allee, die in abkürzender Schräge auf die Ost-West-Schneise des Tiergartens führt, an deren östlichem Ende einst das Berliner Stadtschloß stand. Dies war der Landweg zwischen beiden Schlössern – die heutige Schloßstraße, die senkrecht zu der Ost-West-Schneise steht, war durch Sümpfe unterbrochen und daher nur eine theoretische Ordnungslinie.

Der Flügel hat nicht mehr ganz die ursprüngliche Form. Als um die letzte Jahrhundertwende das Schloß neu geputzt werden sollte und deshalb der alte Putz abgeschlagen wurde, fand man an diesem Flügel auf der Hofseite im Erdgeschoß eine zugemauerte Bogenarchitektur. Der Hofbauinspektor Kavel[26] ließ ein Foto anfertigen, das eineinhalb solcher Bögen rechts neben dem Mittelrisalit erfaßt, wie durch die Maßverhältnisse festgestellt werden kann. Die Bogenstellung hat sich nur über die Rücklagen erstreckt. Hinter ihr lagen Flure, von denen einer noch erhalten, der andere späteren Einbauten zum Opfer gefallen ist. Die Bögen waren in ganzer Breite und Höhe offen. Auf den einstigen Pfeilern nämlich erkennt man die Spuren einer ersten Rustizierung von etwas kleinerem Maßstab, während die Vermauerungen nur die Spur der jetzigen Rustizierung im Maßstab derjenigen des Hauptgebäudes zeigen. Die Vermauerungen hat Eosander veranlaßt.[27]

Auffällig an dieser Disposition sind die beiden Wirtschaftsflure, an denen Küche und Nebenräume lagen. Warum haben sie die großen, zum Boden reichenden Bogenfenster? Es handelt sich nicht etwa um einen normalen Arkadengang am Hofe entlang; ihr Fußboden liegt etwa einen Meter über dem Hof.

Eosander hat später, in seiner Dresdener Zeit, in Übigau bei Dresden für den Grafen v. Flemming ein Sommerschloß gebaut, ungefähr vom Umfang eines größeren Gutshauses. Dies Schlößchen erhält eine sehr eigenartige Form durch Bogengalerien, die um beide Geschosse herumgeführt sind. Die obere Galerie, von der man eine Elbschleife, Dresden, und ein ehemaliges Wald- und Jagdgebiet übersieht, diente als Belvedere, die untere aber als Orangerie. Im Sommer wurde vor jedem Bogen ein Orangenbäumchen aufgestellt; unter jedem Bogen ist ein Postament dafür an den Sockel des Hauses angearbeitet. Im Winter, wenn das Schlößchen unbewohnt war, wurden die Bäumchen in die Galerie hineingestellt. Das nächste Vorbild für diesen reizenden Schmuck eines Landschlosses ist der Dresdener Zwinger, an dessen Galerien auch die Postamente nicht fehlen.

Die Charlottenburger Bogengänge sind offenbar ebensolche Orangerien gewesen; man muß sich vor jedem Bogen ein Postament denken, so daß – dem Plane nach – schon der Vorhof des Schlosses mit Reihen von Orangenbäumchen an beiden Seiten die Bestimmung des Besitzes als einen Sommer- und Gartenaufenthalt angekündigt hätte. Im 17. Jahrhundert war die Villa nach italienischem Geschmack selbst in Frankreich noch häufig; man schmückte die Vorhöfe noch gern mit Baumreihen und

Rasenparterres; es kommt auch vor, daß die Orangerie dem Vorhof zugeordnet wurde. Erst im 18. Jahrhundert wird der rein architektonische Vorhof, nach dem Vorbilde von Versailles, durchweg üblich. Was die Villa Lützenburg angeht, so erscheint sie mehrfach auf alten Darstellungen mit einem gärtnerisch gefaßten Vorhof. Der Schmuck des Hofes durch Orangenbäumchen war also ganz passend.

D'Humberts Nachricht, Schlüter habe von Charlottenburg Corps de Logis und Orangerie gebaut, kann also wörtlich genommen werden: in der Tat hat Schlüter das Corps de Logis gebaut, genauer gesagt umgebaut; in der Tat hat er eine Orangerie gebaut, allerdings nicht die heute erhaltene.

Das Vorgehen Schlüters scheint uns der Arbeitsweise eines Bildhauers zu entsprechen, der am Bozzetto wesentliche Stellen ummodelt, seine Vorstellungen Schritt vor Schritt verfolgt, indem er sie zugleich weiterentwickelt. Er bekommt das Werk mehr und mehr in den Griff, außen wie innen.

Wir haben in einer Profilzeichnung das Corps de Logis Schlüters mit seinen Nebengebäuden zusammengestellt. Wenn auch wichtige Einzelheiten an den Nebengebäuden fehlen müssen, so wird doch klar, wie die Komposition im ganzen gedacht war: nach dem langen Anlauf der Nebengebäude ragt kompakt das Hauptgebäude empor, in abermaliger Stufung durch den überkuppelten Saalpavillon beherrscht. Die kubische Kompaktheit des Neringschen Stiles wird als Steigerung gegen die flüssigere und lockerere Proportion der Nebengebäude ausgespielt und als eine Stufe in ein stilistisch umfassenderes System eingesetzt, das in dem expressiven Pathos des Gartenpavillons gipfelt.

Was wir nicht zeichnen können, ist die Wirkung der Innenräume: wie der schmale, durch die großen Bogenfenster sehr helle galerieartige Gang mit der hufeisenförmigen Treppe an seinem Ende zu der kühlen, ein wenig schattigen Stimmung des eleganten Belvedere-Saales gestanden hätte. Da dieser aber auch auf die Wirkung als einzelner Raum berechnet ist, haben wir in ihm doch noch wenigstens eine selbständige und leidlich erhaltene Raumbildung des Architekten und Dekorateurs Schlüter.

Der Charlottenburger Kuppelturm

Nachdem wir die wichtigsten Bauten, Umbauten, Inneneinrichtungen und Planungen von Lützenburg in der Bauperiode zwischen Grünbergs und Eosanders Bauleitung zusammengestellt haben und sie Schlüter zuschreiben konnten, könnten wir unser Thema als durchgeführt ansehen. Indessen ergab sich bei unseren Untersuchungen Evidenz für einen noch späteren Anteil Schlüters an diesem Schloßbau, so daß wir unsere Erörterung von Einzelheiten der Baugeschichte noch ein wenig fortsetzen.

4. Eosander als Architekt der Königin

Die Erhebung Preußens zum Königreich Anfang 1701 hat sich auch auf den Maßstab des Sommersitzes der nunmehrigen Königin ausgewirkt. Sophie Charlotte betraute im Winter 1701/1702 Eosander mit der Erweiterung ihrer Villa zu einem Residenzschloß.

a) Das Konzept zum Erweiterungsbau

Eine Skizze Pitzlers von 1704 überliefert uns Eosanders Bau in seinem dritten Jahr und zeigt das Konzept der Erweiterung: Verbindung der Hofflügel mit dem Hauptbau, Verlängerung der Gartenfront auf mehr als das Dreifache. Eosander verwendet hier recht selbständig Anregungen von Versailles, das er, kurz ehe er den Entwurf machte, gesehen haben dürfte. Zu diesem Konzept gehören flache Dächer. Die Schlütersche Kuppel über dem Saalpavillon mußte nun wegbleiben; ob Eosander auch die Neringschen Dächer abzunehmen vorhatte – wie es nun formal erforderlich war –, wissen wir nicht.

Was die Kolossalordnung über die ganze Front hin angeht, die Pitzler in der Ansicht gibt, so sind wir der Meinung, daß er sich geirrt hat, als er abends im Quartier seine Skizzen in Feder fixierte. Er hat bei den Risaliten, die heute Halbsäulen haben, vermerkt „c", d. h. Colonne; die Rücklagen haben also Pilaster. Die Pilaster hätten 1704 längst müssen im Mauerwerk angelegt sein; Spuren von ihnen sind aber, soviel uns bekannt, bisher nicht beobachtet worden. Übrigens hat Eosander genau so viele Halbsäulen vor die Risalite gestellt, wie er vom Neringbau abgenommen hat. Jedes Werksteinkapitell und jede Basis sind wieder versetzt worden; neue brauchten nicht geschlagen zu werden.

b) Anfängliche Schwierigkeiten Eosanders

Auch Eosander war geschulter Hofarchitekt genug, um das Große Appartement im Obergeschoß, im Nobelgeschoß des Schlosses vorzusehen. In den betreffenden Fenstern des Flügels, den er zuerst ausführte – also über dem Roten Tressenzimmer usw. – haben die Maurer in den Fensterleibungen die Schächte für die Fenstergewichte ausgespart, die für das Öffnen der Schiebefenster nötig gewesen wären.[28] Indessen beharrte Sophie Charlotte auch diesmal darauf, zu ebener Erde zu wohnen. Die Obergeschoßfenster sind dann, weil die Deckengewölbe des nun unten eingerichteten Appartements so hoch hinaufreichen, zur unteren Hälfte blind ausgeführt worden; zur oberen gehen sie auf ein Zwischengeschoß, für dessen Fenster die teure Schiebegewicht-Mechanik nicht nötig war und auch gar nicht in Frage kam – die Schächte zeigen keine Spur von Einbauten und Benutzung.

Eosanders großes Appartement wäre im Obergeschoß nicht nur im Sinne des Decorum am richtigen Platze gewesen; die beiden Flügel des Erweiterungsbaues wären auch durch die etwas höheren Räume im Obergeschoß des Neringbaues und vor allem durch den Schlüterschen Saal besser miteinander verbunden gewesen. Das jetzige Mißverhältnis der kleinen Räume im Kernbau zu den merklich höheren in den beiderseits angebauten Flügeln resultiert also aus einer Planänderung, zu der Eosander gezwungen war.*

c) Eosanders Treppe

Nachdem dem größten Raummangel durch Bau des ersten Hofgebäudes abgeholfen war, konnte die Innentreppe im Corps de Logis eingebaut werden, also ab 1701/1702. Wir haben in Dresden eine Zeichnung dazu identifiziert, die in ähnlicher Technik ausgeführt ist wie die ebenfalls dort erhaltene Entwurfszeichnung für Übigau, wo Eosander auch schriftlich als Architekt bezeugt ist. Diese Zeichnungen sind in schwarzen, grauen und roten Tuschen und in graphisch zweckvollen, ganz sachlichen Linien

---

* Dieser Absatz beruht auf einem Irrtum der Interpretation. Bei späteren Herstellungsarbeiten der Schlosserverwaltung hat sich gezeigt, daß die Schächte bis zu den Erdgeschoßfenstern heruntergehen. Eosander hatte vorgesehen, daß die Fenstertüren ganz in die Höhe gezogen werden konnten, so daß sie im Sturz verschwanden, ein Arrangement von großer Eleganz.

gehalten. Die vielen ebenfalls in Dresden noch vorhandenen Zeichnungen de Bodts, dem man die Treppe hat zuschreiben wollen, sind sehr prätentiös in jeder Linie und kostbar in Farben angelegt; Blau und Gelb fallen auf. Mit diesem Fund ist die Autorschaft Eosanders für die höchst elegante frei auskragende französische Treppe, vielleicht die erste in ihrer Art in Deutschland, gesichert.

Was die isolierte Lage der Treppe angeht, so war sie in dem mehr additiven Konzept Eosanders kein solcher Übelstand wie für die zentrale Komposition der einstigen Villa. Die Skizze Pitzlers läßt erkennen, daß Eosander den Korridor in der Mitte der Eingangsseite des Schlosses belassen hatte.

5. Eosander als Architekt des Königs

Eosander hat seine Pläne im übrigen auch nur drei Jahre hindurch ungestört ausführen können. Anfang 1705 starb plötzlich die Königin, und das Schloß fiel zurück an den König. Dieser übernahm zwar die Vollendung des Schlosses, veranlaßte aber wiederum Änderungen der Pläne, die grundsätzlich an Eosanders architektonische Konzeption rührten. Der König wünschte einen Turm mit einem Glockenspiel. Eosander muß wohl, um sein Konzept zu retten, Einwendungen gemacht haben etwa von der Art, solch ein Turm sei technisch unmöglich o. ä. – jedenfalls zog der König andere Architekten zu, die ihm den Turm entwerfen sollten. Am deutlichsten wird dies an dem Plan von de la Fosse.

a) Der Entwurf von L. R. de la Fosse für den Glockenturm

Das Projekt von de la Fosse betrifft im wesentlichen den Einbau des Glockenturmes; nebenbei enthält es noch Vorschläge für die Treppe und die Erhöhung der Hoffassaden. De la Fosse war seit Anfang 1706 Hofarchitekt in Hannover. Er hat Zeichnungen des Bestandes zugesandt bekommen und anscheinend seine Vorschläge auf aufgeklebten Papierstücken unmittelbar in diese Zeichnungen hineingearbeitet. Sein Grundriß zeigt die westlichen Erweiterungsbauten schwarz angelegt wie den Kernbau, also schon ausgeführt, samt der Großen Orangerie Eosanders, von der der Plan noch den Ansatz erfaßt. An der Ostseite steht der vom Plan wiederum nur zu einem kleinen Teil erfaßte Schlütersche Hofflügel noch unverbunden neben dem Schloß; die Erweiterungsbauten Eosanders sind hier als geplant oder unvollendet nur grau angelegt.

De la Fosse hat zuerst einen Kuppelturm mit hohem Tambour aus Attika und Arkadengeschoß entworfen, der auf einem runden Unterbau steht. Danach hat er das Arkadengeschoß weggelassen und die Dachkuppel unmittelbar auf die Attika gesetzt. Die zweite Fassung ist als Klappe auf die erste aufgeklebt, der sie überragende Teil der ersten, fast die ganze Laterne, ist abgeschnitten. Die erste Fassung hat de la Fosse also verworfen. De la Fosse hat mit einem Projekt begonnen, das dem ausgeführten ähnlicher war, und sich bei der Entwurfsarbeit zunehmend von diesem entfernt: wir vermuten daher, daß de la Fosse mit den Charlottenburger Plänen auch schon solche zum Bau des Turmes zugesandt bekommen hat, daß er also zu einem Gutachten aufgefordert worden ist, und daß der erste Schritt seiner Entwurfsarbeit war, den eckigen Unterbau im Sinne der französischen Neigung zur Kontinuität dem runden Turm anzupassen. Was man auf den Zeichnungen sieht, wäre dann der zweite Schritt der Entwurfsarbeit: er reduziert den Turm zu einem Pavillon französischer Art, läßt das gemauerte Glockengeschoß weg und sieht die Glocke in der Laterne oben auf der Dachkuppel vor.

In der Annahme, daß de la Fosse einen vorliegenden Berliner Turmentwurf überarbeitet hat, können wir uns darauf stützen, daß in der Tat ein solcher Entwurf damals schon existierte. Bekannt ist dieser Entwurf durch eine reizende Perspektivzeichnung der Gartenfassade des Schlosses, die den Turmaufsatz an der Stelle und in der Größe des später ausgeführten enthält.

b) Die Perspektivzeichnung von Paul Decker d. J.

Die Perspektive[29] ist von der Hand des jüngeren der Brüder Decker, eines Nürnbergers, der 1705 oder 1706 seinen älteren Bruder bei sich aufnahm, als dieser aus Berlin heimkehrte, wo er Architekt und Ornamentenzeichner im Büro des Schloßbaudirektors Schlüter gewesen war.[30] Man nimmt an, daß der ältere Decker wegen Schlüters Sturz, der im Jahre 1706 geschah, Berlin verlassen hat. Den Entwurf, der der Perspektive zugrunde liegt, muß er damals aus Berlin mitgebracht haben. Demnach datiert der Entwurf von 1705 oder 1706. Die Zeichnung von de la Fosse ist ein wenig später anzusetzen, da in ihr die Große Orangerie als existent dargestellt ist, die auf der Deckerschen Perspektive fehlt. Übrigens ist der

Bauverlauf nach de la Fosse dieser gewesen, daß Eosander erst die gesamte westliche Erweiterung einschließlich der Orangerie gebaut hat, ehe er den östlichen Teil seiner Erweiterung des Corps de Logis in Angriff nahm.

Der Turmaufbau, wie Decker ihn zeichnet, wirkt trotz etwa gleicher Maße sehr viel leichter als der ausgeführte. Dieser Eindruck entsteht durch die wesentlich größeren Fenster, die in Korbbögen zu schließen scheinen, und durch die Hermenpilaster, die anstelle von Säulen oder Pilastern das Gebälk tragen; ihre nach unten verjüngten Schäfte bewirken, daß der Aufbau unten eingezogen scheint, daß er über dem Schloß mehr schwebt als darauf lastet. Gleichwohl verbindet sich der Turmbau durch seine klaffenden Öffnungen mit dem Saalpavillon zu einem durchgehenden vertikalen Akzent, was gegenüber der langen Gartenfassade nötig genug war.

Die Schwierigkeit bei dem Entwurf dieses Aufsatzes war, daß er wegen der sehr großen Breite des Schlosses eine bedeutende Größe haben mußte, für die jede Säulen- oder Pilasterstellung wiederum zu schwer ausfallen mußte; denn die Säulen sind in ihrer Stärke durch die Proportionsgesetze unmittelbar von der Geschoßhöhe abhängig, und für die nötige Säulenstärke eines ausreichend großen Aufbaues war die Architektur des Schlosses, wie sie einmal vorhanden war, nicht kompakt genug. Aus dieser Schwierigkeit helfen die Hermenpfeiler, die in ihrer Proportion freier sind.

Eine weitere Schwierigkeit des Entwurfes war, die Erscheinung des über der Hoffront zu errichtenden Turmbaues mit der Gartenfront architektonisch zu verbinden. In dem durch Decker überlieferten Entwurf vermittelt eine Exedra von der Höhe der Dächer zwischen Turm und Gartenfassade: ihre große Hohlform, halbelliptisch über der inneren Hälfte des Saalpavillons hochgemauert, antwortet dem Rund des Turmes.

c) *Eosanders Turm*

Bei der Ausführung des Turmes vier oder fünf Jahre später, um 1710, hat Eosander die Architekturgliederung völlig geändert. Statt der Hermenpfeiler wählte er Halbsäulen kompositer Ordnung, hinterstaffelt mit Pilastern; die Fenster nahm er kleiner und rundbogig statt flachbogig; statt der Fenstergewände mit Ohren nach der Art Madernos oder Borrominis gab er den Fenstern scheinperspektivische Gewände nach dem Vorbild solcher am Palazzo Barberini in Rom, die als Entwurf Berninis galten. Vielleicht war die Verkleinerung der Fenster durch konstruktive Vorsicht begründet; die Änderungen im ganzen aber weisen doch auf grundsätzliche Unterschiede in der architektonischen Auffassung. Aber auch abgesehen von den architektonischen Einzelformen – Eosanders Kuppelturm wirkt insgesamt so mächtig und massig, daß er den Unterbau optisch erdrückt, zumal Eosander auch diesen seinen Unterbau architektonisch nicht kräftiger instrumentiert, sondern bloß die Eingangsfassade Nerings wiederholt hat. Dagegen hatte Schlüter schon für die niedriger projektierte Kuppel über dem Saalpavillon dessen Halbsäulen mit Lisenen hinterstaffelt.

Wir können den ersten Entwurf zu dem Charlottenburger Turm, wie Decker ihn überliefert, nicht für Eosanders Erfindung halten. Der Gedanke eines solchen gloriette- oder belvedereartigen Aufbaues muß ihm fremd gewesen und geblieben sein; anders scheint eine solche Verschlechterung des Planes unerklärlich. Auf einem Stich nach Deckers Zeichnung[31] wird Eosander zwar als Architekt genannt; indessen mag dieser in einer Situation entstanden sein, als Eosander sich endlich zu dem Turmbau bequemen mußte, den Entwurf aber noch nicht umgearbeitet hatte.

d) Zuschreibung des ersten Planes an Schlüter

Wir sind, wie wir schon andeuteten, der Meinung, daß Eosander sein Versailler Konzept zu retten versucht hat, und daß der König andere Architekten mit Turmentwürfen beauftragt hat. Als der König Charlottenburg übernahm, war Schlüter noch sein Schloßbaudirektor. Es liegt nahe, einen Schlüterschen Entwurf anzunehmen, Schlüter für den Autor des von Decker tradierten Entwurfes zu halten. Daß es gerade Schlüters Schüler Decker ist, über den der Entwurf auf uns gekommen ist, weist schon auf unsere Annahme hin. Ansonsten sind wir auf stilistische Argumente angewiesen.

Die Maderno oder Borromini[32] abgesehenen Fenstergewände sprechen für unsere Annahme. Eosanders Geschmack war französisch beeinflußt; soweit er später italienische Anregungen aufnimmt, schließt er sich wo er kann Tessin an, der ganz bewußt[33] die Richtung seines Lehrers Bernini vertrat, was ebensoviel heißt, wie daß er die expressive Richtung Borrominis ablehnte. Wir brauchen hier nicht darzulegen, daß Schlüter der expressiven Richtung der italienischen Barockarchitektur zuneigte. Schon sein Charlottenburger Saalpavillon zeigt es.

Ein noch besseres Indiz sind die Hermenpfeiler. An einer gleichen Aufgabe wie in Charlottenburg, nämlich einen Aufbau über einem ursprünglich nicht dafür gedachten Unterbau möglichst leicht zu gliedern, hatte Schlüter schon als polnischer Hofbildhauer in Wilanów mitgearbeitet; dort war sie durch nach unten verjüngte Pilaster mit Widderhornkapitellen gelöst worden.[34]

Das gewichtigste Argument, den ersten Entwurf des Charlottenburger Turms Schlüter zuzuschreiben, ergibt sich aus der Art, wie der Turm mit der Gartenfassade vermittelt ist, durch die große Exedra über dem oberen Saal. Dieser Gedanke war offenbar angeregt durch die schon begonnene, noch unter Nerings Dach provisorisch verdeckte Hälfte des Tambours für die 1698 geplante Kuppel über dem Saalpavillon; der Entwurf der Exedra knüpft also an Schlüters ersten Plan an und setzt genaue Kenntnis des Baues voraus, Eosander ist eine solche mathematisch-dialektische, spannungsvolle Borromini-Idee nicht zuzutrauen. M. Kühn sucht daher den Ursprung des Gedankens bei J. B. Fischer von Erlach, in dessen Werk dergleichen Antithesen mathematischer Kurvungen häufig sind. Ebenso hat E. Schneider in seiner Dissertation über Decker solche Kompositionsformen öfter diskutiert, zumal in Verbindung mit Turmbauten auf Schlössern; er weist nach, daß Decker bestimmte derartige, erst später veröffentlichte Entwürfe J. B. Fischers bei dessen zweitem Besuch in Berlin, 1704, gesehen hat.[35] Er nimmt an, daß Fischer seine Zeichnungen Schlüter vorgeführt hat, und daß Decker sie bei dieser Gelegenheit hat sehen dürfen. Schneider führt auch ein Indiz aus Schlüters Plänen an, das dafür spricht, daß Schlüter Anregungen dieser Art von Fischer aufgenommen hat. Unseren Turmplan allerdings teilt er noch nicht Schlüter zu, zumal er noch unsicher war, ob dieser nicht schon zu Eosanders erstem Plan von 1701/1702 gehörte. Seit M. Kühns Arbeiten über Charlottenburg kann der Turmplan mit Sicherheit auf 1705/1706 angesetzt, und damit als die offensichtlichste Folge von Fischers Besuch 1704 gefaßt werden.

Nun könnte auch Eosander Fischers Zeichnungen gesehen haben. Wirklich hat er seit 1707, als er Schlüters Nachfolger als Schloßbaudirektor geworden war und die von Schlüter aufgebaute Werkstatt leitete, sein stilistisches Repertoire sehr erweitert – wohl auch mit Rücksicht auf den Geschmack des Königs; der erstaunlichste Entwurf ist wohl der für den

3. Portalrisalit mit dem (nicht ausgeführten) Kuppelturm des Berliner Stadtschlosses, eine bewegte Komposition gegensätzlicher Kurven. Sobald Eosander wieder allein arbeitet, ist er wieder klarer Rationalist: Übigau zeigt es. 1705/1706, zur Zeit des ersten Entwurfes für den Charlottenburger Turm, leitet Eosander noch nicht die große Werkstatt, hat sich noch nicht stilistisch angepaßt. Sein erster Entwurf für die Erweiterung des Berliner Schlosses, von 1706/1707, geht noch ganz in den französischen Bahnen.[36]

Was dagegen Schlüter betrifft, so haben wir in seinem Werk eine späte Weiterentwicklung des Charlottenburger Turmentwurfes, nämlich die Leningrader Kunstkammer. Die Kunstkammer – das Sammlungsgebäude der Petersburger Akademie der Wissenschaften – ist seit 1718 von Schlüters Schüler Mattarnovi erbaut worden.[37] Mattarnovi war Bildhauer aus Schlüters Berliner Werkstatt und hat in Petersburg ein knappes Jahr als Bauleiter Schlüters gearbeitet. Seine architektonische Ausbildung war also recht kurz; nach Schlüters Tod 1714 wurde er auch keineswegs dessen Nachfolger als Oberbaudirektor und Entwerfer en chef, sondern der Zar engagierte den renommierten Pariser Architekten Leblond. Die Kunstkammer ist sicherlich nicht ein Entwurf Mattarnovis, den dieser gegen Leblond durchgesetzt hätte, sondern ein Entwurf Schlüters, den der Zar unverändert auszuführen befahl, wie dies in anderen Fällen belegt ist; der Entwurf zur Kunstkammer kann zudem mit einem literarisch bezeugten Petersburger Akademieprojekt Schlüters identifiziert werden, denn der Bau war zunächst auch als offizieller Sitz der Akademie projektiert. Bei der offiziellen Gründung bezog die Akademie aber ein freigewordenes benachbartes Palais, und der Bau Mattarnovis wurde nach der Instrumenten- und Raritätensammlung genannt. Außer dieser befanden sich darin noch die Bibliothek und, im Mittelturm, die Sternwarte. Die Details dieses postumen Werkes Schlüters sind einigermaßen provinziell geraten und durch öftere Reparaturen noch entstellt worden; die Disposition des Ganzen ist aber meisterlich.

Die Ähnlichkeit des Mittelbaues der Kunstkammer mit demjenigen von Charlottenburg ist schon von B. H. Hallström hervorgehoben worden. Der im Ganzen vorspringende, in den einzelnen Achsen konkave Unterbau von der Höhe der Flügel, die Exedrabildung in Höhe der Dächer, die Proportion der Trommel des Arkadengeschosses, vor allem die Spannung des gehöhlten gegen das gerundete – das sind große Ähnlichkeiten. Auch ein so bezeichnendes Detail des von Decker wiedergegebenen Entwurfes wie die Fenstergewände mit Ohren an Bogenfenstern findet sich, diesmal an dem Exedra-Geschoß, wieder. Freilich ist der Petersburger Bau aus einem Guß und von großer Kraft der Form, interessant und spannungsvoll aus Gegensätzen zu glänzender Harmonie entwickelt, während das Charlottenburger Gegenstück mit Rücksicht auf die Fassaden Nerings und Eosanders und auf den Charakter des Gartenschlosses lockerer und zarter entworfen war.

e) Planungsgeschichte des Charlottenburger Turmes

Wir stellen uns die Planungsgeschichte des Charlottenburger Turmes demnach so vor, daß der König 1705 zuerst Eosander um einen Turmentwurf ersuchte, und daß Eosander zunächst versucht hat, den Turmbau zu vermeiden. Der König hätte dann seinen Schloßbaudirektor Schlüter mit einem Entwurf beauftragt. Schlüter, der einige Jahre vorher seinerseits in Charlottenburg Eosander hatte weichen müssen, entwarf nun den Turm, wie ihn der Bruder seines Ateliergenossen und Schülers Decker in Perspektive gesetzt hat. Im nächsten Jahr, 1706, wurde Schlüters Scheitern mit dem Bau des Münzturmes offenkundig, und seine Reputation speziell als Architekt von Türmen war dahin. Nun bemühte der König de la Fosse um ein Gutachten, dessen Dokument die überlieferte Zeichnung ist, die wir diskutierten. Schließlich sah Eosander, daß der Turmbau nicht zu vermeiden sein würde, übernahm den Plan Schlüters, überarbeitete ihn mit wenig glücklicher Hand, und baute den Turm schließlich in den Jahren um 1710 auf das Schloß.

f) Die Typologie des Kuppelturmes in Schlüters Werk

Schlüter hat nach unseren Ermittlungen von 1698 bis 1701 den Charlottenburger Bau geleitet und 1705 noch einmal Entwürfe für Charlottenburg gemacht.

Zu seinem architektonischen Werk fügt sich damit ein neues Kapitel, die belvedereartigen Kuppelaufbauten. Den ersten entwirft er 1698 für Charlottenburg als Belvedere-Festsaal, den zweiten 1705 wieder für Charlottenburg als architektonische Fassung eines Glockenspieles. Diese Verwendung der Belvedere-Form findet sich auch in seinem ersten Projekt für das Berliner Schloß, in dem der Glockenturm auf der Erasmus-Kapelle stadtrömischen – eckigen – Palast-Belvederes nachgebildet ist.

Schlüters dritter Belvedereplan von gerundeter Form ist dann die Sternwarte der Petersburger Akademie. Sie ist nicht dem Ausblick in sublimer Muße, sondern wissenschaftlicher Fern-Beobachtung des Weltalls gewidmet, und daher spezieller ausgestattet; die Eck-Kabinette des Exedrageschosses sind sicherlich für die Aufstellung der Passage-Instrumente bestimmt. – Diese drei Entwürfe umgreifen die ganze Zeit Schlüters als selbständig entwerfender Architekt: der Charlottenburger Saalpavillon ist eines der Projekte aus seinem ersten Jahr als Hofarchitekt, der Petersburger Turm datiert aus seinem letzten Lebensjahr. Schon dem Charlottenburger Saal mangelt es nicht an großartiger Entschlossenheit des Entwurfes; noch aber bemerkt man eine gewisse Härte im unvermittelten Aufsteigen der Kuppel, wie sie von der Hofseite gesehen worden wäre. Der Petersburger Bau ist dann ebenso elegant wie kraftvoll.

Anmerkungen

1 (C. H. v. Heinecken), Nachrichten von Künstlern und Kunst-Sachen, Leipzig und Wien 1768, im Artikel über Schlüter. Heinecken gibt im Titel des Teiles über die brandenburgisch-preußischen Künstler d'Humbert als Quelle an.
2 Theatrum Europäum XVI, Frankfurt am Main 1717, unter dem Jahr 1703, S. 251 f.
3 a) Margarete Kühn, Schloß Charlottenburg. Berlin 1955. b) Die Bauwerke und Kunstdenkmäler von Berlin. Charlottenburg. 1. Teil: Schloß Charlottenburg, bearbeitet von Margarete Kühn, Berlin 1971
4 So noch Leopold Reidemeister, Die Porzellankabinette der brandenburgisch-preußischen Schlösser, in: Jahrbuch der Preußischen Kunst-Sammlungen 1934, Heft 1, S. 44
5 Dieses Manuskript datiert im wesentlichen von 1967.
6 Foto-Archiv der Verwaltung der Schlösser und Gärten, Schloß Charlottenburg
7 Georg Fritsch, Die Burgkirche zu Königsberg. Diss. Königsberg 1930
8 Jean Baptiste Broebes, Vues des Palais et Maisons de Plaisance de ... le Roy de Prusse ... Augsburg 1733, Tf. 6 a mit Vermerk der Autorschaft und der Bauleiter
9 Wilhelm Boeck, Schloß Oranienburg. Berlin 1938
10 Cornelius Gurlitt, Andreas Schlüter, Berlin 1891, S. 113
11 Vgl. Anm. 3 b, Abb. 9 und 8
12 In unserem Zusammenhang gewinnt eine Darstellung eines im Bau begriffenen brandenburgischen Lustschlosses Interesse, die sehr wahrscheinlich Lützenburg meint. Es handelt sich um eine Kopfleiste aus dem Thesaurus ... Brandenburgicus des Laurentius Beger, Bd. II, 1698, dem reich geschmückten kommentierten Katalog der kurfürstlichen Antikensammlung. Die Kopfleisten der Hauptabschnitte des Werkes sind in panegyrischer Absicht systematisch angeordnet; es finden sich darunter vorzügliche Quellen für die Architekturgeschichte Brandenburg-Preußens. Von dieser einen Kopfleiste (über dem Vorwort) wird ausnahmsweise nicht gesagt, welches Gebäude sie darstellt; indessen fehlt unter den benannten Lustschlössern Lutzenburg; es ist unwahrscheinlich, daß eines so bedeutenden Bauvorhabens nicht gedacht sein sollte. Der abgebildete Bau hat wie die Lützenburger Gartenfront 4 Achsen Rucklagen beiderseits des Mittelrisalites. Der Mittelrisalit ist 4achsig gegeben, was verzeichnet sein durfte, und gewiß eher einen

5achsigen als einen 3achsigen Risalit bedeuten wird. Die Türgewände des Erdgeschosses dieses Risalites sind perspektivisch so gezeichnet, wie wenn er rund vorspringen würde, während das Obergeschoß wie rechteckig vorspringend gezeichnet ist. Es besteht also die Möglichkeit, daß die Lützenburger Gartenfront gemeint ist. – Beide Geschosse dieses Lustschlosses haben eine Säulenordnung. Das Erdgeschoß ist durch Bogenfenster und größere Höhe gegenüber dem Obergeschoß ausgezeichnet, so daß es sich zu einer fürstlichen Wohnung schicken würde. Die seitlich anschließenden Galerien könnten diejenigen sein, die auf dem Stockholmer Grundriß des Schlosses Lützenburg erscheinen. Es könnte sich demnach um einen Plan handeln, der dem von uns dargelegten Mißstand Lützenburgs – daß die Fürstin im Sockelgeschoß wohnte – abhelfen sollte entweder als der Rohbau noch nicht vollendet war, oder aber durch einen weit gründlicheren Umbau, als er tatsächlich stattgefunden hat. Der vorgesehene Wegfall des Mezzaningeschosses würde die Realisierung dieses Planes ausgeschlossen haben; wir wissen, daß Lützenburg in der ausgeführten Form, mit dem Mezzaningeschoß, immer noch als zu eng empfunden wurde.

[13] Als – wohl 1701/1702 – die Treppe Eosanders eingebaut wurde, ist im jetzigen Treppenhaus die Decke zwischen Erd- und Obergeschoß herausgeschnitten worden; die jüngste Restaurierung traf auf die Balkenköpfe der Deckenbalken, die noch in den Wänden steckten.

[14] Ehemals im Staatsarchiv Dresden, Stempel der Bibliothek des Kgl. Ingenieur-Corps

[15] John Toland, Relation des cours de Prusse et de Hanovre ..., La Haye 1706

[16] Das Skizzenbuch Pitzlers in der Bibliothek der Technischen Hochschule Berlin-Charlottenburg 1943 verbrannt. Fotos daraus s. Anm. 6

[17] Gütther, Leben u. Thaten Friedrichs I. ..., Breslau 1750, S. 121 (nach den Aufzeichnungen des Zeremonienmeisters J. v. Besser)

[18] Heinz Ladendorf, Andreas Schlüter, Berlin 1935

[19] Abb. u. Literatur in: Henryk Kondziela und Wojciech Fijalkowski, Schlüter in Polen, in: Michelangelo heute. Wiss. Zs. d. Humboldt-Universität zu Berlin, Sonderbd. 1965, Anhang. Fotos s. Anm. 6.

[20] Lit. s. Björn-Henrik Hallström, Der Baumeister Andreas Schluter in St. Petersburg, in: Konsthistorisk Tisdkrift 3/4, 1961. Fotos. s. Anm. 6

[21] G. Schiedlausky, Martin Grünberg, Burg 1942. Abb. 11 u. 12

[22] Anm. 3 b Abb. 216 ist nicht das Porzellankabinett (Raum 137), sondern der Nebenraum (138) oder der darüberliegende Raum (213).

[23] Nationalmuseum Stockholm, Tessin-Haorlemann-Samlingen 1532

[24] Ragnar Josephson, Tessin, Stockholm 1930, Bd. II S. 165 (Steninge) und S. 159 (Roissy)

[25] Signierter Grund- und Aufriß im Institut f. Denkmalpflege Dresden

[26] Wilhelm Gundlach, Geschichte der Stadt Charlottenburg, Berlin 1905, Bd. II, Abb. 4, S. 235, und Berlin und seine Bauten 1896, Bd. II, S. 21, Artikel über Schloß Charlottenburg von Kavel/Borrmann

[27] Was Eosander sonst noch geändert hat, könnte nur durch eingehende Untersuchung aller Details noch weiter geklärt werden (innen z. B. die Deckengesimse und Paneele); die plastisch sehr schön zur Baumasse stehenden äußeren cortonesken Gesimse halten wir für Schlütersch. Das Holzwerk des Daches könnte evtl. noch Hinweise ergeben, ob die jetzigen Giebel ursprünglich so gedacht waren.

[28] Auf diese Schlitze bin ich durch Hartwig Schmidt aufmerksam gemacht worden.

[29] German. Museum Nürnberg

[30] Vgl. Ernst Schneider, Paul Decker d. Ä., Diss. Frankfurt/Main 1937

[31] Schloß Charlottenburg, Plankammer

[32] Derartige Bogenfenster mit Ohren-Gewänden z. B. an S. Susanna oder am Oratorio di S. Filippo Neri in Rom
[33] Vgl. die Decke mit Architektenbildnissen in Tessins Haus in Stockholm.
[34] S. Anm. 19
[35] Schneider a.a.O., S. 13, 15, 16, 34, 35
[36] Unpublizierte Studie d. Verf. darüber s. Anm. 6
[37] Hallström, a.a.O.

Quelle: Andreas Schlüter und das Schloß Charlottenburg. Corps de Logis und Orangerie, in: Schloß Charlottenburg, Berlin, Preußen. Festschrift für Margarete Kühn, herausgegeben von Martin Sperlich und Helmut Börsch-Supan, München–Berlin 1975

Das geöffnete Fundament des Saalpavillons. Die Mittelpfeiler treten über die Fundamentkante vor. Foto: Schlösserverwaltung

Oberer Ovaler Saal, Pilaster rechts der östlichen Tür. Der Pilaster aus hochkant vorgesetzten Steinen, darunter der Putz des Nering-Baus. An der rechten Pilasterkante Beginn der Stemmung Schlüters. Foto: Schlösserverwaltung

Nerings Entwurf für die Hoffassade. Museum für Kunst und Gewerbe, Hamburg

Alternativentwurf für die Innentreppe. Stockholm, Nationalmuseum

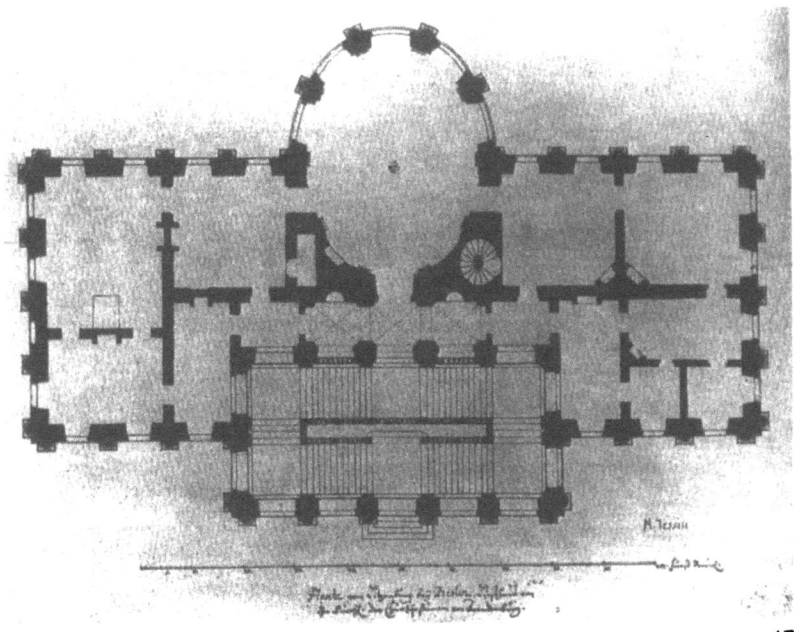

Aufriß der Gartenfassade Schlüters, als Vedute staffiert. Aus: John Toland, Relation des cours de Prusse et de Hanovre..., La Haye 1706

Oberer Ovaler Saal, Süd-(Innen-)Seite. Foto: Verf. (1965)

Paul Decker d.J., Gartenfront mit dem ersten Entwurf für den Glockenturm, 1705 oder 1706. Germanisches Museum Nürnberg

Aufriß der Hoffassade und Grundriß, Bauzustand nach 1706 mit den Vorschlägen von Louis Remy de la Fosse für den Turmbau. Dresden, Landesamt für Denkmalpflege

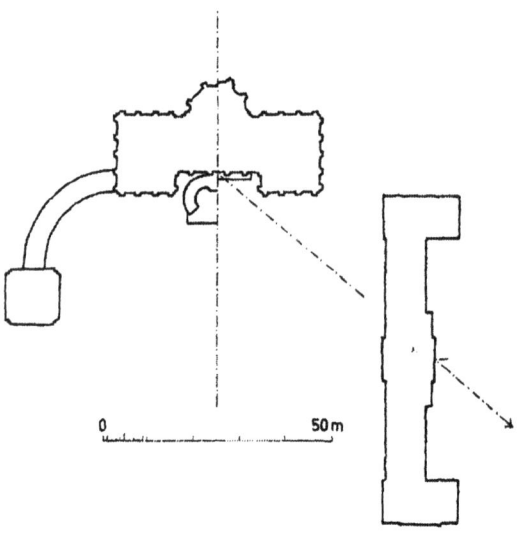

Oben links: Lageplan. Rekonstruktion der Planung Nerings, rechts das wirklich gebaute Untergebäude. Oben rechts: Rekonstruktionsvorschlag für Untergebäude und Saalpavillon Nerings, Profil. Unten: Rekonstruktion (Profil) der Pläne für den Umbau des Corps de Logis und für die Untergebäude

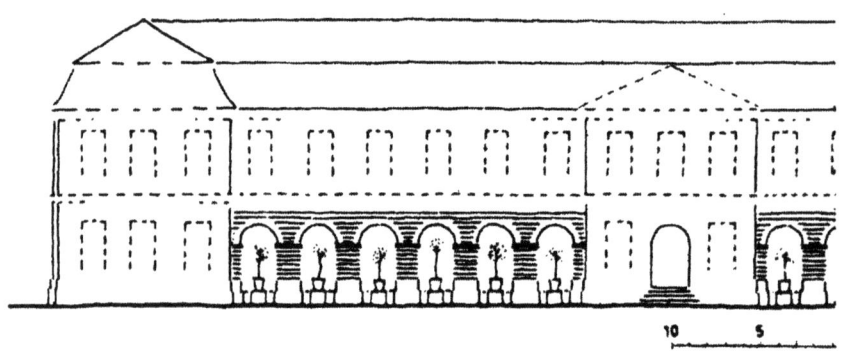

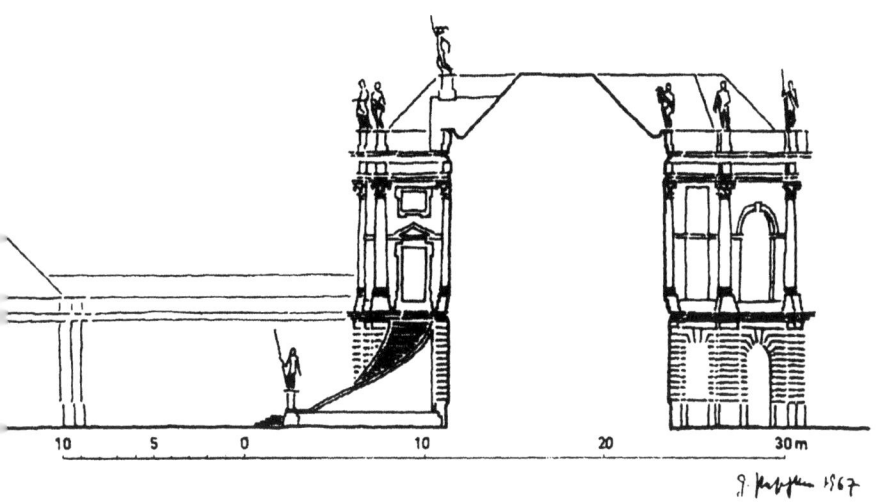

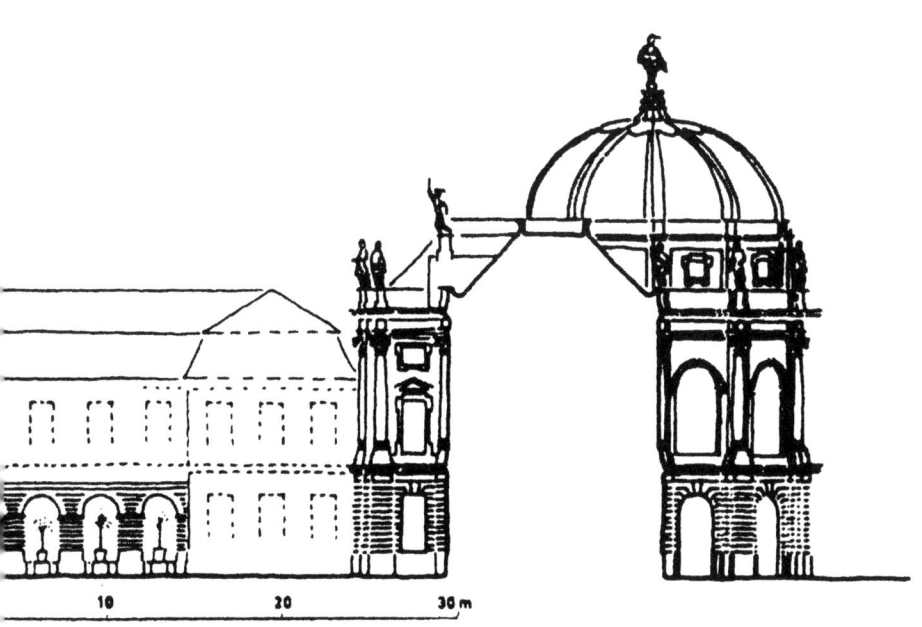

Petersburg, Kunstkammer, Rückseite. Foto: Verf.

Ein Königsschloß für Berlin.
Bisher unerforschte Anfänge
des barocken Umbaus des Stadtschlosses

Selbstverständlich hat Baugeschichte, wenn sie auf Bauherren, Architekten und andere Beteiligte kommt, etwas mit Heldenverehrung zu tun. Es wäre absurd, sich damit zu befassen, wenn es uns nicht etwas bedeutete. Gleichgültigkeit gegen unsere Geschichte, unsere Herkunft würde ein Stück Stumpfheit, ein weniger an Lebensgefühl, -lust, -fülle sein. Ich bewundere auch im sechsten Lebensjahrzehnt noch gern. Respekt (= Rückblick, Rücksicht) vor Leistungen älterer Generationen, vor Leistungen, die wir nutzen und genießen, ist nicht mehr als anständig. Ohne Akkumulation von Arbeitsergebnissen über die Generationen weg wären wir arm dran. Auch habe ich immer behauptet, daß, wer ordentliche Arbeit macht, gute Arbeit anderer achten wird.

Ebenso selbstverständlich wollen wir aber unser eigenes Leben und uns in unserer eigenen Arbeit fühlen und müssen uns darum von den anderen, auch den älteren, auch den vergangenen Generationen distanzieren. Daher kommt das große Vergnügen, das Kritisieren macht, übrigens auch die Lust an Parodie und Travestie, am Lächerlichen überhaupt (sicher bin ich ein schlechter Charakter). Unkritische Bewunderung stumpft ab, ich hege den Verdacht, daß diejenigen, die das von uns verlangen, ein Interesse daran haben, daß wir verblöden. Was die unkritischen Verehrer selber auf ihre Helden projizieren mögen, soll mir jetzt gerade mal egal sein, das ist hier nicht mein Thema.

Ein großer Held, speziell von der Generation meiner Eltern gern unkritisch gesehen, war der Barockarchitekt Andreas Schlüter. Es ist mir entsetzlich übel genommen worden und wird es noch, daß ich zu der wohlbegründeten Meinung gekommen bin, daß Schlüters architektonisches Hauptwerk, der barocke Ausbau des Berliner Schlosses, in den großen Linien gar nicht von ihm entworfen ist, sondern von einem anderen Architekten, womöglich dem Schweden Nicodemus Tessin dem Jüngeren. Daß diese baugeschichtswissenschaftliche Frage einer der Hauptorte gewesen ist, an denen ich den Generationenkonflikt habe bestehen müssen (und beinahe immer noch bestehen muß), ist, wenn mans recht bedenkt, unglaublich lächerlich, aber natürlich auch wieder sehr menschlich. Wer läßt schon gern an sein Kultbild rühren. Übrigens bin ich überzeugt, daß meine Bemühungen dem Ruhm Schlüters auf die Dauer nur nützen wer-

den. Ich bin ihm in dem Dutzend Jahren, die ich seit dem Aufsatz an die weiteren Forschungen gewendet habe, an vielen Stellen auf die Spur gekommen und war immer wieder fasziniert von der stupenden Intelligenz, dem weiten Repertoire und der wahrlich atemberaubenden Entschlußkraft, mit denen er seine Um- und Ausbauten angefaßt hat, und ich bin es noch immer. Es gibt wenig Ermutigenderes und Erfreulicheres, als sich mit dem Werk eines so großen Mannes zu beschäftigen.

Für den Neudruck des Aufsatzes habe ich einige zusätzliche Anmerkungen für wichtig gehalten, auf die im Text mit * hingewiesen wird.

Bauwerke werden für gewöhnlich nicht als Kunstwerke geschaffen. Auch wenn ein Architekt für sich selbst baut, wird er das Haus erst einmal nutzen müssen, weil er es sich nicht leisten kann, ein Baukunstwerk nur um des ästhetischen Ausdrucks willen zu errichten. Aus dem sehr trivialen Grunde, daß Bauwerke so teuer sind, sind sie auch auf primitivere Weise mit der allgemeinen Geschichte verknüpft als Werke der freien Kunst: bei diesen ist die Wahlmöglichkeit, der Spielraum mindestens für den Auftraggeber, oft auch für den Künstler größer als bei Bauten.

Die Spezialuntersuchung zu einem Jahrzehnt aus der 500jährigen Baugeschichte[1] des Berliner Schlosses, die ich vorlege, hat generell-historische Bedeutung nicht weniger als im engeren Sinne kunstgeschichtliche Bedeutung. Die kunsthistorische Bedeutung ist in diesem Falle so klar und fest an die allgemein-geschichtliche gebunden, daß die Untersuchung für das Verhältnis von Baukunst zu Politik und für das entsprechende von Baugeschichte zu allgemeiner Geschichte als Schulbeispiel dienen könnte.

Des Zusammenhanges wegen beginne ich mit einem Überblick über die Geschichte und Baugeschichte des Berliner Schlosses: Das Berliner Schloß ist von seiner Gründung im 15. Jahrhundert an schon ein Monument des deutschen Absolutismus gewesen, und im Laufe der Geschichte dessen Hauptmonument geworden. In neueren englischen Handbüchern wird der Absolutismus definiert als das Zusammenwirken der Landesfürsten mit den Städten, um große Territorialstaaten, also im Sinne der Fürsten einheitliche steuerkräftige Herrschaftsgebiete, im Sinne der Städte geschlossene einheitliche Zoll- und Münzgebiete für den Handel herzustellen. Dies geschah gegen den Widerstand des Adels, der damit in der Herrschaft über seine Kleinterritorien sehr beeinträchtigt wurde. Die Bildung eines Zentralstaates ist dem deutschen Königtum ja nicht gelungen; statt seiner hat jeder der Landesfürsten seinen etwas provinziellen Kleinabsolutismus aufgebaut. Infolgedessen ist die Einheit der deutschen Nation nicht erreicht worden. So ist Berlin Anfang des 13. Jahrhunderts schon vom Landesfürsten und nicht vom deutschen König gegründet worden, und so beginnt der deutsche landesfürstliche Absolutismus mit der Unterwerfung Berlins als des Vorortes der mittelmärkischen Städte. Berlin war eine der allerersten deutschen Städte, die vom Landesfürsten unterworfen wurden. Aus diesem Anlaß baute sich der Markgraf von Brandenburg in der Stadt ein festes Stadtschloß. Seine Mauern und Fundamente haben in der östlichen Ecke des späteren Schloßkomplexes gesteckt.[2]

Seit 1442 begleitet die Baugeschichte des Berliner Schlosses den Aufstieg Brandenburgs zum mächtigsten landesfürstlich-absolutistischen deutschen Teilstaat. Es blieb immer Hauptresidenz und wird in der brandenburgisch-preußischen Historiographie oft schlechthin das Schloß genannt. Von der Form des Schlosses des 15. Jahrhunderts ist fast nichts bekannt. Topographisch ist bedeutsam, daß das Schloß in der typischen Position der Zwingburg in den Mauerring der Stadt eingesetzt wurde, selbst gegen Stadt und Umland verteidigungsfähig, aber der Stadt die Möglichkeit selbständiger Verteidigung nehmend.

Einen großen Schritt vorwärts tat der deutsche landesfürstliche Absolutismus mit der Reformation. Die Fürsten mußten nun nicht mehr demselben religiösen Bekenntnis angehören wie der Kaiser, dessen Vorrang ja doch auch geistlich geheiligt war. Vor allem aber fiel ihnen fast das ganze Kirchenvermögen in die Hände. Damals modernisierte der Brandenburger seine Hauptresidenz und baute auch einen neuen Flügel an – 1538 f. –, dessen Aussehen wohlbekannt ist. Der neue Flügel gehörte zur sogenannten Elbrenaissance, was die in der Geschichte der Reformation vielfach festzustellende führende Rolle Kursachsens in Mittel- und Nordostdeutschland im Obersächsischen Reichskreise bezeugt. Dies modernisierte Schloß war in seiner großen Form im Grunde noch mittelalterlich, stand noch ganz in der Tradition der handwerklichen Blüte unserer Städte des 14. und 15. Jahrhunderts. Allein das Detail war antikisch.[3] In ähnlich formalem Rahmen hielt man einige weitere Anbauten, die gegen Ende des 16. Jahrhunderts an das Schloß gesetzt wurden.[4]

Den letzten und endgültigen Schritt voran kam der deutsche landesfürstliche Absolutismus durch den Dreißigjährigen Krieg.

Aus dessen Elend gingen die Landesfürsten als politische Gewinner hervor. Seitdem hielten sie ein stehendes Heer, und es gab in ihren Territorien niemand mehr, der sich ihnen widersetzen konnte. Selbst eine ehemals so reiche Stadt wie Magdeburg, im Kriege von Tilly erobert und gründlich geplündert und ruiniert, mußte sich dem brandenburgischen Staat völlig fügen, als es nach dem Kriege brandenburgisch wurde. Der Kurfürst legte Garnison hinein und hat erwogen, ob er nicht dort seine Residenz nehmen solle. Das ebenfalls sehr heruntergekommene Berlin, das viel kleiner war, blieb aber Residenz, weil dort wenigstens ein altes bewohnbares Schloß vorhanden war – der Bau eines neuen Schlosses war bei der Armut des ausgeplünderten Landes zunächst nicht möglich. Das Berliner Schloß war bei der Huldigung der märkischen Stände vor dem Kurfürsten Friedrich Wilhelm 1643, also gegen Ende des Dreißigjährigen Krieges, eine vielfältige malerische Baugruppe.

Auf dem Titelblatt eines zur Huldigung verfaßten Fürstenspiegels[5] sieht man den Kurfürsten durch das Georgentor – heute Alexanderplatz – einziehen, von Königsberg kommend. Die Stadt mit ihren Häusern und Kirchen wird überragt vom Spreeflügel des Schlosses, der sich zwischen dem Grünen Hut und dem Kapellenturm einerseits und dem Eckbau Lynars andererseits hinzieht, verlängert um den wohl ebenfalls von Lynar entworfenen Hofapothekenflügel; vor den Spreeflügel springt ein kleiner Palast, „der Herzogin Haus". Vom Hofe her sieht man den Spreeflügel mit einheitlichem First, Traufe und Gaupenreihe durchgehen. In seiner Mitte steht ein Turmpaar, enthaltend Treppe und Reitschnecken. Rechts von Treppe und Schnecke sind die beiden unteren Geschosse mit Pfeilern gegliedert, in denen man die Strebepfeiler der spätmittelalterlichen Schloßkapelle erkennen möchte; darüberhin läuft eine Galerie. Der Flügel war eine Raumreihe tief; die Galerie diente der Dienerschaft zum Umgehen der Zimmer. Der Turm der Renaissance-Kapelle ragt über den First. Linker Hand der Eckbau Lynars und der niedrige Lustgartenflügel mit einem Altan in der Mitte. In diesem Hofviertel läuft eine Galerie vor dem 1. Geschoß entlang.

Dies also war der Zustand, in dem der Kurfürst Friedrich Wilhelm, später Großer Kurfürst genannt, das Schloß vorfand, als er drei Jahre nach seinem Regierungsantritt endlich die Huldigung der märkischen Stände entgegennehmen konnte. Er hatte seine ganze Regierungszeit damit zu tun, den Wiederaufbau seiner Länder zu fördern und dabei seinerseits die innenpolitischen Vorteile, die er aus der Verarmung seiner Untertanen gezogen hatte, doch in der Hand zu behalten.

Schon um ein ständiges Heer zu haben, das seine innenpolitische Vormacht sicherte, beteiligte er sich außerhalb am europäischen Kriegskarussell. Er erzielte aber auch einige außenpolitische Erfolge. Der folgenreichste war wohl dieser, daß er in Ostpreußen, wo er Vasall nicht des deutschen Kaisers, sondern des Königs von Polen war, die Oberhoheit der polnischen Krone abschütteln konnte. Damit war er in Ostpreußen souveräner Herr. Eine Politik konnte beginnen, deren Ziel es war, die Souveränität durch die Königswürde zu bekräftigen. Sein Sohn, Kurfürst Friedrich III., hat sich am 18. Januar 1701 tatsächlich zum König in Preußen gemacht, in Königsberg, also in demjenigen Landesteil, wo er souverän war. Dies geschah im 14. Jahr der Regierung Friedrichs.

Wenn man an die Bedeutung denkt, die die Deutsche Demokratische Republik ihrer Anerkennung als souveräner Staat beigemessen hat, kann man ungefähr einschätzen, was die Erwerbung der Königskrone politisch für Brandenburg-Preußen bedeutet hat. Es war ja doch klar, daß die so demonstrierte Unabhängigkeit auch auf diejenigen Landesteile abfärben mußte, die zum Deutschen Reich gehörten. Der Prinz Eugen soll gesagt haben, daß die preußische Krönung ein schwererer Schlag für Habsburg sei als eine militärische Niederlage.

Konzept des Umbaues Friedrichs – erste Bauarbeiten im Schloßhof 1688/1690

Es scheint, daß erst Friedrich III., der spätere König Friedrich I., ganz erkannt hat, welchen politischen Vorteil er ohne Schwertstreich aus der Souveränität in Preußen ziehen könne. Er war der Mann der formalen Konsequenz. Auch bei der baulichen Darstellung seines Machtanspruches scheint er von vornherein eigene Vorstellungen gehabt zu haben, die er bei seinem Regierungsantritt sofort zu realisieren begann. Der Große Kurfürst hatte einen Wohnflügel an die Staatszimmer im Spreeflügel angebaut und eine Galerie zur Verbindung dieser Wohnung mit derjenigen der Kurfürstin, sowie an anderer Stelle des Schlosses einen Festsaal, der ohne Zusammenhang mit dem Staatsappartement war. Indessen eine bauliche Darstellung seiner neuen, seit dem Dreißigjährigen Krieg und dem Erwerb der Souveränität in Preußen erlangten Macht hat er nur erst begonnen: er hat zuletzt einen sehr großen repräsentativen Flügel zwischen Spree und Lustgarten in Verlängerung der Hofapotheke angefangen, der offenbar ein Flügelbau französischer Art geworden wäre. Daher ist eine Darstellung auf einer Stadtansicht von 1688, aus dem Todesjahr des Großen Kurfürsten, vertrauenerweckend, die diesen Flügel mit französischen Dächern und Pavillons zeigt.[6]

In demselben Jahr kam der jüngere Tessin, schwedischer Hofarchitekt, durch Berlin, und notierte unter anderem: „In Berlin siehet man von gebeuden nicht das geringste artiges, wie sehr auch sich der Sehl. Churfürst darumb hat bemühet..." – Der Große Kurfürst ist also schon tot –. Tessin fährt fort: „Hinten wurde eben im hoffe gebaut, alswor es zwart mit arcaden wirdt, aber von einer sehr slechten Ordonnance." Auf diese Bauarbeit komme ich gleich zurück. Das Zitat geht weiter: „Auf der rechten Seiten vom garten wirdt ein gebeude von 225 ellen lang und von drejen Estagen hoch in der längde vom Schloß herunter aufgeführt. In der einen Estagen sollen Schildereijen wie in einer langen Gallerei kommen, in der anderen Wohnungszimmer, umb auß dem Schloß appartement hineinzugehen in eine Suite, alwor am ende den Ministern die Audience soll gegeben werden. Im dritten soll die Bibliotheque werden..." Tessin lästert noch ein wenig über andere Bauten.[7] In der Tat war Berlin damals recht provinziell.

Aus Tessins Beschreibung geht hervor, daß es sich bei dem Flügelbau um ein neues Grand Appartement handelte. Die Minister, die im letzten Zimmer empfangen werden sollen, sind die ausländischen Gesandten; das Wort Minister hat bis gegen 1800 auch im Deutschen diese Bedeutung gehabt[8], die heute z. B. im Englischen und Französischen noch geläufig ist; andererseits sind die heute üblichen Fachministerien in Preußen erst mit den Steinschen Reformen um 1810 eingeführt worden. – Das neue Große Appartement an der Spree ist nicht ausgeführt worden, sondern liegengeblieben, wie man auf einer Vedute des jungen holländischen Malers Stridbeck von 1690 sieht: die Arkaden des Erdgeschosses des neuen Flügels blieben einstweilen als passende Gartenarchitektur stehen.[9]

Der Arkadenbau hinten im Hof aber, den Tessin eben im Gang sah, wurde weitergeführt. Ich sehe zwischen dem Plan des langen französischen Flügels und dem Arkadenbau einen grundsätzlichen Unterschied. Der lange Flügel hätte das bisherige Schloß zum Vorhof, zu Nebengebäuden gemacht. Der Arkadenbau aber war tatsächlich der Anfang der Umwandlung des Altbaues in das neue Königsschloß. Arkaden und Hof sind zusammengehörige Vorstellungen. Dieser Arkadenbau lief darauf hinaus, den Schloßhof auf allen vier Seiten gleichhoch zu umbauen und damit aus dem Berliner Schloß einen römischen Palast zu machen. Die Vogelschau mit dem französischen Flügel ist auch darin glaubwürdig, daß sie im Hof keine Arkaden hat. Die Hofarkaden und der Flügelbau schließen einander aus. Der letzte Schloßbaumeister Albert Geyer hat in seiner Monographie über das Schloß gemeint, der Flügel wie der Arkadenbau müßten beide noch vom Großen Kurfürsten begonnen sein, weil der Nachfolger unmöglich alle diese Bauten in so kurzer Zeit hätte errichten können. Ich halte dagegen den Flügel für einen Plan des Großen Kurfürsten, die Hofarkaden aber für den Beginn der Ausführung der großen Pläne Friedrichs III., der einen römischen Palast zur baulichen Darstellung der erstrebten Königswürde bauen wollte und auch wirklich gebaut hat.

Der Umbau sollte sogar ein Palast von besonderer Form werden. Auf einer anderen Vedute von 1690 – wieder von Stridbeck – sieht man ein Viertel der Arkaden im Hof fertig. Höchst ungewöhnlich sind die Kolossalsäulen, also Säulen, die über zwei Geschosse greifen. Offenbar sollte der Hof ein antikes Peristyl oder Forum darstellen. Schon Gurlitt hat darauf hingewiesen, daß es damals vor allem ein großes Bauprojekt gegeben hat, für das eine solche Form beabsichtigt war, nämlich den Hof des Louvre, der Stadtresidenz der französischen Könige. Der französische König als mächtigster König der Christenheit war natürlich das gegebene Vorbild für einen Fürsten, der sich zum König aufschwingen wollte. Wenn man am brandenburgischen Hof vielleicht keine ganz genaue Kenntnis der Pläne für den Louvre hatte, so wußte man doch jedenfalls vom Hörensagen davon. Ich halte schon diesen Beginn eines kolossalen Säulenganges um den Berliner Schloßhof für eine architektonische Formulierung des Anspruches auf königliche Würde.

Auf Stridbecks Vedute sieht man, daß der Bau gerade ruht: der Hof ist ohne Baugerüst. Die Finanzen des Landes entsprachen dem neuen Machtanspruch wohl nicht recht. Ebenso stand es mit der baukünstlerischen Kultur. Die Kolonnade war von schlechter Ordonnance, wie Tessin schreibt. Zur klassischen antiken Säulenordnung gehört nämlich das dreiteilige Gebälk, bestehend aus Architrav, Fries und Kranzgesims. Ein Kranzgesims ist wohl vorhanden, nicht aber ein Fries, noch weniger ein Architrav. Deren Platz nimmt der Bogen ein. Andererseits hätte eine regelrechte Kombination von Bögen und Säulen mit Gebälk, wie Bernini sie für den Louvrehof vorgeschlagen hatte, hier das ganze 2. Geschoß des Schlosses bis zur Unbrauchbarkeit verdunkelt. Der Architekt – wir wissen nicht, welcher der Architekten und Ingenieure des Kurfürsten verantwortlich war – war dieser Schwierigkeit nicht gewachsen. Es scheint auch, daß man sich bei Hofe dessen bewußt war und sich fortwährend bemüht hat um Architekten, die mit dem baulichen Ornat eines Fürsten richtig Bescheid wußten. Insbesondere als die Verhandlungen über die Anerkennung der geplanten Königswürde sich dem erfolgreichen Abschluß zu nähern anfingen, wurde die Frage nach dem richtigen Hofarchitekten drängender. Aus dem ersten Jahrzehnt der Regierung Friedrichs ist von den Bauvorgängen am Berliner Schloß wenig bekannt. 1698 endlich setzte der Kurfürst seinen Hofbildhauer Andreas Schlüter[10] als Architekten ein, offenbar weil die Zeit nun so drängte, daß eine Entscheidung unumgänglich war. Man darf vermuten, daß der angehende König lieber einen an den europäischen Höfen bekannten Architekten mit der Aufgabe betraut hätte, wenn er einen solchen nur hätte bekommen können.

Schlüter hatte ein Modell für den Schloßumbau gemacht und sich damit qualifiziert, hatte also die Situation zur rechten Zeit gepackt. Die Stellung als Schloßarchitekt war, entsprechend der größeren Verantwortung u. a. in Geldsachen, die geachtetste Stellung, die ein Künstler überhaupt einnehmen konnte. Schlüters Modell ist in einer Ansicht überliefert, die den Katalog der fürstlichen Kunstsammlung als Kopfleiste ziert.[11] Es handelt sich also um eine offizielle Darstellung. Der Zeichner und Stecher nennt Namen und Rang Schlüters ausdrücklich. So wie das Modell es darstellt, ist das Schloß nicht umgebaut worden, aber doch zu Teilen. Schlüter selbst hat seine Pläne verschiedentlich geändert bzw. ändern müssen. Die Hauptfassade an der Stadtseite ist tatsächlich so beim Einzug des neugekrönten Königs fertiggestellt gewesen. Zum bleibenden Dekor der Feststraße gehörte übrigens auch der Neubau der – vorher hölzernen – Langen Brücke mit dem Denkmal des Großen Kurfürsten.[12] Von weiteren Bauten und Plänen Friedrichs will ich hier nur seinen größten Plan, den Neubau eines Domes, seinen antikischsten Bau, ein Amphitheater (der „Hetzgarten"), seinen bedeutendsten erhaltenen Großbau, das Zeughaus, nennen.

Ich muß hier anmerken, daß selbstverständlich keine ganz feste Relation zwischen dem Königsrang und solchen Bauten und Kunstwerken bestand – sie hätten auch einem Kurfürsten zu höchster Zierde gereicht, ebenso wie ein bedeutendes Antiquarium, die Stiftung von Akademien der Wissenschaften und der Künste, usw. Auch ein Schloß von römischer Palastform war allenfalls gegen Ende des 17. Jahrhunderts spezieller königlich als ein Flügelbau französischer Art. Es war das Ausmaß der Anlagen im einzelnen und dann die hier nur angedeutete Gesamtheit der Bau- und Kunstpolitik, die königlich wirkten. Die Staatspropaganda allerdings machte das alte Elbrenaissance-Schloß zum Symbol des Kurfürstenranges und den neuen römischen Barockbau zum Symbol des Königsranges, so z. B. der Antikenkatalog von 1701, dem unsere Darstellung des Schlüterschen Modells mit seiner in diesen Zusammenhang gehörigen Überschrift entnommen ist.

Die neue römisch-barocke Verkleidung des Schlosses brach an der Spreeseite bald ab. Die restlichen Bauteile an der Spree sind unverändert geblieben, vom Turm über der Kapelle aber ist schon das spitze Dach abgenommen. Das Schloß war nun auch außen ein römischer Palast. Die Formen der Verkleidung sind solche des italienischen Hochbarocks. Bei den Fensterverdachungen gibt es schon nicht mehr den Wechsel von Dreiecks- mit Rundgiebeln.

Vom Schloßhof zeigt die Darstellung des Modells von 1698 wenig. Man sieht immerhin, daß der Hof in derselben Höhe und denselben Formen wie die Außenfronten ausgebaut werden sollte und daß allen seinen Seiten dreiachsige Mittelvorspünge (-risalite) vorgebaut werden sollten. Auch der Hof ist zum Einzug des neugekrönten Königs 1701 zur größeren Hälfte fertiggestellt gewesen, nur nicht in den Formen des Modells. Im Unterschied zu diesem sind die Fensterrahmen der Wandverkleidung schlichter, und bei den Fensterverdachungen des Hauptgeschosses wechseln Rund- und Dreiecksgiebel in altmodischer Weise. Sodann ist einer der drei ausgeführten Mittel-Risalite fünfachsig statt dreiachsig, und zwar derjenige an der einen breiten Seite der Spreeseite des Hofes.

Die Arkadengänge des Schloßhofes sind in der Ansicht des Modells nicht zu sehen. In Schlüters endgültiger Hofarchitektur waren die Arkadengänge ohne Kolossalsäulen; Kolossalsäulen zeichneten allein die Risalite aus. Wie ist Schlüter mit der Kolossalordnung verfahren? Hat er die Hofarkaden abgebrochen und neugebaut? Hat er vielleicht außer der Kolossalordnung noch andere barocke Bauteile im Hof vorgefunden? Diese Fragen haben in den letzten 40 Jahren mehrfach Kunstwissenschaftler beschäftigt.

Der zweite Plan für den Schloßhof, zwischen 1690 und 1698

a) Die Hofarkaden

Ladendorf räumt in seinem großen Buch über Schlüter (1935) mit Bedauern ein, es lasse sich nicht mehr bezweifeln, daß zwischen 1688 und 1698, der Ernennung Schlüters zum Schloßbaudirektor, am Schloß gearbeitet worden ist. Er weiß, daß Schlüter die teilweise vorhandene Kolossal-Kolonnade abgebrochen hat und betont die Eigenständigkeit Schlüters, nachdem Sirén aus dem Briefverkehr des Berliner Hofes mit dem jüngeren Tessin in den Jahren 1695 bis 1698 einen Einfluß Tessins auf Schlüter gefolgert hatte. Margarete Kühn hat (1953) in einem Vortrag[13] dargelegt, daß die Kolonnade, die Schlüter abgebrochen hat, schon nicht mehr genau diejenige gewesen ist, die Stridbeck 1690 gezeichnet hatte. Sie stützt sich dabei auf eine Kupferstichnotiz des in preußischen Diensten stehenden Architekten und Akademielehrers Jean Baptiste Broebes. Dieser hat ein offizielles Sammelwerk über die preußischen Schlösser vorbereitet; er stach selbst in Kupfer. Vor Herausgabe starb er, und ein Verleger hat später seine nachgelassenen Kupferplatten gekauft und gedruckt.[14] Darunter waren einige Tafeln, die Broebes nicht für das offizielle Werk ausgearbeitet hatte, sondern auf denen er interessante Episoden der Bautätigkeit, die er beobachtet hat, festhält. Ein Ausschnitt einer solchen Tafel (Tf. 46) zeigt die Hofwand des Schlosses im Schnitt, links die von Schlüter vorgefundene Arkade, rechts die von Schlüter umgebaute. Broebes hat daneben notiert: „On a detruit cette ordonnance esepte aux 3 avantcorps." Die große Ordnung ist also zerstört außer an den drei Risaliten. Schlüter hat sie abgenommen. Es muß sich um Halb- oder Dreiviertelsäulen gehandelt haben. Denn ohne die Halbsäulen wurden die Arkadenstützen so dünn, daß sie nur noch als Pendelstützen dienen konnten, wie der heutige Ingenieurausdruck lautet. Daher mußte Schlüter die Ganggewölbe mit den Eisenankern am Hauptbau befestigen, die Broebes zeichnet. Schlüter hat das bautechnische Virtuosenstück fertiggebracht, beide Ganggewölbe zu erhalten, während er die Stützen ersetzte und im Untergeschoß sogar die Bögen abfing, mit zwei Eisen, so wie man das heute auch noch macht. Man möchte fast die Angaben von Broebes nicht glauben; es ist aber ein noch gewagteres mechanisches Kunststück Schlüters in Berlin erhalten: in der Marienkirche hat er eine neue Kanzel in einen der großen gotischen Kirchenpfeiler eingebaut, indem er ein Stück aus dem Pfeiler herausschnitt und den Kanzelbau dahineinsetzte. Dazu mußte der schwere obere Pfeiler, auf dem die Arkaden, das Gewölbe und das Dach ruhen, abgefangen werden.

Die Halbsäulen oder Dreiviertelsäulen nun, die Schlüter abgenommen hat, hatten nach der Darstellung von Broebes ein reguläres und vollständiges Gebälk, genau wie diejenigen, die Schlüter in seinen Bau übernommen hat (Schlüter hat die abgenommenen Stücke von dieser großen Ordnung aber zu vollrunden Säulen zusammengesetzt). Was Broebes zeichnet, ist nicht mehr die provinzielle Form von schlechter Ordnung, die Tessin 1688 bauen sah und die Stridbeck 1690 festgehalten hat. Die

Hofarkade bzw. -kolonnade ist zwischen 1690 und 1698 schon einmal umgebaut, korrigiert worden.

Nach Stridbeck haben die Bögen der oberen Galerie zuerst auf den großen Halbsäulen geruht. Um über den Säulen den Würfel mit dem korrekten Gebälk herzustellen, mußte der Architekt, der die Korrektur entworfen hat, die obere Galerie schmaler machen, so schmal wie die untere, die von Anfang an nur auf den den Säulen hinterlegten Bögen geruht hatte. Das obere Gesims der Galerie mußte zwischen den Säulen zurückverlegt werden. Da man solche Gesimssteine, um die Ausladung zu kompensieren, rückwärts tief einbinden lassen muß, diese also bis in die Wölbung zurückreichten, mußte für die Korrektur der Hofkolonnade von 1690 das obere Galeriegewölbe ganz abgebrochen und neu gebaut werden. Dies war eine Bauarbeit, die etwa ebenso teuer gewesen sein dürfte wie Schlüters bald folgende Auswechslung der Stützen. Da aber ja nicht die Galerie als Verbindungsgang, sondern die klassische Architektur als legitimistisches Zitat vom Forum Romanum der Zweck des Baues war, läßt sich der Aufwand begreifen.

Ich habe die Stadien der barocken Hofarkaden nebeneinander gezeichnet: erst einen Bogen von schlechter Ordnung, von 1688/1690; über den dritten Bogen weiter unten; der vierte ist die zwischen 1690 und 1698 korrigierte Form; dann folgt die Arkade Schlüters. Die dritte Achse habe ich nach einer Darstellung des Hofes eingezeichnet, die Broebes offenbar für das offizielle Stichwerk über die preußischen Schlösser vorbereitet hatte. Diese seine Tafel 2a zeigt den Arkadenhof mit der Kolossalordnung in anderer Form, und sie zeigt einen Risalit an der Schmalseite des Hofes, der in die Reihe der Kolossalpilaster eingebunden ist. Es fragt sich, ist das eine theoretische Studie von Broebes – solche sind in dem Stichwerk auch enthalten –, oder war dies einmal offizieller Plan, und wenn, was ist davon ausgeführt gewesen?

Zunächst zu der auf diesem Plan gezeichneten Arkadenform. Broebes hat offenbar angenommen, man werde die schlechte Ordnung der Arkaden von 1688/1690 auf diese einfachere Weise verbessern, daß man nur ein Architravprofil um den Bogenfuß gezogen hätte – das hätte kaum Kosten und Umstände gemacht. Aber es wäre eben auch nicht vollkommen stilrein antikisch gewesen, hätte den Zweck des ganzen Baues nicht erfüllt. Die stilreine Form hat Broebes selbst – offenbar später – als ausgeführt tradiert, wie wir soeben auf dem Ausschnitt aus seiner Tafel 46 gesehen haben. Sein Irrtum auf seiner Tafel 2a datiert diese Darstellung des Hofplanes vor dessen Realisierung. Broebes hat auf Tafel 2a eine Planung wiedergegeben, keinen Bauzustand.

b) Der Schmalseitenrisalit

Nun zu dem Risalit in Broebes' Tafel 2 a. Der Risalit ist tatsächlich mit der Korrektur des Peristyls zusammen ausgeführt worden. Der barocke Hofausbau hat drei Seiten des Hofes erfaßt; an drei Hofwänden waren die vier Geschosse der Hauswand vollendet. Die Arkaden aber waren nur zur Hälfte, von den Schmalseitenrisaliten jeweils nach der Spreeseite zu bis zu dem großen Risalit gebaut. Erst nach 1871 sind die Arkaden mit den französischen Millionen soweit weitergebaut worden, wie die barocke Verkleidung der Hauswände reichte. Vor diesem Weiterbau ist die freie Flanke des südlichen Risalites noch fotografiert worden. Auf dem Foto ist die Stelle, an der die Arkaden anschließen sollten, mit einer kolossalen Viertelsäule besetzt, die an seiner anderen Seite Schlüters Arkaden hatte weichen müssen, ebenso wie sie auf dieser Seite der Arkade von 1874 hat weichen müssen, so daß niemand, der das Schloß zuletzt noch gekannt hat, diese Stelle kennen konnte. Die Viertelsäule war der Ansatz für die kolossale Ordnung der Hofarkaden, die nach dieser Seite hin aber niemals gebaut worden ist. Diese Stelle ist auch in einem erhaltenen Grundriß-Aufmaß von 1794 genau wiedergegeben.

Auf dem alten Foto der Flanke des südlichen Risalites hat der Architrav über der Viertelsäule seitlich einen Bossen. Er sollte einschwenken. Die Viertelsäule sollte ein Stückchen jenes Gebälkwürfels aufgesetzt bekommen, den die korrigierte Arkade hatte. Eine solche Kröpfung wird hier möglich, weil die vordere Ecksäule des Risalites tiefer in der gemauerten Ecke sitzt als die seitliche Viertelsäule. Die vordere Ecksäule ist nur etwa eine Halbsäule; läge ihr Mittelpunkt in der Mauerflucht, müßte sie eine Dreiviertelsäule sein. Die kleine Differenz zwischen vorderer und hinterer Ecksäule motiviert auch die kleine Abstufung, um die der Risalit sich rückwärts in die Breite staffelt, was zu seiner kraftvollen Wirkung viel beiträgt – man sieht es an seinem Oberteil deutlich.

Die zurückgezogene Stellung der vorderen Ecksäule ergab das Problem, daß der Eckpilaster im Geschoß darüber, auf die gewöhnliche Weise der Wand vorgelegt, in der Diagonalansicht weit über die Ecksäule vorgetreten wäre, die Ecke des Obergeschosses also über die des Untergeschosses übergehangen hätte. Diesem Übelstand hat der Architekt des zweiten Planes dadurch vorgebeugt, daß er das Obergeschoß etwas schmaler gemacht hat, die Achse des Eckpilasters also gegen die der Ecksäule ein wenig nach innen versetzt hat. Das ist eine höchst kunstvolle Architektur.

Mit dem Foto ist erwiesen, daß die Risalite an den Schmalseiten des Hofes in das Peristyl aus Kolossalsäulen hineinkomponiert waren, daß also Schlüter sie bereits vorgefunden hat. Der Risalit an der Südseite muß fast vollendet gewesen sein, derjenige an der Nordseite wenigstens bis zur halben Höhe im Rohbau gestanden haben, als Schlüter den Bau übernahm.[15]

Folgende Überlegung ergibt, daß der Risait nicht schon zum ersten Ausbauplan des Hofes gehört haben kann. Gegenüber dem von Stridbeck 1690 wiedergegebenen Zustand ist eine Arkade weggefallen; ergänzt man sie, so bleibt in der Mitte ungefähr die Breite des Untergeschosses der Prachtstiege des Renaissancebaues übrig, die Stridbeck noch gesehen hat.[16] Diese Stiege sollte also nach Plan 1 nur modernisiert, barock verkleidet werden. Wegfallen sollte sie nicht, denn die Arkadenweite geht nicht in der Hofweite auf. An der Langseite oder Breitseite des Hofes dagegen, am Spreeflügel, geht die Hofweite von Gangecke zu Gangecke genau in 17 Arkadenweiten auf. Hier sollte nach dem ersten Plan wie nach dem zweiten offenbar kein Risalit stehen. Schlüters großer Risalit an dieser Stelle geht seinerseits nicht in den Arkadenweiten auf; er deckt 7 1/2 Arkadenweiten, so daß Schlüter an seiner Nordflanke zur Deckung der halben Arkade jene zwei Säulchen mehr stellen mußte, die schon länger in der Kunstliteratur Verwunderung erregt haben. Diese Stelle erweist, daß die Hofarkaden 1698 bereits bis an die Nordseite des Hofes weitergeführt gewesen sind. Denn hätten sie hier nicht schon gestanden, als Schlüter den großen Risalit einbaute, dann hätte er die Differenz durch Änderung der Achsweiten ausgleichen können.

Damit wären zunächst einmal die Argumente zusammengestellt, die Gewißheit darüber schaffen, daß der barocke Ausbau des Schloßhofes schon vor Schlüters Bauleitung nach zwei Planungsstadien vonstatten gegangen ist. Das erste Planungsstadium war provinziell. Die Analyse des Anschlußpunktes der Arkaden an den Risalit des zweiten Stadiums hat schon ergeben, daß es sich bei der zweiten Planung um eine Arbeit hohen Ranges gehandelt hat. Ich will am Schluß einige Argumente nennen, die wahrscheinlich machen, daß der zweite Architekt des barocken Schloßhofes eben jener schwedische Hofarchitekt Nicodemus Tessin der Jüngere gewesen ist, der 1688 den ersten Plan für den Umbau in seinem Tagebuch kritisiert hatte. Zunächst aber möchte ich noch einiges von dem darstellen, was sich von dem zweiten Plan noch weiter erschließen läßt.

c) *Zu den architektonischen Einzelformen des zweiten Planes*

Was die architektonischen Einzelheiten von Plan 2 angeht, so ist am wichtigsten diese, daß der Risalit in sich gesammelt und geschlossen war, und daß keine freien vollrunden Säulen vor seiner Mitte standen. Diese manieristischen Freisäulen hat Schlüter dem Risalit aus den Stücken vormontiert, die er von den Arkaden abgenommen hatte. Überall, wo Schlüter bei seinen Umbauten mit dem Konsolgesims der unteren Korona, also des Hauptgesimses der unteren Kolossalordnung, in Schwierigkeiten mit dem Achsrhythmus gekommen ist, hat er sich mit breiten Konsolen geholfen, die aus einer Wildermann-Maske von unverkennbar Schlüterschem plastischem Stil komponiert waren.* Je eine solche Maskenkonsole fand sich über jedem Pilaster seiner Hofarkaden, je zwei in jedem Bogen seines großen Risalites, und je eine über der Lücke zwischen den gekuppelten Kolossal-Vollsäulen eben der Schmalseitenrisalite. Man muß sich die Schmalseitenrisalite also in ihrem Originalzustand mit gekuppelten Halbsäulen beiderseits der Mittelachse vorstellen. Mit den weit vorspringenden Vollsäulen entfallen für den Originalzustand der Risalite auch die großen vollplastischen Figuren darauf und die große, weit vorspringende Balkonplatte dazwischen. Sicher ist ferner, daß das Fenster über der Mitteltür zunächst im Segmentbogen geschlossen war, während Schlüter es schließlich eckig gemacht hat, so daß es so groß wie nur möglich wurde. Noch in Schlüters eigener Stichpublikation des Schloßhofes ist es, übereinstimmend mit dem von Broebes wiedergegebenen Hofplan, segmentbogig.[17]

Die architektonischen Einzelformen des Baues waren so kostbar bis ins letzte detailliert, daß er damals in Deutschland nicht seinesgleichen hatte; auch im 18. Jahrhundert ist hierzulande wenig an Durchführung im einzelnen Vergleichbares gebaut worden. Bei solch einem Werk ersten internationalen Ranges würde es sich lohnen, jedes Detail genau zu betrachten und zu diskutieren: Sockel, Stockwerksgesimse, das einzigartig prächtige Kranzgesims mit seinem Konsolenfries und reliefierten Metopen, die Balustraden, die Fenster- und Türgewände, die Säulenordnungen, den außerordentlich reichen Schmuck an Bauplastik und schließlich den an freier Skulptur (von den Inneneinrichtungen ganz abgesehen). Indessen erfordert die Bearbeitung dieser Einzelformen in mehreren Rich-

---

* Dies trifft für die Schmalseitenrisalite nicht zu. Die Vorderansicht des Gesimses war über den Halbsäulen gerade so breit wie über Schlüters freirunden Säulen. Er muß seine Maskenkonsolen hier in ikonologisch-ornamentaler Absicht angebracht haben.

tungen ein besonderes Studium: Architekturformen, Bauplastik und freie Plastik sind Spezial-Wissensgebiete für sich.

Wie bei der Architektur ist es auch bei fast jeder dieser Einzelformen offen, zu welchem der drei Hofpläne – demjenigen von 1688, dem zwischen 1690 und 1698, demjenigen Schlüters von 1698 f. – sie gehört. Allein die Kolossalsäulen mit ihren äußerst ausgearbeiteten römischen Kapitellen scheinen mit Sicherheit dem Plan von 1688 zuzurechnen zu sein. Diese Kapitelle sind eine seltene Sonderform des korinthischen Kapitells: ihre ineinander verschlungenen Blütenranken verweisen auf einen Tempel auf dem Forum Romanum, der als derjenige des Jupiter Stator bekannt war. Der Bezug auf den obersten der Götter dürfte – genau wie die Kolossalordnung, von der das Kapitell Teil war – abermals eine eindeutige architektonische Formulierung des Anspruches auf die Königswürde gewesen sein.

Die kompliziertere und umständlichere Diskussion des übrigen Details hat hier nicht Platz und mag, aufgeteilt auf mehrere Forscher, anderenorts einmal zustandekommen.*

d) Stilistische Tendenz des zweiten Planes

Wenn auch nicht alle architektonischen Einzelheiten des Planes 2 sich feststellen lassen, so genügt das, was gewiß ist, doch, um die stilistische Tendenz von derjenigen Schlüters abzuheben. Eine durchgehende stilistische Tendenz kann selbstverständlich nur bei einem Plan so hohen Niveaus vorausgesetzt werden wie hier. Ich habe den Risalit in seiner originalen Fassung zeichnerisch zu rekonstruieren versucht, indem ich die Formen aus Broebes' Tafel 2 a in die ausgeführten genauen Größenverhältnisse übertragen habe; für die Hofkolonnade folge ich Broebes' Tafel 46.

Schlüter arbeitet auf Gegensätze hin. Die vertieften Wandfelder und vortretenden Fensterrahmungen der Rücklagen, die im ganzen die schöne plastische Geschlossenheit des Planes 2 bewirken, spielt er aus gegen seine Fassung der Risalite, die diese zu Gerüsten mit weit klaffenden Öffnungen macht: Schlüters Risalite saugen den Außenraum ein, die Rücklagen weisen ihn ab. Zu dem Komponieren auf Gegensätze hin gehört vor allem, daß er den Galerien die großen kolossalen Säulen genom-

---

* Dies habe ich seither, gewissermaßen allein gelassen, selber weiter aufgedröselt.

men und sie vor den Risaliten massiert hat. Der Architekt von Plan 2 suchte dagegen möglichste Kontinuität der Formen und Ruhe und plastische Geschlossenheit der Oberflächen. Sein Risalit hat sich aus der Hofkolonnade herausgestaffelt wie etwa der Mittelteil einer römischen Kirchenfassade vor den Seitenschiffsgiebeln. Dieser plastische Gebrauch der Säulenordnung ist spezifisch römisch-berninisch. Der Schlütersche Risalit an der Breitseite des Hofes hat eine völlig andere Eckbildung als der Risalit des zweiten Architekten. Dieser besetzte die Ecken seines Risalites mit Säulen bzw. Pilastern, so daß der Risalit als kontinuierlich plastischer Kasten wirkt. Schlüters Risalit hatte dagegen die systematische Trennung der Ansichten von vorn und von der Seite durch eine kahle Wandecke, eine nordisch-rationalistische Entwurfstechnik, bei der die oben erörterten Schwierigkeiten der Eckbildung des Schmalseitenrisalites gar nicht erst auftreten, die aber in Schlüters Händen den Risalit zu einem riesigen Gerüst aus plastischen Einzelstücken werden läßt. Der Schloßhof und besonders der originale Schmalseitenrisalit des zweiten Architekten atmete große Ruhe und distanzierte Stille; Schlüters Hofarchitektur ist von unmittelbarster Expressivität. Deswegen möchte ich gern dem Hofplan von Broebes auch darin trauen, daß er die Architektur der Rücklagen gleichmäßiger über den Risalit hinzieht, daß er den Fenstern im Obergeschoß des Risalites vortretende Rahmen gibt, daß er die Türen der Rücklagen in den Seitenachsen des Risalites wiederholt, daß er kleinere Treppenhausfenster darüber zeichnet, als Schlüters Fassung der Risalite sie hatte.

e) Zum Treppenhaus des Planes 2

Außer diesen architektonischen Details lassen sich von Plan 2 bedeutende Raumdispositionen im kleinen und großen erschließen. Sicher gehört zu dem Plan 2 die Treppenanlage zumindestens in dem südlichen Risalit, der am weitesten gediehen war, als Schlüter den Bau übernahm. Die Treppe ist leider entstellt worden, bevor man fotografiert hat. Auf älteren Grundrissen[18] sieht man, wie sie ursprünglich angelegt war. Sie begann im Vestibül am Schloßplatz mit vier Antritten, die sich paarweise auf den beiden ersten Podesten in den hinteren Raumecken vereinigten. Die beiden zweiten Läufe führten durch schwere Gewölbe auf die Hofseite des Flügels, die dritten Läufe trafen sich auf dem Vorplatz vor dem Saal im ersten Geschoß. Der Risalit war also ein Treppenkasten. Im Mittelgeschoß begann die Treppe mit zwei Läufen an der dunkleren und engeren Innenseite des Treppenkastens, wendete sich jeweils nach außen und stieg dort nach der Mitte zu freier auf, denn oben endete die Mittelwand in Höhe des Fußbodens des Hauptgeschosses und war durch eine Kolonnade ersetzt. Indem man oben anlangte, übersah man den ganzen Innenraum des Treppenkastens. Die ganze Abfolge war ein großartiges Stück vornehmer Raumkunst, was wieder auf einen Architekten ersten Ranges weist.

f) Zur Disposition der Appartements des Planes 2

Die Lage der Treppenhäuser hatte auch Konsequenzen für die Einteilung der Flügel des Schlosses zu den Appartements. Schlüter hat seine große Treppe anstelle der einstigen Doppelanlage von Wendeltreppe und Reitschnecken vor dem Spreeflügel gebaut. Sein Hauptzugang blieb also an der alten Stelle, und damit konnten die Appartements von König und Königin bleiben, wo diejenigen von Kurfürst und Kurfürstin gewesen waren. Nur der König bekam eine weitere Paradewohnung mit Saal, Vorkammer, Parade-Schlafzimmer und Kabinetten. Deren symmetrisches Gegenstück erhielt aber nicht die Königin, sondern es wurde Kronprinzenwohnung. Der Plan 2 mit den zwei später fast überflüssig gewordenen Treppenhäusern an den Schmalseiten des Hofes hätte dagegen eine schematischere Einteilung des Schlosses erzwungen. Wie in Versailles hätte die eine Treppe – die am Schloßplatz – zum Appartement des Königs geführt, die andere – die am Lustgarten – zum Appartement der Königin. Zwischen den Appartements hätte, wie in Versailles, eine große Galerie gelegen. Vermutlich haben die Architekten zuerst daran gedacht, daß diese Große Galerie sich an der Spree mit Aussicht auf Fluß, Schiffe und die gegenüberliegende Stadt Berlin erstrecken sollte und in größeren Maßen die Galerie des Großen Kurfürsten hier hätte ersetzen sollen, was allerdings den Abbruch der sämtlichen kleinen Anbauten und Flügel außen vor dem Spreeflügel, vor allem des Hauses der Herzogin und eben des Galeriebaues des Großen Kurfürsten erfordert hätte. Der Bauherr hat auch später nicht auf diese Teile des Schlosses verzichtet. Die Galerie wurde deswegen auf der anderen Seite des Hofes geplant, wo sie über Stallhof, Mühlen und Vorstädte ins weite Land geblickt hätte. Diese letztere Lage der Galerie ist noch für Schlüters Pläne bezeugt.[19]

Zur Autorschaft von Plan 2

Die stilistische Diskussion der architektonischen Einzelformen von Plan 2 ist nicht nur dadurch kompliziert, daß bei vielen Details zweifelhaft ist, für welchen der drei Pläne sie ursprünglich entworfen sind. Obendrein muß man für den Plan 2 annehmen, oder kann jedenfalls nicht ausschließen, daß er von einem auswärtigen Architekten entworfen ist; man muß mit seiner Ausführung durch fremde Hände rechnen. Ich möchte die stilistischen Einzeluntersuchungen auch deswegen Kunsthistorikern überlassen. Die mehr architektursystematische Analyse des Planes 2, wie ich sie hier vorlegen konnte, ergibt für die Diskussion der Autorschaft schon deutliche Argumente.

Die Regularisierung der Hofkolonnade folgt einem Vorbild, dem Kloster der Oratorianer vom hl. Filippo Neri in Rom, einer Arbeit Borrominis, die erst im 18. Jahrhundert publiziert worden ist.[20]* Der Architekt von Plan 2 muß ein guter Kenner Roms gewesen sein. Denn der Klosterhof ist nicht von der Straße her zu sehen und auch nicht ohne weiteres zugänglich. Am ehesten konnte jemand, der in römischen Architektenkreisen studiert hat, wie Tessin, Kenntnis von diesem Hofe erlangen. Daß in seinem Werk sonst eine kolossale Hofkolonnade dieser Form meines Wissens nicht vorkommt, ist kein Argument, weil die Kolonnade in Berlin, wenn schon in schlechter Ordnonnance, ja vorgegeben war. Ebenso hätte Tessin nicht leicht ohne Not eine Arbeit Borrominis als Vorbild benutzt, weil ihm dessen persönlicher Stil und ganze Richtung überhaupt nicht lagen; aber der Notfall war ja gegeben. Kolossale Peristasen, auch mit ungewöhnlicher Bildung des Gebälkes, aber der Berliner regulierten Kolonnade sehr viel weniger ähnlich, hat auch Palladio entworfen. Die vermutlich Tessinsche Kolonnade in Berlin war auch keineswegs eine genaue Kopie nach Borromimi. Sie war nach den lokalen Verhältnissen des Berliner Baues und in einem etwas französischen Geschmack umgeformt – die exakten Segmentbögen sind durch die höfische Architektur des späten Louis XIV., speziell durch Jules Hardouin-Mansart, eine typische Form französischer Architektur des folgenden Jahrhunderts geworden. Sie waren also damals ganz aktuell.

---

* Schon Gurlitt hatte in einem Aufsatz (in der *Zeitschrift für Bauwesen* 1889) den Oratorianerhof mit dem Berliner Schloßhof verglichen, war aber in seinem Schlüter-Buch nicht darauf zurückgekommen. Daher ist mir das damals entgangen.

Die auf die Ecke des Risalites gesetzte Halbsäule weist den Architekten als Nachfolger Berninis aus. Solche Ecksäulen sind auch in Rom nichts Gewöhnliches gewesen. Die nächste Parallele scheint mir die Außenfassade von Berninis Louvre-Modell aufzuweisen, die Tessin sich hat zeichnen lassen.[21] Björn Kommer[22] hat die Vermutung Hubalas[23], daß der Schmalseiten-Risalit des Berliner Schloßhofes ein Entwurf Tessins sei, jüngst näher diskutiert. Er hält die Massierung von Freisäulen in der Mitte des Risalites nicht für passend zum Stile Tessins. Ich zeigte schon, daß diese Freisäulen eine Zutat Schlüters sind, und daß man sich ursprünglich Halbsäulen an ihrer Statt vorstellen muß. Insoweit sind die baulich-technischen und baugeschichtlichen Ermittlungen, die schon Ladendorf und wieder Kommer gewünscht haben, und die ich hier vorlege, geeignet, Kommers stilistische Bedenken aufzuheben. Denn Risalite mit in der Mitte gekuppelten Pilastern hat Tessin gerade in den fraglichen Jahren entworfen, z. B. für Schloß Steninge und für Schloß Roissy-en-France.[24]

Die Raumdisposition des Planes 2, die offenbar nach französischer systematischer Art vorgesehen war, weist auf einen Architekten, der nicht nur die neueste französische Architektur kannte, sondern auch das Leben am Hofe in Versailles.

Dieser Architekt dürfte nördlich der Alpen zuhaus gewesen sein. Denn seine Treppenkästen haben, wie schon Hubala formuliert hat, trotz aller römischen Einzelformen doch nördlichen Charakter: die alten Wendeltreppentürme des Nordens klingen in ihnen nach. In Rom liegen die Treppen gewöhnlich im Gebäude in der Reihe der Räume. Alle diese Erwägungen und noch einige weitere weisen auf Tessin. Ich kann hier die Ähnlichkeit der Raumdisposition von Plan 2 mit der späteren Tessins im Stockholmer Schloß nicht einzeln diskutieren und nur mit einem Satz daran erinnern, daß auch städtebauliche Pläne Friedrichs III./I., insbesondere für den Dombau auf dem Schloßplatz, eine erstaunliche Ähnlichkeit mit solchen Tessins für die Umgebung des Stockholmer Schlosses haben. Margarete Kühn, und erst jüngst wieder Björn Kommer, haben eine Beteiligung Tessins am Schloßbau in Berlin vermutet; die Möglichkeit davon ist von mehreren Autoren schon längst in Erwägung gezogen worden.[25] Nur wußte bisher niemand genau zu bestimmen, welche barocken Bauteile nun wirklich schon vorhanden waren, als Schlüter Schloßbaudirektor wurde, und welches die – wahrhaft ja erstaunlichen – technischen Bauvorgänge gewesen sind. Und erst auf einer solchen Grundlage läßt sich dann stilistisch argumentieren.

Tessin war gebildet im Atelier Berninis. Er kannte den französischen Hof gut. Sein Hauptwerk, das Schloß in Stockholm, sollte damals genau wie das Berliner Schloß nach dem Vorbild des Louvre modernisiert werden. Aber 1697 brannte das alte Schloß in Stockholm ab, damit wurde ein Neubau nötig. Von da an war Tessin in Stockholm unabkömmlich. Man weiß, daß er mit dem Berliner Hof gerade um 1695 bis 1698 in Verbindung stand. Der Außenumbau in Berlin konnte zur Not nach Tessins Zeichnungen gemacht werden. Für das Innere brauchte man aber die Anwesenheit des Architekten. Mit dem Schloßbrand in Stockholm und der Absage Tessins bzw. dessen Zögern, nach Berlin zu kommen, scheint jener Augenblick des Architektenmangels in Berlin eingetreten zu sein, den Schlüter benutzt hat, um sein Modell vorzustellen.

Die Aussonderung von Plan 2 des Berliner Schloßhofes und vor allem des Schmalseiten-Risalites aus Schlüters Bau läßt sich auch von Schlüters Stil her sehr wohl begründen. Das Vorbild von Schlüters fünffachsigem Risalit wie von Schlüters korbbogiger Hofarkade ist die Hoffassade des Palastes Krasinski in Warschau, ein Hauptwerk des Tylman van Gameren.[26] Schlüter hat an diesem Palast als Bildhauer gearbeitet, ehe er nach Berlin kam.[27] Schlüter hat seine wesentlichen architektonischen Bildungseindrücke unter Tylman empfangen, und ich meine, daß das Vorbild Schlüter ebenso ehrt wie seine Quasi-Schülerschaft den Tylman Gamierski. Ein Schüler Tessins war Schlüter jedenfalls nicht.

Wenn ich den zweiten Hofplan für das Berliner Königsschloß Tessin zuschreibe, möchte ich mich aber nicht auf die vorgelegten rationalen Erwägungen allein stützen. Ebensoviel sagt mir die Atmosphäre der Fassaden wie der Räume, nur ist es schwerer, sich darüber mitzuteilen. Das Königreich Schweden war kein absolutistischer Staat.[28] Tessins Stockholmer Schloß enthält einen Reichssaal, d. h. einen Saal für die Ständevertretung, wie ihn absolutistische Schlösser eben nicht enthalten. Der Fürst gewinnt die absolute Gewalt im Lande ja dadurch, daß er die Stände bedeutungslos machen oder ganz abschaffen kann. Dies ist selbst Karl XII. nicht gelungen. Dementsprechend ist der Raumeindruck im Stockholmer Schloß an vielen Stellen nicht der, als ob da nur einer der Herr ist und alle anderen sind Diener, sondern man fühlt sich, wie wenn man sich mit erhobenem Haupte in einer Gesellschaft freier Leute bewegt. Zum Beispiel werden einem im Reichssaalvestibül zwei Treppen angeboten, so daß man wählen kann, ob man rechts oder links herum zum Reichssaal hinaufgehen will. Nicht in der Form, aber im Inhalt entspricht das dem Schloßplatzvestibül in Berlin mit seinen vier Antritten. Tessin war selber ein Großer des Reiches, hat in den Hochadel geheiratet und ist selbst auch geadelt worden. Man möchte sagen, daß die Distanz und das vornehme Selbstbewußtsein, das seine Arbeiten auszeichnet, nicht der richtige Stil für das absolutistische Brandenburg-Preußen war, daß es doch ein Glück war, daß er in Stockholm festgehalten wurde. Schlüter hat dem absolutistischen Untertanenstaat Preußen, der dort ständigen, unaufhörlichen äußersten Anspannung der Kräfte, der Kraßheit des Patriarchats das passende Monument errichtet, dessen Ton von feierlichem Ernste bis zu gespannter Eleganz reichte, und das den Betrachter unmittelbar in seinem Bann schlagen wollte. Entspanntes, gelassenes Behagen, distanzierte Reserve gab es hier kaum. Nur an dem wohl nach Tessins Plan begonnenen Risaliten klang etwas davon nach.

Überblickt man die Bauvorgänge am Schloß von 1688 bis 1698, so findet sich zuerst, daß Kurfürst Friedrich III. bei seinem Regierungsantritt die Erweiterung um ein Staatsappartement an der Spreeseite des Lustgartens, die sein Vater angefangen hatte, aufgab und die Umgestaltung des Schlosses zu einem römischen Palast begann. An der Vorstellung des römischen Palastes hat er seine ganze Regierungszeit so konsequent festgehalten, den Bau soweit getrieben, daß sein Nachfolger Friedrich Wilhelm I. vernünftigerweise nichts anderes tun konnte, als diesen römischen Palast zu vollenden. Seit 1701 galt dieser Bau, noch im Gange, als Monument der Erlangung der Königswürde für das Haus Hohenzollern.

Es liegt nahe, schon den Anfang des Umbaues 1688 mit dem Krönungsplane in Verbindung zu bringen. Tatsächlich bezeugen die Kolossalordnung des ersten und zweiten Umbauplanes, und deren Kapitelle noch einmal speziell, dies mit soviel Eindeutigkeit, wie gewöhnlichen historischen Dokumenten zukommt – geradezu als königliche Embleme können diese beiden Architekturformen aber nicht gelten. Solche zu führen hat Friedrich sich wohlweislich gehütet, denn die Rangerhöhung konnte sich unberechenbar hinauszögern oder gar scheitern. So waren die Friese derjenigen Bauteile des Hofes, die vor der Krönung fertiggestellt worden sind, noch mit Kurhüten geschmückt (die Kronen aber schon sehr ähnelten).

Die Bauvorgänge lassen ferner erkennen, wie die kulturelle Provinzialität Brandenburgs die architektonischen Bemühungen schwer behinderte: die Säulenordnung ist zuerst fehlerhaft. Friedrich scheut nicht den unglaublich aufwendigen Umbau des eben vollendeten, um die reine antikische Form zu gewinnen: die oberen Ganggewölbe werden abgebrochen und neugebaut. Schlüter kann einen zweiten, noch unglaublicheren

Umbau der Hofarkaden vornehmen: er nimmt die kolossalen Halbsäulen ab und stellt sie, zu Vollsäulen zusammengesetzt, vor die Treppenrisalite (die architektonisch als Triumphbögen komponiert sind). Der Bauherr verwendete für die architektonische Feier der erstrebten Königswürde Mittel in dem entsprechenden Maße, wie die Orden der Gegenreformation in den süddeutschen Klöstern die Rückgewinnung von Land, Leuten und Einkünften verherrlichten. Friedrich hat einmal gesagt, er habe viele Tonnen Goldes an den Schloßbau gewendet, und nicht aus Lust, sondern aus Necessität (Notwendigkeit).

Er verfolgt sein Ziel beharrlich und geduldig, hört auf Kritik, findet in Tessin seinen ersten Architekten internationalen Ranges. Als im zehnten Jahr des Umbaues klar wird, daß Tessin den Bau nicht am Ort leiten wird, hat sich die kulturelle Gesamtsituation am Hofe schon so gehoben, daß der angehende König den Mut und die Kennerschaft des großen Mäzens aufbringt, seinen als Architekten unausgewiesenen Hofbildhauer Schlüter mit dem Bau zu betrauen.

Anmerkungen

[1] In den letzten Wochen des Zweiten Weltkrieges brannte das Schloß bis auf den gegen 1900 ausgebauten Weißen-Saal-Flügel aus; 1950 wurde es abgerissen. Für die ältere Baugeschichte vgl. Albert Geyer, Geschichte des Schlosses zu Berlin, 1. Bd., Berlin 1936 (mehr nicht erschienen)
[2] Jüngst bei der Fundierung des „Palastes der Republik" sind auch diese Fundamente ohne archäologische Dokumentation beseitigt worden.
[3] Einige Werkstücke aus der Bauhütte dieses Baues sind kürzlich im Jagdschloß (Berlin-)Grunewald gefunden worden und dort ausgestellt. Es sind vor allem große Gang-Konsolen mit vorzüglichen Flachreliefs im Stile des jüngeren Cranach.
[4] Lit. bei Geyer, wie Anm. 1
[5] Johannes Bercovius, Bonus Princeps qualem format Agapeti Scheda Regia aucta observationibus ..., Berlin 1643
[6] Der große Stadtplan von Johann Bernhard Schultz von 1688. Abb. des Ausschnittes mit dem Schloß s. Geyer, Tf. 29
[7] O. Sirén, Tessins Studieresor, Stockholm 1914, S. 227
[8] Z. B. in Briefen Wilhelms v. Humboldt
[9] Johann Stridbeck, Prospect im Chur Fürstl. Brandenb: Lust oder Schloß-Garten zu Cöllen an der Spree. Aquarellierte Zeichnung, Staatsbibliothek Berlin (Ost)
[10] Über Schlüter vgl. Heinz Ladendorf, Der Bildhauer und Baumeister Andreas Schlüter, Berlin 1935
[11] Laurentius Beger, Thesauri Regii et electoralis Brandenburgici Vol. III ... Coloniae Marchicae (o. J.), Kopfleiste von S. 3
[12] Das Denkmal steht jetzt vor dem Schloß Charlottenburg.
[13] Margarete Kühn, Eosander und Tessin: Sitzungsberichte der Kunstgeschichtlichen Gesellschaft zu Berlin 1953, S. 24

[14] Jean Baptiste Broebes, Vues des Palais et Maisons de Plaisance d.S.M. le Roy de Prusse, Augsburg 1733
[15] Hierauf weist der plastische Dekor. Die Tondi mit Profilen römischer Könige am Obergeschoß des südlichen Risalites waren im Stil merklich vor-schlütersch, diejenigen am nördlichen Risalit schon im Stile Schlüters gearbeitet.
[16] Geyer hat die Maße nach Analogie des Flügels am Schloß in Torgau/Elbe angenommen, der das Vorbild des betreffenden Flügels des Berliner Schlosses gewesen ist, und noch steht.
[17] Das betr. Blatt gestochen von Paul Decker
[18] Ausschnitte aus einer Grundrißserie von 1794, Schloß Charlottenburg
[19] Durch Skizze und Beschriftung an einer hier nicht abgebildeten Stelle der Tafel 46 von Broebes
[20] Borromini Opera II. Rom 1725, vgl. auch Eberhard Hempel, Borromini, Wien 1924, Tf. 43
[21] Siehe Ragnar Josephson, Tessin, Stockholm 1930, Förra Delen Abb. 33
[22] Björn R. Kommer, Nicodemus Tessin und das Stockholmer Schloß, Heidelberg 1974
[23] Erich Hubala, Das Berliner Schloß und Andreas Schlüter, in: Gedenkschrift Ernst Gall, 1965
[24] Siehe Josephson, a.a.O.
[25] Zuletzt referiert bei Kommer, S. 95
[26] Stanislaw Mossakowski, Tylman z Gameren. Architekt Polskiego Baroku, Wroclaw etc. 1973, Abb. 76, 79, 90
[27] Alfred Schellenberg, Andreas Schlüter. Der Göttinger Arbeitskreis, Schriftenreihe Heft 14, Kitzingen 1951
[28] In diesem Punkte müßte Kommer sein Urteil, das Stockholmer Schloß sei ein Monument des Absolutismus, relativieren: was für Schweden in gewissen Zusammenhängen richtig sein mag, trifft im europäischen Rahmen jedenfalls nicht zu.

Quelle: Ein Königsschloß für Berlin. Bisher unerforschte Anfänge des barocken Umbaus des Stadtschlosses, in: Der Bär von Berlin XXVI, 1977; auch unter dem Titel „Eine Planung Tessins für das Berliner Schloß?", in: Konsthistorisk tidskrift 1977

Joghann Stridbeck, Der Schloßhof zum Spreeflügel hin, 1690. Staatsbibliothek Berlin

Plan für den Ausbau des Schloßhofs. Nach: Jean Baptiste Broebes, Vues des Palais et Maisons des Plaisance d. S. M. le Roy de Prusse, Augsburg 1733

Der Schloßhof nach Süden, um 1870. Nach: R. Dohme, Das Königliche Schloß in Berlin, 1876

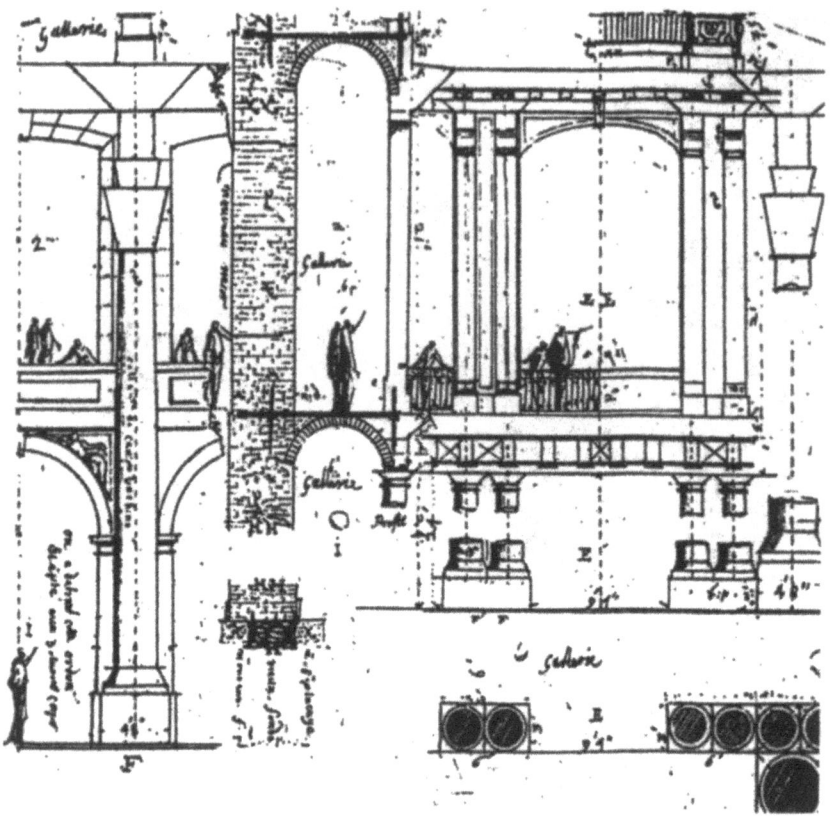

Der zweite Umbau der Hofarkaden, links die Fassung Tessins, rechts diejenige Schlüters. Aus: J.B. Broebes, Vues des Palais...

Studie über den mehrmaligen Umbau der Arkaden im Hof

Studie über den Schmalseitenrisalit

Städtebauliches über das Berliner Schloß

Über Schinkel habe ich zwar noch einen letzten ungedruckten Aufsatz auf Lager, bin aber längst, vereinfacht gesagt, zu Schlüter übergegangen. Ohne die beiden Berühmtheiten vergleichen zu wollen – bürgerliche und barocke Zeit unterscheiden sich. Vor der Aufklärung war es offizielle, allwöchentlich von den Kanzeln (bei Kirchgangszwang) erläuterte Auffassung, daß wir Menschen allesamt sündig seien, bösartig und unvollkommen. Da konnte die Kunst das Bild der Vollkommenheit zeigen, auf die hin wir leben sollten und auf die hin die Gesellschaft organisiert werden sollte – von wem? Vom Stellvertreter Gottes auf Erden. Das war zwar jeder von uns, besonders aber, nach lutherischer Lehre, jede Obrigkeit und vor allem der König. Daher nimmt Barockarchitektur den transzendenten Glanz, den bürgerliche Architektur nicht haben kann (und in dem sich zu bewegen Barockforschung zu einem besonderen Vergnügen machen kann). Daher hat das Haus des Königs, das Schloß, eine Würde, die Schinkel trotz allen Könnens (und obwohl er es in der Restaurationszeit versucht hat) nun einmal nicht erreichen konnte. Denn die bürgerliche Gesellschaft muß wohl zu der Behauptung neigen, daß unsere Weltordnung und wir alle schlechthin gut seien (nur ein paar wechselnde Bösewichter stören immer wieder). Und daher ist die große ernste bürgerliche Kunst, wo sie Dauer hat, kritisch, interessiert sich für die Risse in der perfektionistischen Fassade, was übrigens Architektur heute ungeheuer schwer macht – wie kann Architektur kritisch sein?

Von vornherein aber war die bürgerliche kritische E-Kunst schwer zum Aushalten, und so erholte man sich bald an der für die Epoche charakteristischen Unterhaltungskunst. Eine Neuerung, die man gar nicht ernst genug nehmen kann. Speziell unter Architekten haben die wenigsten das begriffen. Die Gesellschaftswissenschaftler sind nicht besser – anständige E-Baugeschichte gibt es eine ganze Menge. Wo aber bleibt gekonnte U-Baugeschichte? Mir scheint daran speziell in unserem Lande ein zwar erklärliches, aber darum nicht minder bedauerliches Defizit zu bestehen. Auch in diesem Buch – ich deutete es schon im Vorwort an – haben die E-Texte überaus großes Übergewicht. Wenn ich meine fachliche Laufbahn heute anfangen müßte – vielleicht würde ich U-Baugeschichtler.

Als ich aus der Provinz nach Berlin kam – knapp eine Generation ist es her –, da war Berlin noch die zerschundene, schwer verwundete Weltstadt, ein Riesenleib, in dem noch Leben pulste, geschwächt zwar, aber vernehmlich, und der noch atmete, wenn auch rasselnd und stöhnend. Ich wollte an der Technischen Hochschule Charlottenburg Architektur studieren, mußte erstmal ein Zimmer suchen. Die studentische Wohnungsvermittlung versah mich mit Adressen. Mein erstes Erlebnis und das eindringlichste waren die fünfstöckig bebauten langen, weiten Straßen, die breiten Häuser mit den bröckelnden Stuckfassaden, die schweren hölzernen, braungestrichenen, abgestoßenen Haustüren, die ölfarbegestrichenen, mit Zetteln behängten Durchfahrten und Hausflure und Vorderhaus vier Treppen und Gartenhaus rechts und Hof links und die Klingelzüge, Messingknöpfe oder Messingbügel zum Anheben und die Berliner Zimmer und die indirekt belichteten oder ganz dunklen Vorder- und Hinterflure und die Toiletten, die über die Speisekammer belüftet wurden und die in die Badewanne eingehängten Waschschüsseln. Später lernte ich, daß dies das Berliner Mietshaus hieß und eine Kulturschande war, der nichts an die Seite gestellt werden konnte. Das war so selbstverständlich, so völlig Allgemeingut, daß es auch in der Hochschule einfach vorausgesetzt wurde. Während ich in der Westfälischen Straße, in der Nehringstraße („Klein Moabit") usw. wohnte, mal vorn, mal am Hof, immer bei allein übriggebliebenen alten Frauen, die die paar Mark Untermiete dringend brauchten, und mit dem Fahrrad oder mit der S-Bahn zur TU fuhr, wurden mir die älteren Stadtteile, die Blocks mit der horizontalen, fast ungebrochen durchlaufenden Trauflinie immer mehr zum Inbegriff Berlins, des Preußischen und des Leides und der Würde, die daran hingen. Das interessierte mich, das brachte mich in Bewegung. So trampelte ich mein Rad durch Moabit und durch die Oranienburger Straße und den Weinbergsweg hoch und die Kastanienallee und über den Prenzlauer Berg und durch die Neanderstraße und die Brüderstraße und die Breite Straße und nahm die Monumentalität der geschlossenen Blocks mit ihren klaren, geraden Kanten in mich auf, die Stille, den gradlinigen, großzügigen Zuschnitt des Straßennetzes, die breiten Straßen mit den Gehbahnen aus Granitplatten, die gleich sechsmal so groß waren wie das, was ich bisher gekannt hatte, und die kompakte Häusermasse, die ich hinter den ins Rechteck gefesselten Fassaden fühlte. Ich fand, daß schon die Häuser des 18. Jahrhunderts am Hackeschen Markt, in der Brüderstraße auf diesen Ton gestimmt waren, und sah auch, daß diese Anspannung mit dem Ende des 19. Jahrhunderts aufhörte. In den lauten, hochgetürmten, von Loggien ausgehöhlten, übergiebelten Werksteinfassaden, die sich gerade in den älteren Stadtteilen vordrängten, vernahm ich diesen Klang nicht mehr, wohl aber wieder in den Rasterfassaden der Geschäftshäuser des späten Jugendstils und ganz deutlich auch in den weißen Wohnblocks der 1920er Jahre z. B. in Britz. Ich hörte diesen Klang auch vor dem Hauptgebäude der Technischen Universität und wieder anders angesichts der Stockwerksfabriken in den Hinterhöfen auf dem Wedding und von Kreuzberg. Berliner Mietshäuser sah ich auch vom Zug aus in Magdeburg, und heute weiß ich, daß sie ebenso in Königsberg gestanden haben, vielleicht stehen sie da noch.

Die Fassaden der Berliner Mietshäuser waren nicht eigentlich schön, hatten nichts von der Kultiviertheit der Pariser Mietshausfassaden, nichts von der intellektuellen Delikatesse der Wiener Zinshäuser. Die Proportionen waren fast immer hart, die Profile hatten fast immer etwas Gleichgültiges, oft Rohes. Die grandiose Disziplin der Formen war, das weiß ich heute, nicht Selbstdisziplin im Sinne gegenseitiger Rücksichtnahme und gegenseitiger Kontrolle, sondern war obrigkeitlich, war gezwungen, ja erzwungen. Woher dann aber die Würde, mit der die Mietshausstadt da stand, mit der die Blocks ihre Stirn dem Himmel entgegenhielten? Woher der feierliche Ernst der Stockwerksfabriken in den Hinterhöfen? Woher das Pathos der Form der Britzer Flachdachblocks? Woher dieser Maßstab, der charakteristische große Maßstab Berlins?

Die Antwort auf diese Frage war mit dem Fahrrad nicht mehr aufzufinden, ich habe sie nicht mehr erfahren, sondern indirekt herausbekommen, auf dem Umweg über Stadtplan, Fotos, Geschichtsbücher. Was da in der Mietshausstadt, in der Berliner Stockwerksfabrik, in der großen Berliner Architektur überhaupt erklang, das war der Widerhall des Schlosses. Das Schloß war der Maßstab gewesen, im Schloß war die Haltung, der Ernst zu architektonischer Form geprägt worden. Ich habe es nicht mehr gesehen, aber ich habe Berlin noch gesehen. Die ganze Stadt war mir Anhalt, die architektonische und städtebauliche Wirkung des Schlosses mir zu rekonstruieren und wiederum damit die architektonische und städtebauliche Eigenart Berlins mir zu erklären.

Das Schloß stand genau in der Mitte der Stadt und hat, solange es stand, Berlin architektonisch beherrscht. Die Traufen der Mietshausblocks, deren Monumentalität ich so bewunderte, haben mit 22 Metern dem Schloß eben an drei Viertel seiner Höhe gereicht. Seine königlichen Balustraden standen 30 m hoch. Der Baublock des Schlosses war nicht einmal sehr groß – knapp 200 m lang, stark 100 m breit –, aber er war über wältigend im Straßennetz der mittelalterlichen Stadt, die, wenn schon kolonialstädtisch großzügig, so doch eben in den handwerklichen Maßen ihrer Zeit gebaut war. Die größten Häusergevierte des mittelalterlichen Berlin-Cölln erreichten nicht die Ausmaße des Schlosses in Länge und Breite, und der größere der beiden Schloßhöfe hatte die Grundfläche etwa des Neuen Marktes, des größten Platzes im alten Berlin; im 18. Jahrhundert noch werden die Schloßhöfe Platz genannt. Über der also durchaus stattlichen, aber keineswegs riesigen Grundfläche des Schlosses war aber eine Architektur aufgerichtet von ungeheurer Monumentalität. Die große Wirkung kam aus Einfachheit. Die beiden städtebaulich wirksamen Längsfronten liefen unter horizontalen Balustraden in einer Höhe durch, die Fronten waren fast ohne Vorsprünge. Wer diesen Schloßblock genauer besah, merkte freilich, daß seine großen Portale nicht symmetrisch standen, daß hier und da nicht recht verständliche Vor- und Rücksprünge eintraten und daß mehrfach das kunstvolle System der Fensterrahmungen wechselte – Überbleibsel teils von Änderungen des Bauplanes während des Bauens, teils von verwendeten Vorgängerbauten, die zur Spree hin noch offen zutage traten. Die Vielfalt von 250 Jahren Geschichte des Baues selbst und der Reichtum der barocken Baupläne und schon ausgebauten Trakte war offensichtlich von einem großen Willen zu dem gewaltigen Block zusammengezwungen worden. Die einzelnen Fassadensysteme und Portalbauten, hier von festlichem Reichtum oder von edlem Pathos, dort von distanzierter Heiterkeit, auch einmal ins Bombastische fallend, waren mit einer gewissen Rücksichtslosigkeit und Nüchternheit zu dem rationalen Rechteck mit den beiden Höfen zusammengefaßt.

Der Bauherr, der das Schloß so vollendete, der auch den Umbau der altmodischen Spreeseite und den Abbruch des ebenfalls altmodischen Flügels zwischen den Schloßhöfen anhielt, der auch den großen barocken Kuppelturm über dem neuen Westflügel nicht ausführen ließ, war der zweite König in Preußen, Friedrich Wilhelm I., der „Soldatenkönig". So, wie seine Beendigung des Schloßbaues offenbar ökonomisch und rational war, aber in der monumentalen Einfachheit des Rechteckblocks doch einen großen Anspruch formulierte, so war er nicht nur der sparsame Wirtschafter und nicht nur der Exerziermeister der neuen Preußischen Armee. Er hat die Preußische Variante des protestantischen Pflichtenstaates institutionell, juristisch und vor allem in der täglichen Lebensführung formuliert, den Staat der obrigkeitlich vorgeschriebenen, der Untertanenpflichten, unter die sich jeder im Lande unterordnen sollte, eine spezifische Verbindung lutherischer und reformierter Traditionen. Er selbst trug statt Hermelin, Samt und Seide als erster König Europas Uniform, war sein eigener Minister, fungierte selbst als Chef der Staatsbürokratie – ein König, der selber arbeitete. Und das verlangte er rigoros von jedermann. Alles, was nicht unmittelbar nützlich war, achtete er gering, ob es herkömmliche Gewohnheiten waren oder die traditionelle klassische Bildung mit ihren differenzierten Genüssen. Weil er selbst tat, was er forderte, hat er seinen etwas rohen und einigermaßen humorlosen protestantischen Pflichtenstaat rechtschaffener Untertänigkeit nicht nur für seine Lebenszeit durchgesetzt, sondern das moralische Fundament gelegt, auf dem Preußen groß geworden ist und von dem es gezehrt hat. Keine Staaatsidee oder Staatswirklichkeit, die besonders sympathisch wäre oder in der man gern würde leben wollen, aber ein Stück unserer Geschichte und in der moralischen Anmaßung unserer Behörden, im Kalkül der Mächtigen auf unseren Gehorsam, in unserem inneren Arbeitszwang, unserer Unfähigkeit zu leben und leben zu lassen, aber auch eben in dem, was man die deutsche Tüchtigkeit nennt, noch allgegenwärtig. Wie das ganze Land, von den Kanzeln herunter ermahnt, vom Korporalsstock bedroht, sich unter dies Staatssystem ducken und seinen Zwang innerlich reproduzieren lernte, so richteten sich die Häuser Berlins und bald aller preußischen Städte nach dem gestrengen Vorbild, und was heute nicht nur ganz veraltet, was auch durch entsetzlichsten Mißbrauch diskreditiert ist, muß damals, vor nun bald 300 Jahren, doch eine im örtlichen, sagen wir ruhig provinziellen Rahmen höchst achtbare Staatsvorstellung gewesen sein, sonst hätte darauf keine Großmacht erwachsen können, die es sogar zu kurzen Weltmachtperioden gebracht hat. Der König fühlte sich als erster Diener Gottes auf Erden in stellvertretend väterlicher Verantwortung für die Rechtschaffenheit und den Fleiß seiner Untertanen ... und jeder Hausbesitzer ebenso für seine Familie, seine Angestellten, seine Mieter und Einlieger, und so standen denn die Häuser in Reih und Glied, jedes ein kleines Abbild der Ordnung, die das Haus des Königs bei aller Rationalität doch seinerseits abbildete, der Ordnung des Himmels, der göttlichen Gerechtigkeit, auf die das Lebens in dieser Welt zulaufen sollte.

Deswegen war es nichts Äußerliches, daß das Schloß in der Mitte der Hauptstadt und des Landes stehen mußte. Ehemals, bei seiner Gründung (1442/1450), war es von Kurfürst Friedrich II. von Brandenburg der Stadt als Zwingburg gegenübergestellt worden, in noch mittelalterlich-naiver Deutlichkeit. Hundert Jahre danach, als in der Reformationszeit der

Fürst sich als Landesvater zu verstehen anfängt, scheint Kurfürst Joachim II. die Befestigung zwischen Schloß und Stadt aufgelassen zu haben (was auch ein neues Machtverhältnis voraussetzt), so daß sich das Schloß nun der Stadt zuwendete. Wieder ein Jahrhundert weiter, in der langen Regierungszeit des Kurfürsten Friedrich Wilhelm, des „Großen Kurfürsten", wird in zweifacher Weise faßbar, daß das Schloß die Mitte des Landes nicht nur sein, sondern sie auch darstellen sollte. Gleich zu Anfang seiner Regierung wurde mit dem für die Barockzeit charakteristischen Kunstmittel perspektivischer Straßenführung das Schloß als Mitte gesetzt, von der die Straßen ausgehen. Zu den ersten Anlagen dieser Art in Norddeutschland zählt die Allee von der Gartenseite des Schlosses zum Tiergarten, dem Ort der fürstlichen Zeremonialjagden. Diese Allee heißt noch heute Unter den Linden. Der Große Kurfürst bediente sich zu ihrer Absteckung eines mathematisch-artilleristisch geschulten Verwandten, Johann Moritz von Nassau, der sein Statthalter in Cleve war. Gegen Ende seiner Regierung ließ der Große Kurfürst seine Residenz Berlin in Vogelschau darstellen. Er hatte sie mit einem kreisförmigen, bastionierten Wall befestigen und das unbebaute Segment links vom kleinen Arm der Spree mit der neuen Stadt Friedrichs-Werder auffüllen lassen. So rückte die Spreeinsel mit dem Schloß in die Mitte zwischen Alt-Berlin und der Neugründung. Der Zeichner Johann Bernhard Schultz hat den Blickpunkt so gewählt, daß das Schloß etwa in der Mitte der Stadt zu sehen ist, ungeachtet dessen, daß die Stadt Berlin vielfach größer war als ihr angenommenes Pendant.

Kurfürst Friedrich III. fing den monumentalen Ausbau des Schlosses an und führte den größten Teil davon auch aus. Es sollte die Erwerbung der Königswürde für das Haus Hohenzollern darstellen. Das Schloß wurde das architektonische Monument der Stiftung des neuen Königreiches Preußen, in dem das Kurfürstentum Brandenburg nun aufging (1701). Der neue König Friedrich I. zog die besten Künstler heran, die er bekommen konnte, sein Bau enthielt Partien, die zum Besten gehören, was die Architektur Europas hervorgebracht hat. Nach dem frühen Tode seines Hofarchitekten Johann Arnold Nehring versuchte Friedrich, den schwedischen Hofarchitekten Nicodemus Tessin den Jüngeren an seinen Hof zu ziehen. Dieser scheint es gewesen zu sein, der für den Monumentalbau des Schlosses auch eine städtebaulich höchst kunst- und glanzvolle Disposition entwarf, die alle früheren Pläne klug aufnahm und an der sein Nachfolger Andreas Schlüter auch festhielt. An der Nordwestseite des Schlosses war das Gartenportal oder der Balkon vor dem Festsaal darüber

Angelpunkt, von dem der König den Mittelweg des Lustgartens hinunterblicken konnte, der in einer Bastion der Festung von der Orangerie Nehrings aufgefangen wurde; nach links gewendet sah er die Allee Unter den Linden entlang, die den Wall durchstieß und deren Verlängerung durch den Tiergarten bis zum heutigen Ernst-Reuter-Platz und noch weiter bis zum Sophie-Charlotte-Platz sich hinzog, praktisch soweit das Auge reichte; zwischen diesen beiden Blickbahnen lag eine dritte, erst weit vor den Wällen beginnende, die auf die Spandauer Zitadelle gerichtet war, eine breite Schneise, deren nördlicher Rand in der Straße Alt-Moabit erhalten ist.

An der Stadtseite des Schlosses bot die mittelalterliche Anlage Berlin-Cöllns zwar Schwierigkeiten, es war aber gelungen, auch ihr „Prospekte" abzugewinnen. Die Oderberger Straße, nun König-, heute Rathausstraße, lief vom heutigen Alexanderplatz bis zum Vorplatz des Schlosses noch gerade genug, um eine Perspektivlinie hindurchfädeln zu können, auf welche der Neubau der Langen Brücke gelegt wurde. Diese Perspektivlinie kam parallel zur Stadtfassade des Schlosses an und wurde aufgefangen von der Schloßkirche, dem „Dom", der damals zwischen dem Vorhof des Schlosses und den Ausmündungen der Breiten Straße und der Brüderstraße stand (1747 wurde er in den Lustgarten verlegt). Das Portal des Vorhofes des Schlosses lag so, daß man es die ganze Länge der Breiten Straße her schon sehen konnte, ungeachtet der leichten Biegung der Straße, und daß man von dem Portal aus den Turm des Cöllnischen Rathauses am Ende der Breiten Straße sah. Städtebaulich wirksam war im Schloßkomplex auch der Münzturm, der einst ein Kanonenturm der Zwingburg Kurfürst Friedrichs II. gewesen war. Mittlerweile stand dort die Münzprägemaschine, von einem Mühlgerinne des Spreegrabens getrieben. Auf diesen Turm konnte die Chasseestraße zwischen Oranienburger Tor und der Grenze der Berliner Stadtflur mit dem Wedding ausgerichtet werden ähnlich wie mittelalterliche Landstraßen in einer lokkereren, nicht mathematisch regulierten Weise meist auf die mittelalterlichen Kirchtürme zugehen. Den Münzturm dachte König Friedrich I. zu einem großen Prachtbau zu erhöhen. Andreas Schlüter erlitt dabei Grundbruch und verlor seine Stellung als erster Architekt des Königs. Der nächste Architekt König Friedrichs I., Johann Friedrich Eosander, begann das Schloß um den ganzen Vorhof zu vergrößern, also doppelt so groß zu machen. Dieses Konzept hatte den Nachteil, daß das als Angelpunkt der Gartenseite dienende Portal aus der Mitte geriet. Dafür sollte an der Stadtseite das Vorhofportal nun Hauptportal und Mitte der Stadtfront werden. Außerdem baute Eosander in die Mitte der Westfront ein Riesen-Prunkportal, das einen hohen Turm tragen sollte und durch das das Schloß sich auch den neuen fürstlichen Stadtgründungen im Westen zuwendete, allerdings ohne „Prospekt", nur indem es einfach über die Dächer ragte.

Diese neuen Städte im Westen, nach dem Friedrichs-Werder die Dorotheenstadt (von den „Linden" bis zur Spree) noch vom Großen Kurfürsten, die Friedrichstadt (südlich davon innerhalb der Mauerstraße) von Friedrich III./I. gegründet, waren für die Hofgesellschaft und unmittelbaren Protéges des Fürsten, z. B. die Glaubensflüchtlinge aus Frankreich bestimmt. Ihr Areal kam schon dem der mittelalterlichen Städte gleich, ihre Volkszahl allerdings bei weitem noch nicht. Indessen rückte das Schloß nun wirklich in die räumliche Mitte der Stadt, blieb aber mit seinem Vorplatz der alten Stadt zugewendet, während seine Gärten die neuen westlichen Städte von der alten Stadt distanzierten und ihren privilegierten Sonderstatus evident machten.

Der Soldatenkönig, der das Königreich Preußen nicht gestiftet, aber innerlich definiert hat – wie er das Schloß nicht gebaut, aber definitiv geformt hat – ließ alsbald nach seinem Regierungsantritt den Lustgarten einebnen und zu einem Platz anschütten, auf dem, wie auf allen Plätzen der Stadt, exerziert wurde. Damit stand das Schloß nun wirklich in der Mitte der Stadt, öffnete oder schloß sich nach allen Seiten gleich, und damit waren auch die neuen Städte den alten wenigstens äußerlich gleichgesetzt. In den späten Jahren seiner Regierung erweiterte Friedrich Wilhelm I. die Friedrichstadt noch bis an das Hallesche Tor, den Leipziger und den Pariser Platz, womit denn die höfischen Städte an Areal die bürgerlichen deutlich übertrafen (an Einwohnern immer längst noch nicht.)

Die viel hervorgehobene städtebauliche Wendung Berlins nach Westen kann ich so nicht sehen, diese Sichtweise nicht akzeptieren. Berlin wuchs fortan nach allen Seiten. Was da nach Westen wuchs, war die Stadt der höfischen und Regierungs-Gesellschaft, während in die anderen Richtungen die Stadt der gewerbetreibenden Bürger und der Arbeiter hinausdrängte. Sie war weniger weitläufig, dafür desto dichter. Wer von der Wendung nach Westen redet, nimmt die Stadt der Bürokratie und Manager für das Ganze. Das liegt nur zu nahe, wenn man Macht und Einfluß bedenkt. Die hatten im Westen ihre Statt, in der Mitte des heutigen West-Berlin, und dort schloß sich denn auch seit Bismarcks Zeiten das Management der Großbanken und der entstehenden Großindustrie den Hof- und Staatschargen an, zu Zeiten, als die Idee des Preußischen Staates schon nicht mehr allgemein galt, von den Interessenten nur noch benutzt wurde. Schon Friedrich II., „der Große", hatte den Staat seines Vaters eigentlich unverantwortlich benutzt, und die Staatsidee war ja auch von Anfang an nicht ohne eine gewisse Provinzialität. Indessen gegen 1800 hatte sie sich doch noch ein wenig mit dem deutschen Idealismus zu verbinden vermocht und war dadurch wieder glaubwürdig geworden. So etwas trägt dann lange, trug zu lange. Trug über den Liberalismus hinweg, trug Bismarcks antidemokratische Politik. Das Verhältnis des Schlosses zum Mietshaus und zur Stadt zeigt den Staat der Untertanenpflichten noch in Bismarcks Tagen lebendig, noch aktuell, und was mich durch seine Monumentalität so beeindruckt hat, was in seinen Verletzungen zudem die Würde hatte, die das Leid gibt – es war, genau bedacht, schlimm. Denn die Disziplin zeigt die Niederlage der Liberalen. Nirgendwo in den Demokratien hat ein Schloß so lange eine Hauptstadt beherrscht. Die bürgerlichen Demokraten hatten zwar ihrem Roten Rathaus einen mächtigen Turm aufgesetzt, der von den „Linden" her gesehen das Schloß überragte und bei Hofe als bürgerliche Anmaßung empfunden wurde, aber das war nur eine Frucht des kurzen, vergeblichen demokratischen Anlaufes im Verfassungskonflikt, den Bismarck dann gewann. So konnten bei uns die Industriekapitäne, das Management der Großbanken in die Autorität des protestantischen Obrigkeitsstaates schlüpfen, sie übernehmen und unkontrolliert gebrauchen. Natürlich haben sie sie auch mißbraucht. Wie soll man sich gegenüber einer solchen Erbschaft verhalten? Die DDR hat die Erbschaft zunächst ausgeschlagen, 1950 die ausgebrannte Schloßruine abgebrochen. Die Bauräte in Ost- wie Westberlin haben jahrzehntelang die Mietshäuser abstucken und mit Blut- und Boden-Rauhputz und völkischen Fensterfaschen versehen lassen. Seit anderthalb Jahrzehnten benutzen in Westberlin die großen Kapitalgesellschaften, gemeinnützige wie private, den „Bestand" an Berliner Mietshaus zur Umwälzung ihres Kapitals, indem sie ihn, reichlich subventioniert, abreißen, um uns in ihre zu teuren, zu engen, unsoliden Neubauten zu zwingen, deren Schnitt zu unserem Leben nicht paßt. Sie produzieren mit Behördenhilfe auf unsere Kosten Sozialprobleme, an denen unsere Kinder noch schwer zu tragen haben werden, und haben damit nach der Amputation Berlins unseren – oder ihren? – westlichen Teil schon in eine annähernd geschichtslose, äußerlich harmlos-nette mittlere Großstadt ohne besonderes Gesicht verwandelt, übrigens nicht nur mit behördlicher Unterstützung, sondern mit mehrheitlicher Billigung, um der Wahrheit die Ehre zu geben. Die Baupolitik der DDR hat auf ihre Weise das selbe angestrebt. Kein Wunder – die gemeinsame Geschichte ist ja fürchterlich, nichts liegt näher, als das zu verdrängen.

Gerade die allgemein gewünschte Verdrängung der Geschichte aber erhält das ererbte Unheil, die Unmündigkeit, den falschen Gehorsam, nimmt der Erfahrung allen Sinn, zerstört die Hoffnung. Wenn die Geschichte nicht in ihrem Gleis einfach weiterlaufen soll, dann muß man sie akzeptieren und an ihr arbeiten. Das ist unbequem, denn es heißt soviel wie an sich selber arbeiten, sich ändern. Mit jedem Mietshaus, das fällt, fällt auch das Schloß wieder, sinkt unsere Chance einer menschlichen Zukunft, und niemand soll sagen, er hätte das nicht wissen können: die Hausbesetzer, ein paar Leute aus der Altbau-IBA, ähnliche Gruppen versuchen es deutlich zu machen und waren jahrelang nicht zu übersehen, wenn sie jetzt auch auf das offiziell erträgliche Minimum zurückgedrängt sind.

Übrigens liegt das Verhältnis beispielsweise von Energiepolitik zu Umweltschutz analog. Leuten, denen die ungestörte Routine ihrer Geschäfte wichtiger ist als die Frage, ob ihre Kinder noch Luft zum Atmen haben werden, denen mag freilich auch ihre Geschichte egal sein. Weil es auch unsere Geschichte wie unsere Atemluft ist, sollten wir uns wehren.

Quelle: Städtebauliches über das Berliner Schloß, in: Die Zukunft der Metropolen: Paris, London, New York, Berlin. Ein Beitrag der Technischen Universität Berlin zur Internationalen Bauausstellung Berlin, Bd. 1: Aufsätze, Berlin 1984

Das Schloß König Friedrich Wilhelms I. mit dem zum Exerzierplatz gemachten Lustgarten. Zeitgenössischer Kupferstich. Foto: Schlösserverwaltung

Das Schloß König Friedrich Wilhelms I. vom Schloßplatz her, etwa 1930. Foto: Schlösserverwaltung

Bibliographie

1. Monographien

Schinkels Bauakademie in Berlin..., hrsg. v. Paul Ortwin Rave, Berlin 1961
Technologische Ästhetik in Schinkels Architektur, Diss. TU Berlin 1968
Schinkel-Lebenswerk. Das Architektonische Lehrbuch, aus seinem Nachlaß herausgegeben, rekonstruiert und kommentiert, Habil.-Schr. TU Berlin 1975, im Druck erschienen München und Berlin 1979
(zusammen mit Hans Werner Klünner) Das Berliner Schloß, Frankfurt am Main 1982
Stadtfreiheit und Landesherrschaft. Berlin-Cölln im Mittelalter, Berliner Topografien 1, Museumspädagogischer Dienst, Berlin 1984
dasselbe, erweitert bis 1800: Berlin. Eine Residenz wird errichtet, Berlin 1987
Stadt-Grün, hrsg. zusammen mit Vroni Hampf-Heinrich, geschrieben zusammen mit Vroni Hampf-Heinrich, Winfried Richard, Horst Schumacher, Michael Seiler, Karl Thomanek und Clemens Alexander Wimmer, Berliner Topographien, 3, Berlin 1985
Demokratie und Tempel. Die Bedeutung der dorischen Architektur, Berlin 1990
Berliner Schloß, hrsg. v. d. Stiftung Mitteldeutscher Kulturrat als Band 6 der Reihe Bild- und Wortessays, Bonn 1987
(zusammen mit Frank Augustin) Berlin: Zur Restitution von Stadtraum und Schloß (Ausstellungskatalog), Berlin 1991
Baugeschichte des Berliner Königsschlosses, Bd. 1, 1688 bis zur Krönung 1701, 1992

2. Zeitungsbeiträge

Stadtbau-Exempel Warschau, in: Die Zeit 41/1968
Schinkel im Wedding (betr. Restaurierung der Nazarethkirche zum Schinkel-Jubiläum), in: Der Tagesspiegel, 9. 7. 1977
Der Staats- und Star-Architekt Preußens (zum Schinkel-Jubiläum), in: Die Zeit 12/1981
Vom Kornkasten zum Göttertempel. Eine neue Hypothese zur Entstehung der dorischen Triglyphen, in: Frankfurter Allgemeine Zeitung, 24. Februar 1988
Gemeinsames Dach? Die Zukunft der Preußischen Schlösser, in: Frankfurter Allgemeine Zeitung, 23. Mai 1990
Gutachten zu den denkmalpflegerischen Aspekten einer Rekonstruktion des Saarbrücker Schlosses, erstellt im Auftrage der Stadt Saarbrücken (14. 8. 1980), in: Saarbrücker Bürgerforum e. V., Leben in der Stadt, Nr. 4
Wort zum Sonntag (zum Historikerstreit), in: Niemandsland 1/1987

3. Beiträge in Architekturzeitschriften

Nachruf auf das Berliner Reichspräsidentenpalais, in: Bauwelt 1961, S. 23
Zum geplanten Abriß der Bauakademie, in: Bauwelt 1961, S. 240
Zur bevorstehenden Zerstörung der Eßlinger Pliensaubrücke, in: Bauwelt 1961, S. 344
Nachruf auf die Jerusalemer Kirche in Berlin-West, in: Bauwelt 1961, S. 587
Behörden verpfuschen eine alte Stadt (Lemgo), in: Bauwelt 1961, S. 664
Auch das ist Denkmalpflege (zur Siedlung Onkel Toms Hütte in Berlin), in: Bauwelt 1961, S. 1226
Altstädte (zum Flächennutzungsplan Säckingen), in: Bauwelt 1962, S. 363
Die Steintorbrücke in Treysa, in: Bauwelt 1962, S. 565
Altstädte als Museen?, in: Bauwelt 1962, S. 1086
Der Baustreit im schweizerischen Freiburg, in: Bauwelt 1962, S. 1250
Nachruf auf den Görlitzer Bahnhof in Berlin, in: Bauwelt 1963, S. 18
Zur Denkmalpflege in Lübeck, in: Bauwelt 1963, S. 34
Berliner Denkmalpflege, in: Bauwelt 1963, S. 327
Lemgo, zum zweiten, in: Bauwelt 1964, S. 1126
Die Stadt als Denkmal. Über das Leben mit und in alten Städten (Lübeck), in: Bauwelt 1968, S. 43
Daß ein Kaufhausbesitzer... (Augsburger Zeughaus), in Deutsche Bauzeitung, April 1968, S. 302
Zum vierten Mal... Augsburger Zeughaus, in: Deutsche Bauzeitung, Februar 1969, S. 109
Brief aus Straßburg (Umwelt-Empfehlung des Europarates), in: Bauwelt 1969, S. 1081
Stadtgestaltung als neue Komponente der Planung (Paris, Marais), in: Bauwelt 1970, S. 1133
Berliner Baupolitik, ein Detail, in: Bauwelt 1974, S. 427
Abschied von der Idylle (Steglitzer Kreisel), in: Bauwelt 1974, S. 859
Antikenabteilung der Berliner Museen ... (zur Neueinrichtung im Altbau der Charlottenburger Offizierskaserne beim Schloß), in: Bauwelt 1974, S. 878
Macht und Ohnmacht. Der Bürger als Bauherr (Sanierung), in: Werk und Zeit 9/10, 1975
Werkbund-Arbeitsgruppe in Berlin: Stadtquartiere. Vier Beispiele in Berlin (Gesamtkonzept zus. mit Karl Heinz Schäfer), in: Bauwelt 1976, S. 1133 bzw. Stadtbauwelt 51, S. 161
Beispiel Buckow (zus. mit Vroni Heinrich, Walter Nöbel und Horst Siewert), in: ebenda S. 1139 bzw. S. 167
Der Park Lantz bei Düsseldorf. Restaurierung eines späten Landschaftsparks durch Franz Joseph Greub (zus. mit Vroni Heinrich), in: Das Gartenamt 28, 1979, Januarheft

Bedeutung der Geschichte?, in: Bauwelt 1983, Heft 48, S. 1935 – Stadtbauwelt 80 S. 339 –
Das Quasi-Priestertum des Architekten, in: Der Architekt 4/1985
Gutachten zum Umfang der Denkmalpflege im Land Berlin, erstellt im Auftrag des Senators für Bau- und Wohnungswesen. Landeskonservator, zusammen mit Tilman Johannes Heinisch, in: Les Choses, Berliner Hefte zur Architektur 5/6, Oktober 1990
Murks am Mies (zur Berliner Neuen Nationalgalerie), in: Les Choses, Berliner Hefte zur Architektur 2, 1986
Architektur ohne Programm (zu den Neubauten der Museen Preußischer Kulturbesitz), in: ebenda
The Berlin „Miethaus" and Renovation, in: Architectural Design 53 II/12, 1983
Berlin at the Beginning of the Twentieth Century, in: Architectural Design 53 II/12, 1983

4. Aufsätze in wissenschaftlichen Periodika

Grabkammer im westlichen Hügel der Frehat en-Nufegi bei Warka, in: XV. vorläufiger Bericht über die Ausgrabungen in Uruk-Warka, Berlin 1959
Eine Stadtplanung Schinkels, in: Archäologischer Anzeiger 1962, Sp. 861
Schinkels nachgelassene Fragmente eines Architektonischen Lehrbuches, in: Bonner Jahrbücher 1966, S. 293
dasselbe als Vortragsresumée: Schinkels Architektonisches Lehrbuch, in: Sitzungsberichte der Kunstgeschichtlichen Gesellschaft zu Berlin, N.F., Heft 13, 1964/1965
Technologische Ästhetik in Schinkels Architektur, in: Zeitschrift d. dt. Vereins f. Kunstwissenschaft, Bd. XXII, Heft 1/2, Berlin 1968
Neue Literatur über Andreas Schlüter, in: Zeitschrift f. Kstgesch. 1967, S. 229
Ketzerische Bemerkungen zu Denkmalpflege und Stadtplanung in Berlin, in: Deutsche Kunst und Denkmalpflege 1970, S. 65
Die ersten kommunalen Parkanlagen Berlins, in: Das Gartenamt VIII, 1975
Die historische Entwicklung großstädtischer Siedlungsstruktur als Grundlage der Freiraumplanung, in: Freiraumentwicklungsplanung in Verdichtungsräumen. Fachbereichstag zur Grünen Woche 1976, Fachbereichsschriftenreihe FB 14, TU Berlin
(zusammen mit Ute Büchs) Berliner Sammlungen von Architekturzeichnungen, in: Werkbund-Archiv 2, Gießen 1977; nachgedruckt unter dem Titel: Sammlungen historisch wertvoller Bauzeichnungen in Berlin, in: Kunstforum international, Bd. 38 2/80, S. 145
Berliner Stadtplanung im 19. Jahrhundert, in: Werkbund-Archiv 2, Gießen 1977
Eine Planung Tessins für das Berliner Schloß?, in: Konsthistorisk Tidskrift, Stockholm, 1/1977; nachgedruckt unter dem Titel: Ein Königsschloß für Berlin.
Bisher unerforschte Anfänge des barocken Umbaues des Stadtschlosses, in: Der

Bär von Berlin XXVI, 1977; dasselbe als Vortragsresumée unter dem Titel: Tessin und Schlüter, in: Sitzungsberichte der Kunstgeschichtlichen Gesellschaft zu Berlin, N.F., Heft 23
Zur deutschen Bürgervilla 1800–1914, Vorlesung, in: Schriften des Fachbereichs Architektur der HfbK Hamburg 1, 1976/1977
(mit Dirk Brokmöller, Andreas Orth, Albrecht Peters, Sabine Wähning, Joachim Weilhardt) Ausbau der Lübecker Petri-Kirche. Denkmalpflegerisches Projekt 3./4. Semester, in: Schriften des Fachbereichs Architektur der HfbK Hamburg 3, 1979/1983
Skizze für die Ausmalung der „Weißen-Saal-Treppe" im Berliner Schloß, 1847. Aus dem Skizzenbuch des Stuben- und Dekorationsmalers Schoubye, in: Berlin-Archiv, B 04070.
The original Significance of the Model for the Doric Pteron & Triglyph, in: Canon. The Princeton Journal, Thematic Studies in Architecture, Vol. III, 1988
Architektur und Zerstörung, in: Wendezeiten in Architektur und Stadtplanung, Arbeitshefte des Instituts für Stadt- und Regionalplanung der Technischen Universität Berlin, H. 36, 1986
Zur Geschichte der Berliner Museen bis 1945, in: Museums Journal März 1990, Museumspädagogischer Dienst Berlin, Sonderheft, Museen der DDR in Berlin und Potsdam

5. Aufsätze in Festschriften

Die städtebauliche Einordnung des Berliner Schlosses zur Zeit des preußischen Absolutismus, in: Gedenkschrift Ernst Gall, Berlin 1965
Festschrift Ernst Heinrich, hrsg. von Goerd Peschken, Dieter Radicke und Tilmann J. Heinisch, Berlin 1974, Vorwort
zusammen mit Tilmann Heinisch, Günter Schlusche (Red.), Gewerbeförderung und Architektur 1821–1851, Seminarbericht, in: Festschrift Ernst Heinrich
Schlüter und Schloß Charlottenburg, in: Festschrift für Margarete Kühn, München und Berlin 1975
Hans Juunecke. Die wohlbemessene Ordnung (Einleitung zum ganzen und zu einzelnen Kapiteln), Berlin 1982
Zum Hauptgebäude des Jagdschlosses Grunewald, in: Schlösser Gärten Berlin. Festschrift für Martin Sperlich, Tübingen 1979
Das Berliner Mietshaus und die Sanierung, in: Festschrift für Julius Posener, Gießen 1979
Technik der Altbaubehandlung, in: Für Ulrich Conrads von Freunden, Braunschweig 1988
Posener Poeta, in: Architektur-Experimente in Berlin und anderswo. Für Jululus Posener, Berlin 1989
Laudatio auf Christian Beutler, in: Christian Beutler. Drei Texte, Hamburg 1990

6. Aufsätze in Sammelbänden und Katalogen

Zentrum für Interdisziplinäre Forschung der Universität Bielefeld, Arbeitsgemeinschaft Altstadtsanierung: Städtezerstörung durch Stadtplanung und -sanierung? Zur Novellierung des Bundesbaugesetzes, Bielefeld 1974. Redaktion der ersten Hälfte (zweiten Hälfte: Peter Greulich)
Allgemeinwirtschaftliche Zusammenhänge der Umstrukturierung unserer Städte und Altstädte. In: Städtezerstörung ...
zusammen mit Susanne Höger, Horst Siewert, Sozialer Wert der bedrohten Strukturen, in: Städtezerstörung
Nachträge zur Geschichte der Kunsthochschule, in: Berufsverbote an der HbK?, Hamburg 1976
Bruno Taut. Architekturlehre, herausgegeben von Tilmann J. Heinisch und Goerd Peschken, Einleitung, erste Hälfte, Hamburg/Berlin 1977
zusammen mit Tilmann J. Heinisch, Berlin zu Anfang unseres Jahrhunderts, in: Der Werkbund in Deutschland, Österreich und der Schweiz, hrsg. Lucius Burckhardt, Stuttgart 1978
dasselbe unter dem Titel: Berlino all'inizio del secolo: analisi storico-architettonica, in: Werkbund Germania Austria Svizzera, Venezia 1977
zusammen mit Vroni Heinrich, Walter Nöbel, Horst Siewert: Buckow, in: Das Stadtquartier – Dein Zuhause, Ausstellung des Deutschen Werkbundes, Berlin 1977
Katalog der zum hundertjährigen Bestehen der Technischen Universität Berlin ausgestellten Bauzeichnungen, Ernst Heinrich gewidmet (Aufsatzbändchen), Vorwort; dasselbe in: 100 Jahre Technische Universität 1879–1979, Katalog zur Ausstellung, Berlin 1979
Zur Baugeschichte der Technischen Universität Berlin: Repräsentation und Funktion, in: Wissenschaft und Gesellschaft. Beiträge zur Geschichte der Technischen Universität Berlin 1879–1979, hrsg. von Reinhard Rürup, Berlin, Heidelberg, New York 1979
Klassik ohne Maß. Eine Episode in Schinkels Klassizismus, in: Berlin und die Antike, Berlin 1979
Ein Vierteljahrhundert Schinkel-Rezeption: meine, in: Karl Friedrich Schinkel, Werke und Wirkungen, Berlin 1981
Gedenkschrift Gustav Meyer, hrsg. von Vroni Heinrich und Goerd Peschken, Vorträge und Ausstellung anläßlich des 100. Todestages 27. Mai 1977, veranstaltet vom Institut für Landschafts- und Freiraumplanung der TU Berlin, Berlin 1977
Zu Gustav Meyers Leben, und zur institutionellen und wissenschaftlichen Forschungslage, in: Gedenkschrift Gustav Meyer ...
Stadtgrün bei Autosättigung, in: Erwin Barth, Gärten, Parks, Friedhöfe, Berlin 1980

Denk-Mal Schinkel, in: Museumspädagogischer Dienst, Sonderheft Schinkel 1, Berlin 1981
Villenvororte und die S-Bahn, in: Die Berliner S-Bahn. Gesellschaftsgeschichte eines industriellen Verkehrsmittels, Berlin 1982
L'origine e la posizione sociale di Schinkel e Semper nella formazione del loro pensiero teorico, in: Le Epifanie die Proteo, a cura di Augusto Romano Burelli, Venezia 1983
Der Beamtenbürger und sein Museum (Teil eines Seminarberichtes), in: Kunst und Unterricht, Sonderheft 1976: Museum und Unterricht
Zu Günter Anlaufs Fassade am Seegitzdamm, in: Günter Anlauf (Katalog), o. T., o. O., o. J.
Zu Kunst und Kunst am Bau heute, in: Kunst und Nutzerbeteiligung. Bericht über ein Kunst am Bau-Projekt an der TU Berlin, 1977–1979, S. 62
Die Kolonialstadt. Berlin im Mittelalter, in: Exerzierfeld der Moderne. Industriekultur in Berlin im 19. Jahrhundert, München 1984
Preußens Mitte. Schinkel entwirft das Zentrum der Residenz, in: ebenda
Die Hochbahn, in: ebenda
Wohnen in der Metropole. Mietshaus und Villa, in: ebenda
Spielwiesen für die arbeitende Bevölkerung. Die Parkpolitik des Magistrats, in: ebenda
Schinkels Museum am Berliner Lustgarten, in: Glyptothek München 1830–1930, Jubiläumsausstellung zur Entstehungs- und Baugeschichte, München 1980
Städtebauliches über das Berliner Schloß, in: Die Zukunft der Metropolen, Bd. 1, Technische Universität Berlin, Berlin 1984
Stadtlandschaft. Scharouns städtebauliche Vision für Berlin und ihre Provinzialisierung, in: Die Metropole, Industriekultur in Berlin im 20. Jahrhundert, München 1986
Fritz Schumachers Neubau am Lerchenfeld, in: Nordlicht. 222 Jahre. Die Hamburger Hochschule für bildende Künste an Lerchenfeld und ihre Vorgeschichte, Hamburg 1989
Bei Kaffee und Grappa, in: Architekturlehre. Symposion der streikenden ArchitekturstudentInnen, TU Berlin, Berlin, Februar 1989
Die Maison de Santé, Herausforderung eines vielschichtigen Bauwerks. Plädoyer für das Erwachsenwerden der Denkmalpflege. Gespräch über den möglichen Umgang mit einem Baudenkmal, mit Günther Kühne, Goerd Peschken und Frank Augustin, in: Maison de Santé, ehemalige Kur- und Irrenanstalt, Bezirksamt Schöneberg von Berlin, Berlin 1989

7. Buchbesprechungen

Heinz Thiersch, German Bestelmeyer, München 1961, in: Bauwelt 34, 1962
Heinrich Thelen, Francesco Borromini, Die Handzeichnungen, Abt. 1, Graz 1967, in: Bauwelt 50, 1968

Walter Jürgen Hofmann, Schloß Pommersfelden, Nürnberg 1968, in: Deutsche Bauzeitung, Febr. 1969
Karl Hammer, Jakob Ignaz Hittorf, Stuttgart 1968, in: Zs. f. Kunstgeschichte 1970, S. 85
Reinhard Dorn, Peter Joseph Krahe. Leben und Werk Band I, in: Bauwelt 23, 1970; Band II, in: Bauwelt 21, 1974
Hermann G. Pundt, Schinkel's Berlin, Cambridge/Massachusetts 1972, in: architectura 1973, S. 176
D. Hoffmann-Axthelm, Das abreißbare Klassenbewußtsein. Schriften des Fachbereichs Architektur der HfbK Hamburg 2, Hamburg 1977/1978
J. Geist/K. Kürvers, Das Berliner Mietshaus 1740–1862, in: Kunst und Unterricht 82/Dezember 1983
Harald Bodenschatz, „Platz frei für das neue Berlin." Geschichte der Stadterneuerung seit 1871. Berlin 1987, in: Les Choses, Berliner Hefte zur Architektur 3/4, Dezember 1989

Bauwelt Fundamente

1 Ulrich Conrads (Hrsg.), Programme und Manifeste zur Architektur des 20. Jahrhunderts
2 Le Corbusier, 1922 – Ausblick auf eine Architektur
3 Werner Hegemann, 1930 – Das steinerne Berlin
4 Jane Jacobs, Tod und Leben großer amerikanischer Städte*
5 Sherman Paul, Louis H. Sullivan*
6 L. Hilberseimer, Entfaltung einer Planungsidee*
7 H. L. C. Jaffé, De Stijl 1917–1931*
8 Bruno Taut, Frühlicht 1920–1922*
9 Jürgen Pahl, Die Stadt im Aufbruch der perspektivischen Welt*
10 Adolf Behne, 1923 – Der moderne Zweckbau*
11 Julius Posener, Anfänge des Funktionalismus*
12 Le Corbusier, 1929 – Feststellungen
13 Hermann Mattern, Gras darf nicht mehr wachsen*
14 El Lissitzky, 1929 – Rußland: Architektur für eine Weltrevolution
15 Christian Norberg-Schulz, Logik der Baukunst
16 Kevin Lynch, Das Bild der Stadt
17 Günter Günschel, Große Konstrukteure 1*
18 nicht erschienen
19 Anna Teut, Architektur im Dritten Reich 1933–1945*
20 Erich Schild, Zwischen Glaspalast und Palais des Illusions
21 Ebenezer Howard, Gartenstädte von morgen*
22 Cornelius Gurlitt, Zur Befreiung der Baukunst*
23 James M. Fitch, Vier Jahrhunderte Bauen in USA*
24 Felix Schwarz und Frank Gloor (Hrsg.), „Die Form" – Stimme des Deutschen Werkbundes 1925–1934
25 Frank Lloyd Wright, Humane Architektur*
26 Herbert J. Gans, Die Levittowner. Soziographie einer »Schlafstadt«*
27 Günter Hillmann (Hrsg.), Engels: Über die Umwelt der arbeitenden Klasse*
28 Philippe Boudon, Die Siedlung Pessac – 40 Jahre*
29 Leonardo Benevolo, Die sozialen Ursprünge des modernen Städtebaus*
30 Erving Goffman, Verhalten in sozialen Strukturen*
31 John V. Lindsay, Städte brauchen mehr als Geld*
32 Mechthild Schumpp, Stadtbau-Utopien und Gesellschaft*
33 Renato De Fusco, Architektur als Massenmedium*

34 Gerhard Fehl, Mark Fester und Nikolaus Kuhnert (Hrsg.), Planung und Information*
35 David V. Canter (Hrsg.), Architekturpsychologie
36 John K. Friend und W. Neil Jessop (Hrsg.), Entscheidungsstrategie in Stadtplanung und Verwaltung
37 Josef Esser, Frieder Naschold und Werner Väth (Hrsg.), Gesellschaftsplanung in kapitalistischen und sozialistischen Systemen*
38 Rolf-Richard Grauhan (Hrsg.), Großstadt-Politik*
39 Alexander Tzonis, Das verbaute Leben
40 Bernd Hamm, Betrifft: Nachbarschaft
41 Aldo Rossi, Die Architektur der Stadt*
42 Alexander Schwab, Das Buch vom Bauen*
43 Michael Trieb, Stadtgestaltung*
44 Martina Schneider (Hrsg.), Information über Gestalt
45 Jörn Barnbrock, Materialien zur Ökonomie der Stadtplanung*
46 Gerd Albers, Entwicklungslinien im Städtebau*
47 Werner Durth, Die Inszenierung der Alltagswelt
48 Thilo Hilpert, Die Funktionelle Stadt*
49 Fritz Schumacher (Hrsg.), Lesebuch für Baumeister*
50 Robert Venturi, Komplexität und Widerspruch in der Architektur
51 Rudolf Schwarz, Wegweisung der Technik und andere Schriften zum Neuen Bauen 1926–1961
52 Gerald R. Blomeyer und Barbara Tietze, In Opposition zur Moderne*
53 Robert Venturi, Denise Scott Brown und Steven Izenour, Lernen von Las Vegas
54/55 Julius Posener, Aufsätze und Vorträge 1931–1980
56 Thilo Hilpert (Hrsg.), Le Corbusiers „Charta von Athen". Texte und Dokumente. Kritische Neuausgabe
57 Max Onsell, Ausdruck und Wirklichkeit
58 Heinz Quitzsch, Gottfried Semper – Praktische Ästhetik und politischer Kampf
59 Gert Kähler, Architektur als Symbolverfall
60 Bernard Stoloff, Die Affaire Ledoux
61 Heinrich Tessenow, Geschriebenes
62 Giorgio Piccinato, Die Entstehung des Städtebaus
63 John Summerson, Die klassische Sprache der Architektur*
64 F. Fischer, L. Fromm, R. Gruber, G. Kähler und K.-D. Weiß, Abschied von der Postmoderne
65 William Hubbard, Architektur und Konvention
66 Philippe Panerai, Jean Castex und Jean-Charles Depaule, Vom Block zur Zeile
67 Gilles Barbey, WohnHaft

68 Christoph Hackelsberger, Plädoyer für eine Befreiung des Wohnens aus den Zwängen sinnloser Perfektion
69 Giulio Carlo Argan, Gropius und das Bauhaus
70 Henry-Russell Hitchcock und Philip Johnson, Der Internationale Stil – 1932
71 Lars Lerup, Das Unfertige bauen
72 Alexander Tzonis und Liane Lefaivre, Das Klassische in der Architektur
73 Elisabeth Blum, Le Corbusiers Wege
74 Walter Schönwandt, Denkfallen beim Planen
75 Robert Seitz und Heinz Zucker (Hrsg.), Um uns die Stadt
76 Walter Ehlers, Gernot Feldhusen und Carl Steckeweh (Hrsg.), CAD: Architektur automatisch?
77 Jan Turnovský, Die Poetik eines Mauervorsprungs*
78 Dieter Hoffmann-Axthelm, Wie kommt die Geschichte ins Entwerfen?
79 Christoph Hackelsberger, Beton: Stein der Weisen?
80 Georg Dehio und Alois Riegl, Konservieren, nicht restaurieren, Herausgegeben von Marion Wohlleben und Georg Mörsch
81 Stefan Polónyi, . . . mit zaghafter Konsequenz
82 Klaus Jan Philipp (Hrsg.), Revolutionsarchitektur
83 Christoph Feldtkeller, Der architektonische Raum: eine Fiktion
84 Wilhelm Kücker, Die verlorene Unschuld der Architektur
85 Ueli Pfammatter, Moderne und Macht
86 Christian Kühn, Das Schöne, das Wahre und das Richtige
87 Georges Teyssot, Die Krankheit des Domizils
88 Leopold Ziegler, Florentinische Introduktion
89 Reyner Banham, Theorie und Gestaltung im Ersten Maschinenzeitalter
90 Gert Kähler (Hrsg.), Dekonstruktion? Dekonstruktivismus?
91 Christoph Hackelsberger, Hundert Jahre deutsche Wohnmisere – und kein Ende?
92 Adolf Max Vogt, Russische und französische Revolutionsarchitektur 1917 · 1789
93 Klaus Novy und Felix Zwoch (Hrsg.), Nachdenken über Städtebau
94 Mensch und Raum. Das Darmstädter Gespräch 1951
95 Andreas Schätzke, Zwischen Bauhaus und Stalinallee
96 Goerd Peschken, Baugeschichte politisch
97 Gert Kähler (Hrsg.), Schräge Architektur und aufrechter Gang

*vergriffen

Dieter Hoffmann-Axthelm

Wie kommt die Geschichte ins Entwerfen?

Aufsätze zu Architektur und Stadt

Architektur / Städtebau

Band 78 der Bauwelt Fundamente.
1987. 206 Seiten mit einigen Abbildungen

ARCHITEKTUR ■ BEI VIEWEG

Ueli Pfammatter

Moderne und Macht

‚Razionalismo':
Italienische Architekten
1927–1942

Architektur und Politik / Baugeschichte

Band 85 der Bauwelt Fundamente.
1990. 191 Seiten mit 211 Abbildungen

ARCHITEKTUR ■ BEI VIEWEG

Druck: KN Digital Printforce GmbH · Schockenriedstraße 37 · 70565 Stuttgart

Bei Fragen zur Produktsicherheit wenden Sie sich bitte an:
If you have any questions regarding product safety,
please contact:

Birkhäuser Verlag GmbH
Im Westfeld 8
4055 Basel, Schweiz
productsafety@degruyterbrill.com